Julia Binder

Stadt als Palimpsest
Zur Wechselwirkung von Materialität und Gedächtnis

Julia Binder studierte Kulturwissenschaften, Romanistik und Journalismus in Bremen und Buenos Aires. Sie promovierte 2014 an der Humboldt-Universität zu Berlin in der Stadt- und Regionalsoziologie am Institut für Sozialwissenschaften, gefördert durch ein Elsa-Neumann-Stipendium des Landes Berlin. 2011/2012 war sie Visiting Cities Researcher am King's College London. Ihre Forschungsschwerpunkte sind Sozialraumforschung, Vergleichende Stadtforschung, Heritage Studies und Gedächtnistheorien.

Julia Binder

Stadt als Palimpsest

Zur Wechselwirkung von Materialität und Gedächtnis

Neofelis Verlag

Bibliografische Information der Deutschen Nationalbibliothek
Die Deutsche Nationalbibliothek verzeichnet diese Publikation in der Deutschen Nationalbibliografie; detaillierte bibliografische Daten sind im Internet über http://dnb.d-nb.de abrufbar.

www.neofelis-verlag.de

2. Auflage, 2022

Umschlaggestaltung: Marija Skara
Druck: PRESSEL Digitaler Produktionsdruck, Remshalden
Gedruckt auf FSC-zertifiziertem Papier.
ISBN (Print): 978-3-95808-024-9
ISBN (PDF): 978-3-95808-084-3

Inhalt

Für meine Familie

Vorwort

Wer schreibt heute noch ein Buch? Es braucht gute Gründe, um die Buchform für eine wissenschaftliche Veröffentlichung zu wählen. Eine Arbeit, die behauptet, dass Erinnerungen fest mit der Gegenständlichkeit von Objekten verwoben sind, braucht das Buch. Sie braucht Buchseiten zum vor- und rückblättern, sie braucht Buchseiten für eine adäquate Darstellung der Abbildungen, sie braucht eine von der Materialität vorgegebene Struktur. Im Buch sind Inhalt und Form in der Frage nach einer wechselseitigen Beeinflussung von Gedächtnis und Materialität miteinander verschmolzen. Die besondere symbolische Bedeutung der Buchform brachte meine Betreuerin Talja Blokland mit einer wiederkehrenden Frage auf den Punkt: „Wie soll Dein Buch aussehen?", so lenkte sie den Blick vom Kleinteiligen wieder zurück zum großen Ganzen: Das Buch stand als Belohnung am Ende eines Prozesses, es war das Ziel, das es zu erreichen galt.

Dieses Ziel wurde von meiner sozialen Umgebung, einem Elsa-Neumann Stipendium des Landes Berlin und einem DAAD-Stipendium gefördert; vielen gilt mein Dank an dieser Stelle.

Bedanken möchte ich mich bei allen Interviewpartnerinnen und -partnern für ihre Zeit, für ihre Offenheit, für das Teilen und das Erzählen von Erinnerungen; ich danke Alfred Eichhorn für die konstante Versorgung mit Textmaterial und journalistischem Know-How, Lena Schulz zur Wiesch, die mir ihre Materialsammlung großzügig zur Verfügung stellte, Charlotte Klonk und Patrizia Nanz, die mir unterstützend zur Seite standen, und Maggie Kusenbach für methodische Ratschläge.

Erwähnen möchte ich auch jene Referentinnen und Referenten der Stiftung Berliner Mauer für den kontinuierlichen Austausch und die Gespräche sowie für ihr Interesse an meiner Forschung.

In Argentinien gilt mein Dank Martín Marimón und Valeria Durán, die mir Bilder von Orten der Diktaturen zur Verfügung stellten; Cecilia Macón für ihre fachlichen Ausführungen zur argentinischen Militärdiktatur und Anne Huffschmid, Emilio Crenzel und Claudia Feld für die Organisation des internationalen Symposiums ‚Topografías Conflictivas', das Gedächtnis-Forscherinnen aus Argentinien, Mexiko und Deutschland zusammenbrachte.

Neue Perspektiven aus der Humangeographie auf Stadtforschung ermöglichte die Cities Group am King's College London; meinen Betreuern Loretta Lees und Tim Butler, meinen PhD-Kollegen James Field, David Craggs und Juliet Kahne sei hier neben anderen besonders gedankt. Das Stadtkolloquium des University College London und Steve Pile diskutierten meine Arbeit und gaben wertvolles Feedback. Samuel Merrill, Sandra Jasper, Karen Till und Claire Colomb danke ich für die spannende Zusammenarbeit, die gemeinsame Konzeption und Durchführung der Panelreihe „Moving to Berlin" auf der AAG-Konferenz in Los Angeles.

Vor allem aber danke ich meinen Mitdoktorandinnen und -doktoranden aus der Stadtsoziologie an der Humboldt-Universität zu Berlin. In den wöchentlichen Kolloquien begleiteten sie das ‚Projekt Doktorarbeit' mit konstruktiver Kritik, mit Ratschlägen und Kommentaren: Janet Merkel, Astrid Sundsboe, Ana Aceska, Tobias Mettenberger, Christine Barwick, Henrik Schultze, Nihad El-Kayed, Julia Nast, Lisa Vollmer und Christian Haid. Und natürlich geht mein Dank an meine Doktormutter Talja Blokland für ihre analytische Schärfe, für ihre Unterstützung und Begleitung, besonders aber für ihre Forderung nach einer klaren Sprache: „Normal Language, Please!"

1.
Einleitung

Was kennzeichnet Gedächtnis im Kontext von urbanem Wandel? Die Materialität einer Stadt stützt Erinnerungen und bildet zumeist langfristig das Inventar einer historisch geformten Stadtlandschaft.[1] Während Materialität relativ beständig erscheint, unterliegen soziale Bedingungen einem schnelleren Wandel. Die subjektiven Erfahrungen, Wahrnehmungen und Interpretationen unterschiedlicher Akteure werden durch den sozialen Kontext kontinuierlich normativ beeinflusst. Vor diesem Hintergrund sollen materielle urbane Formen und die heterogenen Erinnerungen sozialer Akteure in ihrer Wechselwirkung untersucht werden.

Drei Fallbeispiele ehemaliger Orte von Diktaturen werden herangezogen: Argentinische Haftzentren, das DDR-Funkhaus und die Berliner Mauer. Dabei konkurrieren gesellschaftliche Akteure um Neubeschreibungen und Deutungsmuster von Vergangenheit, wobei individuelle und gruppenspezifische Erinnerungen verschieden räumlich manifestiert werden und zueinander in Spannungsverhältnisse treten. Folgende Forschungsfrage steht daher im Mittelpunkt dieser Untersuchung: Wie beeinflussen sich Materialität und Gedächtnis an ehemaligen Orten von Diktaturen wechselweise?

1 Vgl. u.a. Kevin Lynch: *The Image of the City*. Cambridge / London: MIT 1960; Raphael Samuel: *Theatres of Memory*. London / New York: Verso 1994; Dolores Hayden: *The Power of Place. Urban Landscapes as Public History*. Cambridge / London: MIT 1995; Brian Ladd: *The Ghosts of Berlin*. Chicago / London: University of Chicago Press 1997.

Der Ort wird in dieser Arbeit als topographische Entität verstanden. Er wird im Anschluss an Thomas Gieryn über drei Merkmale definiert: Der Ort ist erstens gekennzeichnet durch seine geographische Lage im urbanen Kontext. Er ist zweitens definiert über eine spezifisch materielle Form. Er besitzt drittens eine Doppelfunktion als Bedeutungsträger und Bedeutungsgeber.[2]

Orte sind stumm. Ihre Form prägt ein einzelner architektonischer Stil, zuweilen eine eklektische Zusammenstellung verschiedener Epochen. Orte sind lokalisierbar. Sie sind in eine räumliche Umgebung eingebettet und haben eine Bau- und Nutzungsgeschichte. Sie konstituieren sich aus multipel eingeschriebenen Werte- und Bedeutungsstrukturen. Ihre funktionale Umdeutung, die vielfache Überschreibung ihrer Bedeutungen und Eigenschaften lassen sich auf der Oberfläche ihrer materiellen Textur auf den ersten Blick zumeist nicht erkennen.

Der Wandel bedeutungstragender und bedeutungsgebender Orte steht relational zu Transformationen gesellschaftlicher Machtverhältnisse. Auch Michel Foucault nutzt die Metapher des Einschreibens, um das Verhältnis von Materialität und Herrschaft fassbar zu machen. Ihn interessieren geschichtete Machtstrukturen, wenn er von der Notwendigkeit schreibt,

> unter dem Geordneten, wie es angeordnet ist, unter dem Institutionellen, wie es installiert ist, die vergessene Vergangenheit der wirklichen Kämpfe, der tatsächlichen Siege und Niederlagen aufzudecken, die vielleicht verschleiert worden sind, die aber tief eingeschrieben bleiben.[3]

In diesem Sinne geht es mir im Rahmen dieser Studie darum, das sozial und materiell gespeicherte Wissen über die „wirklichen Kämpfe" einer „vergessene[n] Vergangenheit" im urbanen Kontext zu vergegenwärtigen.

2 Vgl. Thomas Gieryn: A Space for Place in Sociology. In: *Annual Review of Sociology* 26 (2000), S. 463–496, hier S. 464–465.

3 Michel Foucault: *Vom Licht des Krieges zur Geburt der Geschichte.* Berlin: Merve 1986, S. 19.

Gedächtnis und Raum

Die Umschreibung sich überlagernder Schichten[4] kann einerseits auf materielle Anordnungen in der Stadt, andererseits auf Erinnerungsprozesse bezogen werden. Eine erste Annäherung an den Titel dieser Studie *Stadt als Palimpsest*[5] bieten zwei Schlüsselbegriffe der Erinnerungsforschung: Geschichte und Gedächtnis. Friedrich Nietzsche, Maurice Halbwachs, Aleida und Jan Assmann sowie Horst-Alfred Heinrich haben theoretische Positionen dazu erarbeitet. Bis Mitte des 20. Jahrhunderts tendieren wissenschaftliche Arbeiten zur binären Gegenüberstellung. Friedrich Nietzsche hebt bereits die gegenseitige Bedingtheit von Erinnern und Vergessen hervor. In seiner Abhandlung über den Nutzen und Nachteil von Geschichte beschreibt er die zentrale Stellung des Vergessens, die er dem Gedächtnis zuordnet: „[Z]u allem Handeln gehört Vergessen, wie zum Leben alles Organischen nicht nur Licht, sondern auch Dunkel gehört."[6] Für Nietzsche sind das handlungsemergierende, selektierende Gedächtnis und die konturlose, beliebige Ansammlung, die „blinde Sammelwut eines rastlosen Zusammenscharrens alles einmal Dagewesenen"[7] der Historie nicht vereinbar. Das Gedächtnis vergisst, während die Geschichte Daten und Narrative beliebig anhäuft und somit den Bezugsrahmen zum alltäglichen Leben verliert:

> Gewiss, wir brauchen die Historie. Aber wir brauchen sie anders, als sie der verwöhnte Müßiggänger im Garten des Wissens braucht, mag derselbe auch vornehm auf unsere derben und anmutlosen Bedürfnisse und Nöte

4 Im Fokus dieser Forschungsperspektive stehen fokussiert subjektive Bedeutungen von Stadt als Resultat der im Laufe der Jahre angesammelten Einschreibungen. Kulturelle Konnotationen lassen dann örtlich spezifische Stadttexte entstehen. Vgl. Hartmut Berking / Martina Löw: *Die Eigenlogik der Städte.* Frankfurt am Main / New York: Campus 2008; siehe auch Fran Tonkiss: *Space, the City and Social Theory.* Cambridge: Polity 2005, S. 113–130 (Kap. 6: „Spatial Stories: Subjectivity in the City").

5 Als Palimpsest wird ein Pergament bezeichnet, das unter dem Oberflächentext Spuren einer älteren Schrift aufweist. Ein Palimpsest gibt Zeugnis über Texte aus verschiedenen zeitlichen Perioden auf demselben materiellen Träger. Das Palimpsest-Modell impliziert also Mehrdeutigkeit. Siehe auch Kap. 4.1: „Stadt als Palimpsest", S. 53–58; „Fazit", S. 200–201.

6 Friedrich Nietzsche: Vom Nutzen und Nachteil der Historie. In: *Unzeitgemäße Betrachtungen, Stück 2*, hrsg. v. Karl Schlechta. München: Hanser 1954, S. 209–287.

7 Ebd., Abschnitt 3.

> herabsehen. Das heißt, wir brauchen sie zum Leben und zur Tat, nicht zur bequemen Abkehr vom Leben und von der Tat […].[8]

Ein „lebensdienliches" Gedächtnis steht hier einer „lebensfremden" Geschichte gegenüber.[9] Auch Maurice Halbwachs betrachtet rund fünfzig Jahre später Geschichte und Gedächtnis als konzeptuelle Gegenpole. In seiner unvollendeten Monographie *La mémoire collective* stellt er dem formbaren sozialen Gedächtnis eine objektive universale Geschichte gegenüber.[10] Halbwachs gilt als Pionier der Kollektiven Gedächtnisforschung. Abgrenzend zu anderen europäischen Intellektuellen des 20. Jahrhunderts, die individuelle Gedächtnisprozesse erforschen, lautet die Kernthese von Halbwachs, dass es kein Gedächtnis gebe, das nicht sozial sei. Eine Gesellschaft konstituiere sich aus unterschiedlichen sozialen Gruppen, die ihrerseits spezifische Gruppengedächtnisse mit verschiedenen Berührungspunkten und Schnittmengen ausformen. Individuen können dabei variable Standpunkte einnehmen. Soziale Gruppen und ihre Anschauungen, ihre Interessen und ihre Überlegungen konstituieren individuelle Gedächtnisprozesse.[11] Die Kopplung von Individuen an verschiedene Gruppengedächtnisse ist demnach kein statisches Endprodukt, sondern als ein Prozess zu verstehen, der in soziale Bezugsrahmen eingebettet ist und von diesen modifiziert wird. Halbwachs zufolge stehen diese mannigfaltigen sozialen Gedächtnisse in Abhängigkeit zur räumlichen Umgebung.[12] Er versteht Materialität in ihrer rahmenbildenden Funktion, die den flüchtigen Charakter von Erinnerungen festigt:

> So gibt es kein kollektives Gedächtnis, das sich nicht innerhalb eines räumlichen Rahmens bewegt. Der Raum indessen ist eine Realität, die andauert: unsere Eindrücke jagen einander, nichts bleibt in unserem Geist haften und es wäre unverständlich, dass wir die Vergangenheit wiedererfassen können, wenn sie nicht tatsächlich durch das materielle Milieu aufbewahrt würde, das uns umgibt.[13]

8 Nietzsche: Vom Nutzen und Nachteil der Historie, Vorwort.

9 Vgl. Aleida Assmann: *Erinnerungsräume. Formen und Wandlungen des kulturellen Gedächtnisses.* München: Beck 1999, S. 130.

10 Vgl. Maurice Halbwachs: *Das kollektive Gedächtnis.* Frankfurt am Main: Fischer 1985, S. 66–72.

11 Vgl. Maurice Halbwachs: *Das Gedächtnis und seine sozialen Bedingungen.* Berlin: Luchterhand 1966, S. 222–224.

12 Vgl. Halbwachs: *Das kollektive Gedächtnis,* S. 142.

13 Ebd., S. 142.

Halbwachs' Konzept der heterogenen Gruppengedächtnisse ist fest an den Raumbegriff gebunden, der Kontinuität verspricht. Wie ist dieses Verständnis im Kontext politischer Umbrüche zu deuten? Wenn die hier beschriebene räumliche „Realität, die andauert" nicht gegeben ist, welche Auswirkungen hat dies auf eine räumliche Verortung gruppenspezifischer Gedächtnisse? Wenn räumliche Fixpunkte in Auflösung begriffen sind, kann dann überhaupt von einer Wechselwirkung zwischen Gedächtnis und Materialität gesprochen werden?

Der kollektive Gedächtnisbegriff bedarf einer weiteren Unterteilung, um die gemeinschaftliche Dimension von Gedächtnis hervorzuheben: Jan und Aleida Assmann unterteilen soziales Gedächtnis in ein kulturelles und ein kommunikatives Gedächtnis.[14] Das kommunikative Gedächtnis ist alltagsnah und wird in Erzählungen weitergegeben. Es ist an biographische Erfahrungen geknüpft und umspannt drei bis vier Generationen. Es ist an Individuen gebunden und zeitlich begrenzt. Das kulturelle Gedächtnis löst das kommunikative Gedächtnis mit der Aufgabe ab, Ereignisse der Vergangenheit an die Nachwelt zu vermitteln. Es speist sich aus einer unbegrenzten Vergangenheit.[15] Um eine Tradierung von Wissen zu gewährleisten, benötigt das kulturelle Gedächtnis materielle Träger und Spezialisten.[16] Es bringt gruppenbezogene Identifizierungen hervor. Halbwachs ordnet diese Aufgabe der Geschichte zu:

> Die Geschichte ist zweifellos das Verzeichnis der Geschehnisse, die den größten Raum im Gedächtnis der Menschen eingenommen haben. In Büchern gelesen, in den Schulen gelernt, sind die vergangenen Ereignisse jedoch

14 Aleida Assmann / Jan Assmann: Das Gestern im Heute. Medien und soziales Gedächtnis. In: Klaus Merten / Siegfried Schmidt / Siegfried Weischenberg (Hrsg.): *Die Wirklichkeit der Medien. Eine Einführung in die Kommunikationswissenschaft.* Opladen: WV 1994, S. 114–140; siehe auch Jan Assmann: *Das kulturelle Gedächtnis. Schrift, Erinnerung und politische Identität in frühen Hochkulturen.* München: Beck 1992.

15 Jeffrey Olick unterscheidet zwischen ‚Collective Memory' und ‚Collected Memories'. Die Eigenschaften beider Gedächtnismodi sind am Konzept Assmanns vom kulturellen und kommunikativen Gedächtnis angelehnt. Vgl. Jeffrey Olick / Joyce Robbins: Social Memory Studies. From "Collective Memory" to the Historical Sociology of Mnemonic Practices. In: *Annual Review of Sociology* 24 (1998), S. 105–140; Jeffrey Olick: Collective Memory. The Two Cultures. In: *Sociological Theory* 17 (1999), S. 333–348; siehe auch Astrid Erll: *Kollektives Gedächtnis und Erinnerungskulturen.* Stuttgart / Weimar: Metzler 2011, S. 111.

16 Siehe auch Aleida Assmann: *Der lange Schatten der Vergangenheit. Erinnerungskultur und Geschichtspolitik.* München: Beck 2006.

> Notwendigkeiten und Regeln zufolge ausgewählt, nebeneinandergestellt und eingeordnet, die nicht für jene Gruppen von Menschen zwingend waren, die sie lange Zeit als lebendiges Gut aufbewahrt haben. Das bedeutet, dass die Geschichte im allgemeinen an dem Punkt beginnt, an dem die Tradition aufhört – in einem Augenblick, in dem das soziale Gedächtnis erlischt und sich zersetzt.[17]

An die Stelle der Geschichte, die nach Halbwachs soziales Gedächtnis und Traditionen ablöst, positionieren Jan und Aleida Assmann das kulturelle Gedächtnis. Diese Terminologie kann über zwei Punkte kritisiert werden.

Erstens, wie bereits Ulrike Jureit hervorgehoben hat, orientiert sich das Konzept eines kulturellen Gedächtnisses an einer homogenen Gruppe. Ein gruppenbezogenes kulturelles Gedächtnis suggeriert ihr zufolge ein einheitliches Verständnis eines sozialen Gefüges, das sich auf eine plurale, heterogene Gesellschaftsstruktur schlecht übertragen lasse.[18] Zweitens, die Steuerung gemeinschaftlicher Erinnerungen beginnt nicht erst mit dem „leisen, unmerklichen Vergehen" des kommunikativen Gedächtnisses.[19] Die Aushandlungen über Vergangenheit finden in der Gegenwart statt und sind an ausgewählten Orten der Stadt dokumentierbar. Somit ist jede Phase im kommunikativen Gedächtnis auch gleichzeitig eine Aushandlungsphase über Formen und Inhalte im kulturellen Gedächtnis.

Hilfreich erscheint in diesem Zusammenhang das sozialwissenschaftliche Mikro-Makro-Modell von Horst-Alfred Heinrich in Anlehnung an James Samuel Coleman.[20] Heinrich kritisiert Assmanns Konzeption aufeinanderfolgender Gedächtnistypen. Er behauptet, dass kulturelles und kommunikatives Gedächtnis gleichzeitig interagieren. Beide stünden in einer wechselseitigen Beeinflussung.[21]

17 Halbwachs: *Das kollektive Gedächtnis*, S. 66.

18 Ulrike Jureit: Opferidentifikation und Erlösungshoffnung. Beobachtungen im erinnerungspolitischen Rampenlicht. In: Dies. / Christian Schneider (Hrsg.): *Gefühlte Opfer. Illusionen der Vergangenheitsbewältigung*. Stuttgart: Klett-Cotta 2010, S. 17–103, hier S. 68, 71.

19 Assmann / Assmann: Das Gestern im Heute, S. 120.

20 Horst-Alfred Heinrich: Kulturelles Gedächtnis und kollektive Erinnerungen als Mikro-Makro-Modell. In: Ulrich Druwe / Volker Kunz (Hrsg.): *Kontext, Akteur und strategische Interaktion*. Opladen: Leske & Budrich 2000, S. 75–102; James Samuel Coleman: *Grundlagen der Sozialtheorie: Handlungen und Handlungssysteme*, Bd. 1. München: Oldenbourg 1991.

21 Vgl. Heinrich: Kulturelles Gedächtnis und kollektive Erinnerungen als Mikro-Makro-Modell, S. 75.

Das kulturelle Gedächtnis verortet er auf der Makroebene. Es sei gesellschaftliche Institution und werde in Texten, Bildern und Symbolen wirksam.[22] Das kulturelle Gedächtnis bilde ein Normensystem, das bestimmte Ereignisse als bedeutsam einstufe. Das kommunikative Gedächtnis, das er „kollektive Erinnerungen"[23] nennt, siedelt er auf der Mikroebene an und konzipiert es als subjektives Denk- und Handlungsschema. Um die Wechselwirkung beider Gedächtnisformen herauszuarbeiten, entwickelt er ein Modell des Interaktionsprozesses. Bestimmte historische Ereignisse setzen ein und wirken auf die gesamte Gesellschaft. Darauf folgen Reaktionen einer bestimmten Gruppe, die sich auf das Verhalten ihrer Mitglieder auswirken. Es komme zu einer Rückwirkung auf der Makroebene und zu Veränderungen. Mitglieder einer anderen Gruppe seien betroffen und reagieren ihrerseits.[24] Heinrich arbeitet im Mikro-Makro-Modell das Konfliktpotenzial gruppenbezogener Wissensbestände heraus. Er zeigt, dass sich kommunikatives und kulturelles Gedächtnis gleichzeitig konstituieren und berücksichtigt dabei Halbwachs' Ansatz multipler Gruppengedächtnisse.

Gedächtnistheoretische Begriffe können auch weniger nuanciert auf den Stadttext übertragen werden. Gerald Suttles setzt 1984 in seinem Aufsatz „The Cumulative Texture of Local Urban Culture" kulturelles Gedächtnis mit lokaler Stadtkultur gleich. Das Bild der Stadt besteht ihm zufolge aus einer Ansammlung kollektiver Repräsentationen, die in Denkmälern oder Straßennamen im öffentlichen Raum sichtbar werden.[25] Dieser Ansatz ist insofern für diese Arbeit problematisch, als dass die von Suttles verwendeten Begrifflichkeiten keine prozessuale Dimension besitzen. Während das hier favorisierte Gedächtniskonzept in Anlehnung an Nietzsche, Halbwachs, Jan und Aleida Assmann sowie Heinrich Prozesse beschreibt, wirkt das Konzept der lokalen Stadtkultur demgegenüber statisch. Zwar verweist es mit dem Verständnis von symbolisch durchsetztem Stadtraum als kumulativer Textur auf eine mehrschichtige, mit Bedeutung geladene urbane Oberflächenstruktur;

22 Vgl. ebd., S. 77.

23 Ebd., S. 78.

24 Vgl. ebd., S. 81–82.

25 Gerald Suttles: The Cumulative Texture of Local Urban Culture. In: *The American Journal of Sociology* 90,2 (1984), S. 283–304, hier S. 283.

die Definition lokaler Stadtkultur wird jedoch dem aufgefächerten Gedächtnisbegriff nicht gerecht. Wichtige Aspekte von Macht und Herrschaft bleiben unberücksichtigt. Symbolische Bedeutungsaushandlungen kultureller Artefakte leisten Suttles zufolge beispielsweise die Expertinnen und Experten,[26] ihrerseits legitimiert von Institutionen. Dieses Buch argumentiert hingegen in Anlehnung an sozialkonstruktivistische Debatten,[27] dass symbolische Bedeutungszuschreibungen nicht über eine kleine Gruppe institutionell anerkannter Personen erfolgen, sondern innerhalb sozialer Gruppengedächtnisse kontinuierlich (re)produziert werden. Basierend auf dieser Annahme wurde das Interviewsample mit Akteuren konstituiert, deren Expertentum akkumuliertes Wissen und räumliche Erfahrung an den jeweiligen Fallbeispielen ausmacht.[28]

Halbwachs betrachtet Gedächtnis vor dem Hintergrund sozialer Beziehungen. Assmann und Assmann ergänzen diesen Ansatz, indem sie lang- und kurzfristige Gedächtniskonzepte voneinander trennen. Heinrich hebt die Interaktion beider Ebenen hervor. Die Frage nach der Steuerung und Modifizierung von Gedächtnis bleibt dennoch näher zu differenzieren. Dafür rückt der Raumbegriff in den Fokus der Aufmerksamkeit, insbesondere seine zentrale Stellung in den Arbeiten von Doreen Massey und Henri Lefebvre.

In „Places and Their Past" schreibt die britische Humangeographin Doreen Massey über die hybride Konstitution von Orten. Vergangenheitsdeutungen, so Massey, müssen im Kontext ihrer lokalen Einbettung gedacht werden, Erzählungen seien ortsgebunden.[29] Massey definiert Orte als Artikulationen sozialer Beziehungen, die verschiedene Brücken zwischen Vergangenheit, Gegenwart und Zukunft bilden.[30] Um Orte als Bedeutungsträger zu verstehen, reicht es im Anschluss an Massey nicht, in zeitlichen Kategorien zu denken. Nur eine Kombination von Zeit mit Raum vermag

26 Vgl. Suttles: The Cumulative Texture of Local Urban Culture, S. 284.

27 Vgl. hierzu Doreen Massey: Places and Their Past. In: *History Workshop Journal* 39 (1995), S. 182–192; Martina Löw: *Raumsoziologie*. Frankfurt am Main: Suhrkamp 2001; Markus Schroer: „Bringing Space Back in" – zur Relevanz des Raums als soziologische Kategorie. In: Jörg Döring / Tristan Tiehlmann (Hrsg.): *Spatial Turn. Das Raumparadigma in den Kultur- und Sozialwissenschaften*. Bielefeld: Transcript 2008, S. 125–148.

28 Siehe Abschnitt „Interviewsample", S. 43–44.

29 Massey: Places and Their Past, S. 189.

30 Ebd., S. 186.

aufzuzeigen, welche Narrative in der Vergangenheit dominierten.[31] So kanalisieren Orte Vergangenheit, indem sie lokale Fixpunkte für Narrative bilden.

Um räumliche Kategorien dreht sich auch das raumtheoretische Schlüsselwerk Lefebvres, *La Production de l'Espace*, das die gesellschaftliche Bedingtheit von Raum betont. Lefebvre argumentiert, dass sozialer Raum ein soziales Produkt sei.[32] Durch die Behauptung, dass Raum immer neu hervorgebracht werde, nimmt Lefebvre Bezug auf relationale Raummodelle. Sein theoretischer Ansatz ist für diese Arbeit besonders wichtig, da er einerseits soziale Interaktionen in den Vordergrund rückt, andererseits die materielle Umgebung nicht aus den Augen verliert. So enthält sein dreifach definiertes gesellschaftliches Raummodell eine doppelte begriffliche Dimension. Es bezieht sich erstens auf den alltäglichen Wahrnehmungsraum (*le perçu*), den geplanten Raum (*le conçu*) und den gelebten Raum (*le vécu*) der Agierenden. Zweitens erfasst es verschiedene materielle Ebenen: Hier unterscheidet er die räumliche Praxis (*la pratique spatiale*), die Repräsentation des Raumes (*la représentation de l'espace*) und den Raum der Repräsentation (*l'espace de représentation*).[33] Um die Wechselwirkung von Materialität und Gedächtnis ortsgebunden zu untersuchen, stehen die Übereinstimmungen und die Diskrepanzen von geplantem und gelebtem Raum im Mittelpunkt.

Forschungsstand

Die ausgewählten Fallbeispiele lassen sich im Spannungsverhältnis von Gedächtnis und Vergessen verorten. Wenn Orte aus dem Inventar der Stadt getilgt werden, wird in der Konsequenz die Wechselbeziehung von Gedächtnis und Materialität aufgelöst? Berlin hat zahlreiche dieser Tilgungen vergangener Herrschaften vorzuweisen – vom abgetragenen Palast der Republik am Schlossplatz über das gesprengte DDR-Außenministerium

31 Vgl. ebd., S. 187.

32 Henri Lefebvre: *La Production de l'Espace*. Paris: Anthropos 2000, S. 35.

33 Lefebvres Werk wurde nicht ins Deutsche übersetzt, eine häufig zitierte Quelle ist neben der französischsprachigen Originalausgabe Christian Schmids *Stadt, Raum und Gesellschaft*. Paraphrasierungen werden als Verweis auf diese Sekundärquelle angegeben. Vgl. zur räumlichen Triade Christian Schmid: *Stadt, Raum und Gesellschaft. Henri Lefebvre und die Produktion des Raumes*. Stuttgart: Steiner 2005, S. 20, 207.

bis hin zum demontierten Lenindenkmal, um nur einige Beispiele des Umgangs mit dem realsozialistischen Erbe zu benennen. Peter Burke benennt eine „Löschung von Konflikterinnerungen im Dienst gesellschaftlicher Kohäsion“[34]. Aber können wir in der Tat von ‚Vergessenshandlungen‘ sprechen? Abrisse materieller Symbolträger schaffen punktuelle Aufmerksamkeit, auch als wissenschaftliche Interessensgegenstände.[35]

Dass Orte in ihrer Gegenständlichkeit bestehen bleiben und trotzdem vergessen werden, zeigt das im vorliegenden Buch einführende Fallbeispiel zum DDR-Funkhaus in Kapitel 5. Inwiefern am zweiten Fallbeispiel, Skulpturenpark Berlin_Zentrum, überhaupt von einer Wechselbeziehung gesprochen werden kann, versuche ich im 6. Kapitel zu beantworten – auch dieser Ort verschwindet 2011 aus dem Inventar der Stadt. Das argentinische Haftzentrum El Atlético war in den Kellerräumen einer Polizeistation versteckt und wurde 1979 im Zuge des Ausbaus der Stadtautobahn abgerissen. El Olimpo, ein weiteres argentinisches Haftzentrum, wurde bis 2005 von der Bundespolizei genutzt. Einer möglichen Wechselwirkung von Materialität und Gedächtnis an beiden empirischen Beispielen nachzuspüren, ist die Herausforderung, der ich mich in Kapitel 7 stellen möchte. Abschließend betrachte ich räumliche Aushandlungsprozesse um die Erweiterung der Gedenkstätte Berliner Mauer in Kapitel 8.

An dieser Stelle ist es sinnvoll, eine erste Abgrenzung vorzunehmen. Der französische Historiker Pierre Nora prägte das Begriffsverständnis der *lieux de mémoire* durch seine achtbändige gleichnamige

34 Peter Burke: Geschichte als Soziales Gedächtnis. In: Kai-Uwe Hemken (Hrsg.): *Gedächtnisbilder. Vergessen und Erinnern in der Gegenwartskunst.* Leipzig: Reclam 1996, S. 92–112, hier S. 106.

35 Vgl. u. a. Aktives Museum Faschismus und Widerstand / Neue Gesellschaft für Bildende Kunst: *Erhalten – Zerstören – Verändern? Denkmäler der DDR in Ost-Berlin. Eine dokumentarische Ausstellung.* Berlin: NGBK 1990; Martin Schönfeld: Erhalten – Zerstören – Verändern. Diskussionsprozesse um die politischen Denkmäler der DDR in Berlin. In: *Kritische Berichte. Zeitschrift für Kunst- und Kulturwissenschaften* 19 (1991), S. 39–43; Hubertus Adam: Erinnerungsrituale – Erinnerungsdiskurse – Erinnerungstabus. Politische Denkmäler der DDR zwischen Verhinderung, Veränderung und Realisierung. In: *Kritische Berichte* 20 (1992), S. 10–35; Anders Åman: Die osteuropäische Architektur der Stalinzeit als kunsthistorisches Problem. In: Gabi Dolff-Bonekämper / Hiltrud Kier (Hrsg.): *Städtebau und Staatsbau im 20. Jahrhundert.* München / Berlin: Deutscher Kunstverlag 1996, S. 131–150; Christian Peters: Politische Architektur und die Sichtbarkeit der Macht. In: *Sociologia Internationalis. Internationale Zeitschrift für Soziologie, Kommunikations- und Kulturforschung* 41 (2003), S. 181–207.

Studie. Er entfaltet dort die These, dass es Erinnerungsorte gebe, weil gemeinschaftliche Gedächtnismilieus verloren seien.[36] Diese Orte symbolisieren für ihn Anknüpfpunkte an die Vergangenheit und sind gemeinschaftsbildend:

> Mit der Machtübernahme der Gesellschaft an Ort und Stelle der Nation hat die Legitimation durch die Vergangenheit, also durch die Geschichte, der Legitimation durch die Zukunft Platz gemacht.[37]

Nora versteht Erinnerungsorte als „Überreste" eines ehemals kohärenten Ganzen. Er sieht sie als einzelne Fragmente, die zusammengetragen gesellschaftliche Gruppen festigen können.[38] Die Idee, bedeutungswirksame Orte von Gedächtnis auszuwählen, wurde von Historikern der europäischen Nachbarländer begeistert aufgenommen. Übertragungen auf nationale Räume erfolgten ausblickend[39] und rückblickend.[40]

Ein an Nora angelehnter Konzepttransfer der Erinnerungsorte erscheint hier problematisch. Nora unterlässt eine theoretische Unterscheidung des Raum- und Ortsbegriffs. Erinnerungsorte müssen nach Nora keine lokalisierbaren Orte sein. Ausschlaggebend für eine Klassifizierung ist der kollektiv zugeschriebene Symbolgehalt. So können beispielsweise eine nationale Hymne wie eine Verfassung einen Erinnerungsort repräsentieren.[41] Von den eingangs nach Gieryn eingeführten drei Merkmalen von Lage, Form und Bedeutungsebene vernachlässigt Nora den ersten und zweiten Aspekt. Auf diese Weise übernommen, verlöre der Ortsbegriff seine Schärfe. Der Ansatz Noras ist als konzeptionelle Dehnung im Anschluss an Karen Mossberger und Gerry Stoker kritisierbar.[42] In der Konsequenz übersetze ich das französischsprachige

36 Vgl. Pierre Nora: *Zwischen Geschichte und Gedächtnis.* Berlin: Wagenbach 1990, S. 11.

37 Ebd., S. 16.

38 Vgl. ebd., S. 17.

39 Vgl. bspw. Ole Feldbaek (Hrsg.): *Dans Identiteshistorie.* Kopenhagen: Reitzel 1992; Mario Isnenghi (Hrsg.): *I Luoghi della Memoria.* Rom / Bari: Laterza 1996/1997; Étienne François / Hagen Schulze (Hrsg.): *Deutsche Erinnerungsorte. Eine Auswahl.* München: Beck 2005.

40 Martin Sabrow (Hrsg.): *Erinnerungsorte der DDR.* München: Beck 2009.

41 Nora: *Zwischen Geschichte und Gedächtnis*, S. 29.

42 Karen Mossberger / Gerry Stoker: The Evolution of Urban Regime Theory: The Challenge of Conceptualization. In: *Journal of Urban Affairs* 36 (2001), S. 819–835, hier S. 817.

mémoire nicht mit Gedächtnis, sondern mit Erinnerung und halte mich dabei an die deutsche Übersetzung von Étienne François und Hagen Schulze.[43]

Die Konzepte von Erinnerung und Gedächtnis werden hier bezüglich individueller und kollektiver Dimensionen getrennt.[44] Während der Erinnerungsbegriff auf die subjektive Erfahrungsebene des „Einprägens und Rückrufens spezifischer Inhalte"[45] verweist, steht der Gedächtnisbegriff für eine soziale Rahmung dieser Erinnerungen über verschiedene Gruppengedächtnisse.[46] Die hier eingenommene Forschungsperspektive wird von einem Verständnis von Gedächtnis als „soziale[m] Phänomen"[47] oder als kulturellem Prozess[48] geleitet. Aleida Assmann schreibt über Erinnerungsorte, die sie mit Brüchen kennzeichnet: „Am Erinnerungsort ist eine bestimmte Geschichte gerade nicht weitergegangen, sondern mehr oder weniger abrupt abgebrochen."[49] Die Fallbeispiele tragen diese Brüche in sich. Unter Bezug auf die hybride Konstitution von Orten[50] zeigt dieses Buch auf, dass Vergangenheit über Materialitäten essentiell[51] bis in die Gegenwart hineinwirkt.

43 François / Schulze (Hrsg.): *Deutsche Erinnerungsorte.*

44 Vgl. auch Laurajane Smith: *Uses of Heritage.* London / New York: Routledge 2006, S. 58.

45 Aleida Assmann: Zur Metaphorik der Erinnerung. In: Dies. / Dietrich Harth (Hrsg.): *Mnemosyne. Formen und Funktionen der kulturellen Erinnerung.* Frankfurt am Main: Fischer 1991, S. 16–46, hier S. 17.

46 Vgl. David Middleton / Derek Edwards (Hrsg.): *Collective Remembering.* London: Sage 1990; James Wertsch: *Voices of Collective Remembering.* Cambridge: Cambridge UP 2002.

47 Assmann / Assmann: Das Gestern im Heute, S. 114.

48 Vgl. Smith: *Uses of Heritage*, S. 58.

49 Aleida Assmann: Erinnnerungsorte und Gedächtnislandschaften. In: Hanno Loewy / Bernhard Moltmann (Hrsg.): *Erlebnis – Gedächtnis – Sinn. Authentische und konstruierte Erinnerung.* Frankfurt am Main: Campus 1996, S. 13–29, hier S. 16.

50 Massey: Places and Their Past, S. 183.

51 Der Begriff der Essenz ist in der deskriptiven Phänomenologie zentral platziert. Merleau-Ponty ordnet im Vorwort der *Phenomenology of Perception* der Phänomenologie „the study of essences" zu. Dabei stützt er sich darauf, die Erfahrung von Gegenständlichkeit als empirisches Phänomen zu verstehen. Im Anschluss an Edmund Husserl kann die Lehre der Erscheinungen auch als „wesenswissenschaftliche Methode" bezeichnet werden, bei der individuelle Alltagserfahrungen und intersubjektive Lebenswelten in den Mittelpunkt gerückt werden. Vgl. Maurice Merleau-Ponty: *Phenomenology of Perception.* London / New York: Routledge 1962, S. VII; siehe auch Dieter Nohlen: Phänomenologie/phänomenologische Methode. In: *Lexikon der Politikwissenschaft. Theorien, Methode, Begriffe*, hrsg. v. ders. / Rainer-Olaf Schultze. München: Beck 2005, S. 685–687, hier S. 686.

Ein wichtiger wissenschaftlicher Diskurs zu Erinnerungsorten ist die Heritage-Forschung.[52] Die Soziologin Sybille Frank übersetzt *heritage* mit „verorteten Vergegenwärtigungen"[53]. In ihren Untersuchungen zur Formation einer Heritage-Industrie plädiert sie dafür, *heritage* als ein eigenes soziologisches Forschungsfeld zu etablieren. Die Wurzeln der Heritage-Forschung verortet Frank in Großbritannien der Siebziger Jahre.[54] Gesellschaftliche Tendenzen der Rückbesinnung auf Vergangenheit werden mit sozialstrukturellen Faktoren erklärt. Patrick Wright und Robert Hewison verbinden sie mit dem Niedergang des Sozialstaates als Krisenerfahrung im Zuge wirtschaftlicher Umstrukturierung.[55] Wright betont aus marxistischer Perspektive die Verlagerung der Klassenherrschaft auf ein kulturelles Terrain: *Heritage* werde als nationales Erbe klassifiziert, schließe aber die Arbeiterinnen und Arbeiter aus. Hewison hingegen legt sein Augenmerk auf eine Umlagerung ökonomischer Ressourcen. Im deindustrialisierten Großbritannien sei *heritage* die „Speerspitze einer Industrie"[56] und entpolitisiere die Massen. Gegensätzlich zu der Argumentationslinie von Wright und Hewison arbeitet Raphael Samuel die Effekte auf *heritage* von unten heraus. Dass die Massen kulturelles Erbe über Aktivitäten beeinflussten, bleibt ihm zufolge wissenschaftlich ignoriert.[57] Die Vergegenwärtigung von Vergangenheit finde ihren Ausdruck in alltäglichen Praktiken wie beispielsweise das Sammeln und Aufbewahren von Gegenständen.[58]

52 Eine ausführliche Diskussion zum Heritage-Konzept findet sich in Dorothee Hemme / Markus Tauschek / Regina Bendix (Hrsg.): *Prädikat Heritage. Wertschöpfungen aus kulturellen Ressourcen.* Berlin: Lit 2007. Zum deutschsprachigen Begriff des Kulturerbes, siehe Markus Tauschek: *Kulturerbe. Eine Einführung.* Berlin: Reimer 2013. Die Arbeiten von Sybille Frank und Laurajane Smith geben einen detaillierten Überblick zum Forschungsstand in der angelsächsischen Heritage-Debatte, vgl. Sybille Frank: *Der Mauer um die Wette gedenken. Die Formation einer Heritage-Industrie am Berliner Checkpoint Charlie.* Frankfurt am Main: Campus 2009, S. 25–148; Smith: *Uses of Heritage*, S. 44–87; siehe auch Rodney Harrison: *Understanding the Politics of Heritage.* Manchester / Milton Keynes: Manchester UP / Open University 2010; Rodney Harrison: *Heritage. Critical Approaches.* Abingdon / New York: Routledge 2013.

53 Frank: *Der Mauer um die Wette gedenken*, S. 20.

54 Vgl. ebd., S. 25.

55 Patrick Wright: *On Living in an Old Country. The National Past in Contemporary Britain.* London: Verso 1985; Robert Hewison: *The Heritage Industrie. Britain in a Climate of Decline.* London: Methuen 1987.

56 Zit. n. Frank: *Der Mauer um die Wette gedenken*, S. 41.

57 Samuel: *Theatres of Memory*, S. 25.

58 Vgl. hierzu den Abschnitt „Entwertung", S. 94–100.

Vergangenheit erfüllt für Samuel nicht den Zweck sozialer Kontrolle, um gesellschaftliche Machtverhältnisse über Mythen zu legitimieren.[59] Er argumentiert für das soziale Wissen der Vielen; *heritage* sei „rather a social form of knowledge; the work, in any given instance, of a thousand different hands."[60]
Der Kernaspekt der Heritage-Forschung liegt auf Orten. Ob diese Orte nun „the peculiarities of landscape"[61] bilden oder „eigensinnige [...] Geschichtsvermittlungs-Traditionslinien und [...] spezifische Konstellationen"[62] darstellen – die Bedeutungsebene der Vergangenheit für die Gegenwart steht an Heritage-Stätten an zentraler Position. In diesem Aspekt besteht ein klarer Unterschied zur Fallauswahl dieser Studie. Die Frage nach einer Wechselwirkung von Materialität und Gedächtnis ist ein Schlüssel für ein mögliches Scheitern, Orte im kulturellen Gedächtnis zu etablieren.
Weitere relevante sozialwissenschaftliche Forschungsarbeiten zu Gedächtnis können im Spannungsfeld zwischen Erinnern und Vergessen verortet werden. Die Sozialwissenschaftlerin Lena Schulz zur Wiesch fokussiert Diskussionen um bedeutungsgeladene Orte in Ost-Berlin. Ihr Beitrag zum Umgang mit Relikten der DDR zeigt an den Beispielen Lenin-Denkmal und Palast der Republik die politische Besetzung des Stadtraums.[63] Sie kristallisiert vier Aspekte heraus, die einen „Bildersturm"[64] begünstigen: erstens das historische Zeitfenster, zweitens das politische Zeitfenster, drittens die geographische Lage und viertens die involvierten gesellschaftlichen Akteure. Die Autorin benennt „Gelegenheitsfenster", in denen die Entscheidung über Abriss oder Weiternutzung gefällt werden, die sie im partikulären DDR-Kontext der frühen post-revolutionären Phase zuschreibt.[65] Eine umfassende Studie der Erinnerungslandschaft Berlin veröffentlicht die amerikanische Soziologin Jennifer

59 Samuel: *Theatres of Memory*, S. 17.

60 Ebd., S. 8.

61 Ebd., S. 11.

62 Frank: *Der Mauer um die Wette gedenken*, S. 16.

63 Lena Schulz zur Wiesch: Zum Umgang mit baulich-symbolischen Relikten der DDR in Ost-Berlin. In: Rudolf Jaworski / Peter Stachel (Hrsg.): *Die Besetzung des öffentlichen Raumes. Politische Plätze, Denkmäler und Straßennamen im Vergleich*. Berlin: Frank und Timme 2007, S. 231–257.

64 Ebd., S. 234.

65 Ebd., S. 254.

A. Jordan mit *Structures of Memory.*[66] Sie geht der Frage nach, auf welche Art und Weise Orte erinnert oder vergessen werden. Jordan arbeitet vier Faktoren heraus, die Gedächtnisbildung beeinflussen: Akteurskonstellationen (*memorial entrepreneurs*), Landnutzung (*land use*), Eigentumsverhältnisse (*ownership*) und Medienresonanz (*public resonance*).[67]

Beide Arbeiten erforschen die soziale Konstitution von Gedächtnis am Beispiel Berlins. Allerdings fokussiert Jordan primär Orte des Nationalsozialismus, während Schulz zur Wiesch baulich-symbolische Relikte der DDR anführt. Mit den Fallbeispielen des ehemaligen DDR-Rundfunks und des Skulpturenparks Berlin_Zentrum stehen im vorliegenden Buch Orte im Zentrum der Aufmerksamkeit, die nicht als Heritage-Stätten klassifiziert werden können. Sie wurden symbolisch und materiell ‚überschrieben'.

Karen Till befasst sich ausführlich mit räumlichen Einschreibungen am Skulpturenpark Berlin_Zentrum; Christine Nippe beschreibt das Gelände als kurze Ortsbegehung. Eine ausführliche Dokumentation der künstlerischen Exponate sowie einzelne wissenschaftliche Beiträge sind im Ausstellungskatalog der künstlerischen Initiatoren zu finden.[68] Zur Forschungsliteratur zum DDR-Funkhaus nach dem politischen Regimewechsel zählt die Arbeit des amerikanischen Anthropologen Dominic Boyer, die auf Gesprächen mit ehemaligen DDR-Journalisten basiert.[69] Susanne Hepperle schildert die Abwicklung des Rundfunks unter Berücksichtigung des politisch-institutionellen Kontextes, während Jörg Hildebrandt seine Erfahrungen als Vize-Intendant des

66 Jennifer A. Jordan: *Structures of Memory. Understanding Urban Chance in Berlin and Beyond.* Stanford: Stanford UP 2006.

67 Ebd., S. 11–14.

68 Zum Skulpturenpark Berlin_Zentrum, siehe KUNSTrePUBLIK (Hrsg.): *Skulpturenpark Berlin_Zentrum.* Köln: König 2010; Karen Till: Interim Use at a Former Death Strip? Art, Politics, and Urbanism at Skulpturenpark Berlin_Zentrum. In: Marc Silberman (Hrsg.): *After the Wall: Berlin in Germany and Europe.* Basingstoke / New York: Palgrave Macmillan 2011, S. 99–122; Christine Nippe: *Kunst baut Stadt. Künstler und ihre Metropolenbilder in Berlin und New York.* Bielefeld: Transcript 2011, S. 76–83.

69 Dominic Boyer: *Spirit and System. Media, Intellectuals, and the Dialectic in Modern German Culture.* Chicago / London: University of Chicago Press 2005, siehe das ethnographische Feldprotokoll eines Besuchs des Rundfunkszentrums vom 6. Juli 2002, S. 161–181.

Rundfunkbeauftragten veröffentlicht.[70] Zwei Ausstellungskataloge sind dem Funkhaus-Architekten Franz Ehrlich gewidmet, der vom Architekturkritiker Dieter Hoffmann-Axthelm als der große Abwesende der DDR-Architektur betitelt wurde.[71]

Wegweisende Publikationen zur Berliner Mauer nehmen historische[72] oder sozialwissenschaftliche[73] Perspektiven ein. Um die Zusammenhänge von Militärdiktatur und argentinischen Haftzentren zu bearbeiten, stütze ich mich primär auf die Forschungen von Hugo Vezzetti und Elisabeth Jelin.[74] Publikationen mit einer

70 Susanne Hepperle: Durchsetzung des westdeutschen Ordnungsmodells: Rundfunk und Fernsehen. In: Roland Czada / Gerhard Lehmbruch (Hrsg.): *Transformationspfade in Ostdeutschland: Beiträge zur sektoralen Vereinigungspolitik*. Frankfurt am Main / New York: Campus 1998, S. 191–238; Jörg Hildebrandt: Eine Lektion in Demokratie. Vom Ab- und Aufbau der ostdeutschen Rundfunkanstalten. In: Heinz Ludwig Arnold / Frauke Meyer-Gosau (Hrsg.): *Die Abwicklung der DDR. Göttinger Sudelblätter*. Göttingen: Wallstein 1992, S. 64–70.

71 Bauhaus Dessau (Hrsg.): *Franz Ehrlich 1907–1984. Kunst und Gestaltung*. Katalog der Ausstellung zum 80. Geburtstag. Dessau: Bauhaus Dessau 1987; Galerie am Sachsenplatz Leipzig (Hrsg.): *Bauhaus 4. Franz Ehrlich. Die frühen Jahre. Arbeiten der Jahre 1927–38*. Katalog 17. Leipzig 1980; vgl. Dieter Hoffmann-Axthelm: Drei Berliner Bauten von Franz Ehrlich. Eine Entdeckungsreise. In: *Bauwelt* 87 (1996), S. 1518–1539.

72 Vgl. u. a. Axel Klausmeier / Leo Schmidt: *Mauerreste – Mauerspuren*. Berlin / Bonn: Westkreuz 2004; Hans-Hermann Hertle: *Die Berliner Mauer. Monument des kalten Krieges*. Bonn: bpb 2007; Deutsches Nationalkomitee für Denkmalschutz (Hrsg.): *Die Berliner Mauer. Vom Sperrwall zum Denkmal*. Bonn: Konkordia 2009; Johannes Cramer / Tobias Rütenik / Peter Böger / Gabri van Tussenbroek / Philipp Speiser: *Die Baugeschichte der Berliner Mauer. Berliner Beiträge zur Bauforschung und Denkmalpflege*. Petersberg: Imhof 2011. Zur Entstehung der Gedenkstätte Berliner Mauer, siehe u. a. Ladd: *The Ghosts of Berlin*, S. 7–39; Edgar Wolfrum: Die Mauer. In: François / Schulze (Hrsg.): *Deutsche Erinnerungsorte*, S. 552–568; Gerd Knischewski / Ulla Spittler: Remembering the Berlin Wall. The Wall Memorial Ensemble Bernauer Straße. In: *German Life and Letters* 59 (2006), S. 280–293; Günter Schlusche: *Gedenkstätte Berliner Mauer*. Regensburg: Schnell & Steiner 2008; Axel Klausmeier: Ein Memorialort neuer Prägung. Die Erweiterung der Gedenkstätte Berliner Mauer. In: *Deutschland Archiv* 42,5 (2009), S. 892–900.

73 Vgl. u. a. Frederick Baker: The Berlin Wall. Production, Preservation and Consumption of a 20th Century Monument. In: *Antiquity* 67 (1993), S. 709–733; Frank: *Der Mauer um die Wette gedenken*.

74 Vgl. Hugo Vezzetti: *Pasado y Presente. Guerra, Dictadura y Sociedad en Argentina*. Buenos Aires: Siglo Veintiuno 2002; Elisabeth Jelin / Victoria Langland (Hrsg.): *Monumentos, Memoriales y Marcas Territoriales. Memorias de la Represión*. Madrid: Siglo Veintiuno de España / Siglo Veintiuno de Argentina 2003; siehe auch Cecilia Macón (Hrsg.): *Pensar la Democracia, Imaginar la Transición 1976–2006*. Buenos Aires: Ladosur 2006; dies. (Hrsg.): *Trabajos de la Memoria: Arte y Ciudad en la Postdictadura Argentina*. Buenos Aires: Ladosur 2006; Memoria Abierta: *Memorias en la Ciudad*.

gemeinsamen Ausrichtung auf Gedächtnis in Berlin und Buenos Aires sind auf ein Symposium aus dem Jahr 2004 zurückzuführen, bei dem institutionelle und zivilgesellschaftliche Akteurinnen und Akteure beider Städte zusammentrafen.[75]

Methodik

Diese Studie arbeitet methodisch induktiv. Eine erste Annäherung an die Orte erfolgte über drei Wege: Fotografien, die im Zeitraum von 2009 bis 2014 aufgenommen wurden, heben Details im Raum hervor und sind in den Fließtext als veranschaulichende Bildelemente eingearbeitet. Einen zweiten Zugang bilden Feldbeobachtungen, die zwecks räumlicher Orientierung in der ersten Forschungsphase angefertigt wurden. Schriftliche Quellen liefern kontextuelle Hintergrundinformationen. Zu den schriftlichen Quellen zählen amtliche Publikationen auf kommunaler, Bezirks-, Länder- und Bundesebene und juristische Urteile des Bundesverfassungsgerichtes. Schließlich war die Feldphase von institutionellen Gedächtnispraktiken geprägt: 2009 bestimmt das Themenjahr „Zwanzig Jahre Mauerfall" die mediale Berichterstattung und kulminiert im „Fest der Freiheit" am 9. November 2009. Mit einer Galerie überdimensionaler Dominosteine, die den Mauerverlauf vom Reichstagsgebäude bis zum Potsdamer Platz materiell veranschaulichte, fällt die Mauer ein zweites Mal symbolisch. 2010 wird der erste Abschnitt der erweiterten Gedenkstätte Berliner Mauer eröffnet. Im selben Jahr beginnt der Strafprozess gegen die Wärter der drei Haftzentren Atlético, Banco und Olimpo.[76] 2011 wird dem 50. Jahrestag des Mauerbaus gedacht. Diese Jubliäumsdaten haben ein erhöhtes mediales Interesse zur Folge. Lokale und überregionale Printmedien wie *Der Tagesspiegel*, *Berliner Zeitung*, *Berliner Morgenpost*, *taz*, *Neues Deutschland*, *Süddeutsche Zeitung*, *Frankfurter Allgemeine*

Señales del Terrorismo de Estado en Buenos Aires. Buenos Aires: Eudeba 2009; Marguerite Feitlowitz: *A Lexicon of Terror: Argentina and the Legacies of Torture.* Oxford: Oxford UP 2011.

75 Vgl. Ibero-Amerikanisches Institut (Hrsg.): *Berlin – Buenos Aires. Buenos Aires – Berlin.* Berlin: Schiler 2004; Peter Birle / Elke Gryglewski / Estela Schindel (Hrsg.): *Urbane Erinnerungskulturen im Dialog: Berlin und Buenos Aires.* Berlin: Metropol 2009; Peter Birle / Vera Carnovale / Elke Gryglewski / Estela Schindel (Hrsg.): *Memorias Urbanas en Diálogo: Berlín y Buenos Aires.* Buenos Aires: Buenos Libros 2010.

76 Siehe Kap. 7.3: „Der ABO-Strafprozess", S. 163–170.

Zeitung, Die Welt, Die Zeit, The Guardian und *Página/12* spiegeln öffentliche Diskurse wider.

Dreißig leitfadengesteuerte, qualitative Experteninterviews bilden den Datenkern.[77] Die aufgezeichneten Gespräche wurden ins Deutsche und Spanische transkribiert und anschließend hinsichtlich von Strategien und Interaktionen kodiert. Hier wurden Verfahren des offenen Kodierens nach Anselm Strauss angewandt.[78] In Ausnahmefällen wurden selektive Gesprächsprotokolle angelegt, die zur Eingrenzung der Materialfülle beitrugen.

Wenn die Wahrnehmung sozialer Prozesse an Orten über Erzählungen rekonstruiert werden soll, so warnt Charles Tilly davor, „the tension beween individualistic and collective accounts"[79] aus den Augen zu verlieren. Dieser Spannungsbogen ist über die Wechselwirkung von Materialität und Gedächtnis herauszuarbeiten. Bevor jedoch konkrete Orte in den Blick genommen werden können, stehen die politischen Regimewechsel im Fokus der Aufmerksamkeit.

77 Siehe Abschnitt „Interviewmethode", S. 44–47.

78 Anselm Leonard Strauss: *Grundlagen qualitativer Sozialforschung: Datenanalyse und Theoriebildung in der empirischen soziologischen Forschung.* München: Fink 1998, S. 57–63.

79 Charles Tilly: *Stories, Identities and Political Change.* Lanham: Rowman & Littlefield 2002, S. 6.

2.
Zäsuren

Durch Maurice Halbwachs wissen wir um die Bedeutung einer relativ beständigen materiellen Umgebung für Erinnerungen: „[M]ental equilibrium was, first and foremost, due to the fact that the physical objects of our daily contact change little or not at all, providing us with an image of permanence and stability".[1] Das vertraute räumliche Umfeld schafft einen Orientierungsrahmen, der Stabilität und Ordnung gewährleistet. Talja Blokland beschreibt diesen Orientierungsrahmen mit der Metapher von Ziegeln und Zement: „The bricks and mortar carried the fragments, and through the built environment they ordered the stories they heard and told".[2] Wenn wir Materialität als Trägerin von Erinnerungen definieren, impliziert dies folgende Frage: Wenn der materielle Rahmen nicht stabil bleibt, sich transformiert oder gar verschwindet, welche Auswirkungen hat dies auf die Rekonstruktion von Vergangenheit?

Transformationen solcherart können schnell oder langsam ablaufen.[3] Um den klaren, einschnitthaften Charakter zu betonen, wird im Folgenden der Begriff der Zäsur verwendet. Zäsuren trennen

1 Maurice Halbwachs: *The Collective Memory*. New York: Harper & Row Colophon 1950, S. 1.

2 Talja Blokland: Bricks, Mortar, Memories: Neighbourhood and Networks in Collective Acts of Remembering. In: *International Journal of Urban and Regional Research* 25 (2001), S. 268–283, hier S. 278.

3 Siehe auch Gerhard Lehmbruch: Zwischen Institutionentransfer und Eigendynamik: Sektorale Transformationspfade und ihre Bestimmungsgründe. In: Ders. / Roland Czada (Hrsg.): *Transformationspfade in Ostdeutschland: Beiträge zur sektoralen Vereinigungspolitik*. Frankfurt am Main / New York: Campus 1998, S. 17–57.

ein Davor von einem Danach. Sie betonen Momente struktureller Übergänge. Das zweite Kapitel „Zäsuren“ gibt einen Überblick der Ereignisse, die politische Umbrüche hervorbrachten; es skizziert ausgewählte Momente mit der Folge politischer Regimewechsel in Argentinien und Deutschland Ende des 20. Jahrhunderts.

Politische Umbrüche sind mit der Leitidee verknüpft, starre ideologische Machtkonstellationen aufzulösen und gesellschaftliche Institutionen personell neu zu besetzen. Orte als symbolische Zeichenträger politischer Ideologien spiegeln Transformationsprozesse solcherart besonders deutlich wider. Politische Zäsuren gehen dabei nicht zwingend mit revolutionären Prozessen einher. Der von John Foran herausgegebene Sammelband *Theorizing Revolutions* beleuchtet politische Umbrüche aus Top-Down- und Bottom-Up-Perspektiven. Dabei nehmen die einzelnen Beiträge akteurszentrierte, strukturelle oder kulturelle Blickwinkel ein.[4] Drei Grundmuster sollen unter Bezug auf die hier analysierten politischen Zäsuren in Deutschland und Argentinien mit Richard Lachmann vorgestellt und kritisch diskutiert werden. Lachmann arbeitet erstens die Rolle von Eliten für politische Regimewechsel heraus, hebt zweitens den Einfluss extern gesteuerter militärischer Interventionen hervor und betont drittens, dass Strukturreformen nicht zwingend erfolgen müssen.[5] In diesem Kontext interessieren zugleich die Impulsgeber der Regimewechsel, die jeweiligen außenpolitischen Verknüpfungen und die sozio-kulturellen Faktoren der Zäsuren im argentinischen und deutschen Kontext.

Sowohl die Abkehr von der argentinischen Militärjunta als auch vom DDR-Realsozialismus war nicht in destabilisierende postrevolutionäre Prozesse eingebunden. Im deutschen Kontext steht die Redewendung der „Friedlichen Revolution“[6] stellvertretend für

4 Vgl. John Foran (Hrsg.): *Theorizing Revolutions*. London / New York: Routledge 1997.

5 Vgl. Richard Lachmann: Elite Conflicts and Mass Mobilization. In: Ebd., S. 71–98, hier S. 93–95.

6 Siehe hierzu die Debatten von Michael Richter, Rainer Eckert, Rainer Eppelmann und Robert Grünbaum um eine adäquate Begriffsverwendung von ‚Wende‘, ‚Umsturz‘, ‚Revolution‘ oder ‚Friedliche Revolution‘. Vgl. Michael Richter: Die Wende. Plädoyer für eine umgangssprachliche Benutzung des Begriffs. In: *Deutschland Archiv* 40 (2007), S. 961–968; Rainer Eckert: Gegen die Wende-Demagogie – für den Revolutionsbegriff. In: *Deutschland Archiv* 40 (2007), S. 1084–1086; Rainer Eppelmann / Robert Grünbaum: Sind wir die Fans von Egon Krenz? Die Revolution war keine „Wende“. In: *Deutschland Archiv* 5 (2004), S. 864–869.

den zivilgesellschaftlich geforderten Systemwechsel. Lena Schulz zur Wiesch benennt drei zeitliche Sequenzen. Sie bezeichnet die Herbstmonate 1989 als „revolutionär", das anschließende Jahr bis Oktober 1990 als „post-revolutionär" und die Zeit nach der innerdeutschen Vereinigung am 3. Oktober 1990 als „normalisierend".[7]
Im argentinischen Diskurs dominiert der Begriff des Übergangs (*transición*). Cecilia Macón unterscheidet drei Phasen, die sie über die sechsjährige Präsidentschaft Raúl Alfonsíns von 1983 bis 1989, die zehnjährige Regierungszeit Carlos Menems von 1989 bis 1999 und die vierjährige Regierung Néstor Kirchners von 2003 bis 2007 fasst.[8] Wenngleich der auf beide Kontexte übertragbare Begriff der Zäsur dem Revolutionsbegriff vorzuziehen ist, implizieren politische Umbrüche Erschütterungen im räumlich-materiellen Orientierungsrahmen.[9]
Im Anschluss an Charles Tilly bezeichnen Umbrüche allgemein „jede plötzliche weitreichende, vom Volk erzwungene Veränderung des Herrschaftssystems in einem Land", deren Wahrscheinlichkeit und Ausprägung von „gesellschaftliche[n] Vorgänge[n] innerhalb eines Staates" indirekt bestimmt werden.[10] Zäsuren sind hiernach soziale Prozesse, die nicht intrinsisch aus sich selbst entstehen, sondern politischem Wandel unterworfen sind.[11] Während Tilly nicht näher ausdifferenziert und von bestimmten gesellschaftlichen Gruppen geforderte Veränderungen anspricht,[12] möchte ich nun die Impulsgeber der Zäsuren näher betrachten.
In Argentinien und in der DDR kommen die Anstöße für einen Machtwechsel nicht von oben. Im sozialistischen Arbeiter- und Bauernstaat der DDR bringt die Mittelschicht durch ein frühzeitiges Verlassen der Sowjetischen Besatzungszone und späteren DDR

7 Vgl. Lena Schulz zur Wiesch: Zum Umgang mit baulich-symbolischen Relikten der DDR in Ost-Berlin. In: Rudolf Jaworski / Peter Stachel (Hrsg.): *Die Besetzung des öffentlichen Raumes. Politische Plätze, Denkmäler und Straßennamen im Vergleich*. Berlin: Frank & Timme 2007, S. 231–257, hier S. 235.

8 Cecilia Macón: Introducción. Ruptura Como Continuidad: La Transición 30 Años Después. In: Dies. (Hrsg.): *Pensar la Democracia, Imaginar la Transición (1976/2006)*. Buenos Aires: Ladosur 2006, S. 9–27, hier S. 11.

9 Siehe zu den Auswirkungen auf alltägliche Praktiken in den Monaten zwischen Mauerfall und innerdeutschen Vereinigung die Schilderungen meiner Interviewpartner im Rundfunk Nalepastraße in Abschnitt „Aufbruch" S. 86–89.

10 Charles Tilly: *Die europäischen Revolutionen*. München: Beck 1999, S. 23, 26.

11 Ebd., S. 27.

12 Ebd., S. 30.

ihren Dissens mit politischen Umstrukturierungsmaßnahmen zum Ausdruck.[13] Impulsgeber der Zäsur im deutschen Kontext ist eine beständig wachsende Friedens- und Oppositionsbewegung, die eine Demokratisierung des Landes forderte.[14] Aus dem Leipziger Zirkel der Montagsdemonstrationen entwickelten sich wöchentliche Protestmärsche, die immer mehr Zulauf fanden und am 4. November 1989 in einer nichtgenehmigten Demonstration auf dem Berliner Alexanderplatz mündeten. Die live übertragene Pressekonferenz mit Günter Schabowski am Abend des 9. November 1989, in der er irrtümlicherweise die Reisebeschränkungen ins westliche Ausland aufhob und damit hoffnungsvolle Ost-Berlinerinnen und -Berliner zur innerstädtischen Grenze strömen ließ, ist ein weiterer Mosaikstein in der Kette der für die SED-Parteiführung[15] nicht steuerbaren Ereignisse. Der Grenzübergang an der Bornholmer Straße ist der Ort, an dem DDR-Grenzbeamte vor der Menschenmenge kapitulierten und auf übliche Ausreiseformalitäten verzichteten. Sie öffneten den Schlagbaum. In diesem Moment wurde die Teilung der Stadt aufgehoben, die sich im Sperrwall der Berliner Mauer räumlich manifestiert hatte.

13 Die Forschung spricht von circa dreieinhalb Millionen Flüchtlingen bis zum Jahr 1961. Dabei floh vor allem die junge, gut ausgebildete Mittelschicht. Erst mit der Abriegelung der innerdeutschen Grenze und des Berliner Außenrings 1952, sowie der innerstädtischen Mauer 1961 wurde die Fluchtbewegung eingedämmt. Der zyklische Verlauf der Fluchtwellen wird von Effner und Heidemeyer mit politischen Ereignissen wie der Kollektivierung von Betrieben oder dem Eintritt in den Warschauer Pakt in Verbindung gebracht. Vgl. Bettina Effner / Helge Heidemeyer: *Flucht im geteilten Deutschland. Erinnerungsstätte Notaufnahmelager Marienfelde.* Berlin: be.bra 2005, S. 29.

14 Eine Open-Air-Ausstellung auf dem Alexanderplatz vom 7. Mai 2009 bis zum 3. Oktober 2010 trägt den Titel „Die Friedliche Revolution 1989/1990". Sie sollte der „historischen Leistungen und Verdienste der Demokratiebewegung in der DDR" gedenken und hierbei eine „erinnerungspolitische Leerstelle" füllen, so das Grußwort des Regierenden Bürgermeisters von Berlin, vgl. Robert-Havemann-Gesellschaft (Hrsg.): *Orte der SED-Herrschaft Berlin.* Berlin: Stadtwandel 2010, S. 6.

15 Nach DDR-Verfassung war die SED ein staatsleitendes Verfassungsorgan. SED-Parteibeschlüsse waren demnach unmittelbar verbindlich und hatten Vorrang vor Gesetzen. Artikel 1, Absatz 1 verankerte den Führungsanspruch der SED und lautete: „Die DDR ist ein sozialistischer Staat der Arbeiter und Bauern. Sie ist die politische Organisation der Werktätigen in Stadt und Land unter Führung der Arbeiterklasse und ihrer marxistisch-leninistischen Partei." Vgl. Gerhard Geckle / Horst Lehmann: *DDR-Eigentum zurück – was tun?* Planegg / München: WRS 1991, S. 17; Hans Georg Lehmann: *Deutschland-Chronik 1945 bis 2000.* Bonn: bpb 2002, S. 382.

Nur vier Tage später wählte die Volkskammer einen neuen Vorsitzenden des Ministerrats. Das Modrow-Kabinett strebte eine Vertragsgemeinschaft mit der Bundesrepublik an. Am 1. Dezember 1989 wurde der Führungsanspruch der SED aus der Verfassung gestrichen. Um eine neue Verfassung zu entwerfen, trafen die Vertreter der Blockparteien unter der Moderation von drei Kirchenvertretern mit den Bürgerrechtsvereinigungen am Runden Tisch zusammen.[16] Die Runden Tische prägten die Zäsur einschneidend und wurden vielerorts institutionell in der Übergangsphase etabliert. Die erste freie Volkskammerwahl vom 18. März 1990 führte zum enttäuschenden Wahlergebnis für die Bürgerrechtsbewegungen. Die Mehrheit der DDR-Bürger strebte die schnelle Einheit mit der Bundesrepublik an und stand einer Reformierung der DDR kritisch gegenüber. Das niedrige Wahlergebnis beendete das Weiterwirken der Bürgerrechtler als politische Entscheidungskraft. Die Modrow-Regierung wurde von der Großen Koalition des CDU-geführten De Maizière-Kabinetts abgelöst. Nachdem die BRD- und DDR-Finanzminister die Einführung einer Wirtschafts-, Währungs- und Sozialunion am 18. Mai 1990 vertraglich unterzeichnet hatten, verabschiedeten Volkskammer, Bundestag und Bundesrat den Ersten Staatsvertrag. Dieser trat am 1. Juli 1990 in Kraft. Die Verhandlungen zum Beitritt der DDR in den Geltungsbereich des Grundgesetzes wurden nach langen terminlichen Diskussionen auf den 3. Oktober 1990 angesetzt. Die von Hans Georg Lehmann hervorgehobenen und nicht näher erläuterten „strittigen Verhandlungspunkte“ zu „Eigentumsfragen“ bleiben zu diesem Zeitpunkt noch ungelöst.[17]
Auch in Argentinien kam es zu Demonstrationen gegen die Militärdiktatur, wobei der Ursprung in der Hauptstadt Buenos Aires lag. Initiatorinnen der ersten Proteste sind ab dem 24. März 1977 vierzehn Mütter, die Aufklärung über das Schicksal ihrer entführten Kinder forderten. Die Madres um Azucena Villaflor[18] ‚umgingen‘

16 Siehe hierzu die Bilder zum Interviewort mit dem Bürgerrechtler, Abschnitt „Interviewworte“, S. 202, Abb. 34, 35. Er wählte für unser Gespräch den Ort aus, wo alte und neue politische Kräfte am zentralen Runden Tisch diskutierten.

17 Lehmann: *Deutschland-Chronik*, S. 413; siehe auch Kap. 8.2: „Der Postenweg“, S. 181–191.

18 Azucena Villaflor gilt als Mitgründerin der Madres de Plaza de Mayo. Sie wurde am 10. Dezember 1977 zusammen mit zwei weiteren Müttern aus der Pfarrei

ein von der Militärregierung verhängtes Demonstrationsverbot vor dem Regierungsgebäude, indem sie nicht stehend demonstrierten, sondern in Bewegung blieben. Jeden Donnerstag versammelten sie sich am Denkmal der Maipyramide, um diese im stummen Protestmarsch zu umrunden.[19] Sowohl im deutschen wie im argentinischen Kontext können die Impulsgeberinnen der Zäsuren der zivilgesellschaftlichen Ebene zugeordnet werden.

Der zweite von Lachmann angesprochene Aspekt sind externe Faktoren, die politische Zäsuren herbeiführten. Der Autor zählt exemplarisch militärische Interventionen auf.[20] Auch die Zäsuren in Deutschland und Argentinien sind vor dem Hintergrund außenpolitischer Entwicklungen zu betrachten.

Im DDR-Kontext bleibt die verfassungsrechtlich festgeschriebene Selbstbindung an die Sowjetunion hervorzuheben.[21] Ohne die von Michail Gorbatschow initiierten Prozesse des Wandels von Perestroika und Glasnost und seine Aufhebung der Breschnew-Doktrin[22] hätte der Einsatz sowjetischer Panzer die Wurzeln der Demokratiebewegung im Keim ersticken können.

Die argentinische Militärdiktatur setzte 1982 auf eine militärische Konfrontation mit Großbritannien. Die Generäle veranlassten, am 2. April 1982 die Falklandinseln zu besetzen, ohne vorherige diplomatische Konsultationen mit Großbritannien in Erwägung zu ziehen.[23] Diese im Atlantik vor der argentinischen Küste liegende

von Santa Cruz entführt. Ihre Schicksale bleiben bis heute unaufgeklärt. Trotz des bedrohlichen Szenarios hielten die Mütter am wöchentlichen Protest fest. Sie umrundeten die Maipyramide bis zum Jahr 2007. Erst während der Regierung Néstor Kirchners stellten sie ihre Proteste nach dreißig Jahren ein.

19 Siehe auch Abschnitt „Die Kinder der Verschwundenen“, S. 160–163.

20 Vgl. Lachmann: Elite Conflicts and Mass Mobilization, S. 94.

21 Lehmann: *Deutschland-Chronik*, S. 237.

22 Der sowjetische Staats- und Parteichef Leonid Breschnew hatte 1968 eine beschränkte Souveränität der sozialistischen Staaten verkündet, die einen Einmarsch sowjetischer Truppen rechtfertigte, sollte der Sozialismus bedroht werden. Tilly erklärt die sowjetische Prämisse von Nichteinmischung und Entmilitarisierung folgendermaßen: „Nach 1985, in den Jahren nach seiner Machtübernahme in der Sowjetunion hatte Michail Gorbatschow das ganz deutlich gemacht, als er die den Staatshaushalt schwer belastenden Militärausgaben wesentlich kürzte und erklärte, er werde […] auch jedes militärische Eingreifen der Sowjetunion in die inneren Angelegenheiten anderer Staaten unterbinden.“ (Tilly: *Die Europäischen Revolutionen*, S. 20.)

23 Siehe auch Luis Moreno Ocampo: *Cuando el Poder Perdió el Juicio*. Buenos Aires: Planeta 1996, S. 236–241.

Inselgruppe, im argentinischen Sprachgebrauch Las Malvinas genannt, standen seit Beginn des 19. Jahrhunderts unter britischer Kolonialverwaltung. Großbritannien reagierte mit der Entsendung der britischen Kriegsflotte und eroberte die Inselgruppe innerhalb weniger Tage zurück. Der Falklandkrieg kann nicht direkt als externe militärische Intervention in innerstaatliche Angelegenheiten bezeichnet werden. Dennoch symbolisiert die Niederlage einen Machtverlust der Militärregierung und leitete das Ende der Militärdiktatur ein. Moreno Ocampo weist zusätzlich auf die Pressefreiheit hin, für die eine Annektierung der Falklandinseln das Ende der einen Etappe und den Beginn einer neuen markiert hat.[24] So lässt die Militärregierung nach massiven Protesten im Oktober 1983 Neuwahlen ansetzen.

Der von Lachmann angesprochene dritte Aspekt strukturrelevanter Änderungen[25] soll unter besonderer Berücksichtigung des wirtschaftlichen und juristischen Sektors behandelt werden. Beide politischen Regime, sowohl die argentinische Militärdiktatur als auch der sozialistische Arbeiter- und Bauernstaat, implementieren während ihrer Regierungszeit Maßnahmen wirtschaftlicher Restrukturierung. Während der argentinische Prozess der nationalen Umstrukturierung liberalisierende Tendenzen aufwies, stand der Umbau der DDR unter der Prämisse, sozialistische Produktionsverhältnisse von Planwirtschaft und Kollektivierung einzuführen. Besagte Prozesse im Detail zu beschreiben, ist nicht Anliegen dieser Untersuchung. Dennoch bleibt festzuhalten, dass die Genese der Orte nicht ohne einen ständigen Bezug auf die politischen Rahmenbedingungen zu denken ist.

Neben der Einführung parlamentarischer Wahlen ist die juristische Aufarbeitung ein weiterer Meilenstein struktureller Transformationen. Die 1990er Jahre sind in Deutschland von Prozessen gegen das Politbüro, die Mitglieder des Nationalen Verteidigungsrates und sogenannten „Mauerschützenprozessen“ geprägt. Letztere fragten nach der Strafbarkeit der Ausübung des Schießbefehls.[26]

24 Vgl. ebd., S. 241.

25 Vgl. Lachmann: Elite Conflicts and Mass Mobilization, S. 95.

26 Der Schießbefehl innerhalb des Todesstreifens der Berliner Mauer diente der Verhinderung der Republikflucht. An der Grenze eingesetzte Soldaten mussten bei ihrer Vergatterung mündlich bestätigen, dass „Grenzverletzer“ festzunehmen oder zu „vernichten“ seien. Vgl. Gerhard Sälter: Zum „Schießbefehl“ und dem

Während „unmittelbar handelnde“ Grenzsoldaten zu geringen Haftstrafen auf Bewährung verurteilt wurden, erhielt die politische und militärische Führung mehrjährige Haftstrafen.[27] Einige Prozesse wurden allerdings wegen Alter oder Krankheit eingestellt, so bspw. der Honecker-Prozess im Jahr 1993.[28] Das geringe Strafmaß brachte den Amnestiebegriff in die deutsche Debatte hinein. So spricht Toralf Rummler von einer „verdeckten Amnestie“.[29] In Argentinien verhinderten zwei Amnestiegesetze die strafrechtliche Verfolgung. Das Schlusspunktgesetz, Punto Final, vom 24. Dezember 1986 und das Befehlsnotstandgesetz, Obediencia Debida, vom 4. Juni 1987 werden erst 2005 vom Obersten Gerichtshof für verfassungswidrig erklärt.[30]

Die Wahl von Argentinien und Deutschland lässt sich über den politisch-institutionellen transformativen Kontext legitimieren, der beidseitig von Zäsuren gekennzeichnet ist. Im Sinne von Doreen Masseys Begriff von Orten, die *werden* und nicht *sind*, prädestiniert die Fallauswahl die Rekonstruktion der Vergangenheit aus der Gegenwart heraus.[31] Dieser Aspekt der Gegenwartsbezogenheit ist zentral für die Entscheidung, Argentinien heranzuziehen. Während

Einsatz von Schusswaffen an der Berliner Mauer und der Innerdeutschen Grenze. http://www.berliner-mauer-gedenkstaette.de/de/uploads/berliner_mauer_dokumente/schiessbefehl.pdf (Zugriff am 08.03.2014); Jochen Maurer: Die „Mauer“ und ihre Grenztruppen oder die Grenztruppen und ihre „Mauer“? In: Deutsches Nationalkomitee für Denkmalschutz (Hrsg.): *Die Berliner Mauer. Vom Sperrwall zum Denkmal.* Bonn: Konkordia 2009, S. 71–86, hier S. 77.

27 Vgl. Gerhard Sälter: Die Prozesse gegen die Mauerschützen und ihre Befehlsgeber. In: *Horch und Guck* 71 (2011), S. 46–51, hier S. 46–47.

28 Vgl. Uwe Wesel: *Der Honecker-Prozess. Ein Staat vor Gericht.* Frankfurt am Main: Eichborn 1994; Klaus Marxen / Gerhard Werle: *Die strafrechtliche Aufarbeitung von DDR-Unrecht. Eine Bilanz.* Berlin: de Gruyter 1999; Friedrich-Christian Schroeder: *Der Politbüro-Prozess. Eine Dokumentation.* Baden-Baden: Nomos 2001.

29 Toralf Rummler: *Die Gewalttaten an der deutsch-deutschen Grenze vor Gericht.* Berlin / Baden-Baden: Berlin Verlag 2000, zit. n. Sälter: Die Prozesse gegen die Mauerschützen und ihre Befehlsgeber, S. 47.

30 Vgl. hierzu Abschnitt „Die Überlebenden und die Verschwundenen“, S. 151–154; Kap. 7.3: „Der ABO-Strafprozess“, S. 163–170; siehe auch Mario Di Paolantonio: Tracking the Transitional Demand for Legal Recall: Foreclosing and Promise of Law in Argentina. In: *Social Legal Studies* 13 (2004), S. 351–375; Laura Cucchi: Reconstruir la Esfera Pública. La Justicia Reparatoria Como Deliberación. In: Macón (Hrsg.): *Pensar la Democracia,* S. 63–82; Wolfgang Kaleck: Die ‚Koalition gegen die Straflosigkeit‘. In: Birle / Gryglewski / Schindel (Hrsg.): *Urbane Erinnerungskulturen im Dialog,* S. 261–270.

31 Vgl. Massey: Places and Their Past.

in Deutschland die Strafprozesse gegen Verantwortliche der politisch-militärischen Führung und der Grenztruppen in den 1990er Jahren stattfanden, kann die juristische Aufarbeitung der Militärdiktatur in Argentinien im gewählten Untersuchungszeitraum mitverfolgt und dokumentiert werden.[32]

32 Vgl. den Abschnitt „Daniels Zeugenaussage“, S. 165–170.

3.
Methodologische Überlegungen

Im ersten Teil der methodologischen Überlegungen möchte ich die Kriterien für die Auswahl der Fälle offenlegen. Im zweiten Teil werde ich auf das Interviewsample und die Interviewmethode eingehen. Der dritte Teil enthält eine Darstellung der angewandten Auswertungsverfahren. Abschließend wird das Augenmerk auf methodologische Fallstricke gerichtet.

3.1 Fallauswahl

Das Sample besteht aus drei Orts-Studien in Berlin und Buenos Aires. Ein erstes gemeinsames Merkmal dieser Orte ist die Kopplung an politische Macht, die materiell manifestiert, räumlich konzentriert und sozial reproduziert wurde. Alle in dieser Studie untersuchten Orte waren Stützpfeiler für später delegitimierte, diktatorische Regime. Die Machtstrukturen der Vergangenheit sind mit der Gegenständlichkeit der Orte verwoben und wirken über materielle und diskursive Ausprägungen bis in die Gegenwart hinein.

Den Fallbeispielen ist gemeinsam, dass sie über Materialität nach außen hin abgrenzen. Dies erfolgt einerseits über die materiell-räumlichen Arrangements dieser Orte, andererseits über die Einschränkung des Personenkreises, dem Zugang gewährt wurde. Die argentinischen Internierungszentren der Militärdiktatur waren beispielsweise über den Eingangsbereich abgeschottet. Das Haftzentrum El Olimpo war nur über eine schmale Tür mit daran angeschlossener Kontrollschleuse zugänglich. Die Lage der genauen

Abb. 1: Farbsignal ‚Vordere Postenbegrenzung' auf dem Lampenmast am Postenweg, im Hintergrund die Grenzmauer aus vertikalen Betonelementen mit Rohrauflage (Grenzmauer 75).

Standorte der Haftzentren war nur einem ausgewählten Personenkreis von Polizei und Militär bekannt. Da politisch Oppositionelle ohne Haftbefehl entführt und ohne Rechtsgrundlage festgehalten wurden, ist die Rede von „geheimen" Haftzentren.[1] Dass die argentinischen Haftzentren keinen offiziellen Charakter hatten, kann mit den dort begangenen Menschenrechtsverletzungen physischer und psychischer Folter in Verbindung gebracht werden. Auch das DDR-Funkhaus schottet über Materialität nach außen ab. Als Monopol einer zentral gesteuerten Kommunikation für Hörfunk war der Ort eng mit dem politischen System verknüpft. Ein Pförtnerhaus und Einlassschranken reglementieren den Zugang in den Gebäudekomplex, der längsseits von Wasser begrenzt ist. Die Berliner Mauer teilte schließlich nicht nur eine Stadt in zwei Teilstädte. Begrenzungen waren auch innerhalb des Grenzstreifens wirksam. Nur Angehörige der Grenztruppen der DDR durften den inneren Grenzbereich betreten. Die Grenzregimenter bewachten den

1 Vgl. Vezzetti: *Pasado y Presente*; Jelin / Langland (Hrsg.): *Monumentos, Memoriales y Marcas Territoriales*; Memoria Abierta: *Memorias en la Ciudad.*

Sicherungsstreifen in Beobachtungstürmen oder patrouillierten auf dem Postenweg. Farbliche Markierungen auf den Laternenmasten, die sogenannte ‚Vordere Postenbegrenzung', untersagte ihnen ein Betreten des westwärts zeigenden Grenzstreifens.

Ein weiteres die Fallauswahl leitendes Kriterium war die Verfügbarkeit von Zeitzeugen und deren Bereitschaft, ihre Erfahrungen und Erinnerungen an die untersuchten Orte im Rahmen von Interviews mitzuteilen. Darüber hinaus geht es mir darum, die Fallbeispiele hinsichtlich ihrer Funktion während der Diktatur allgemein zu kennzeichnen und voneinander zu unterscheiden. Argentinische Haftzentren waren Orte der Folter. Folter hatte eine instrumentale Rolle für das System der Militärdiktatur, trat aber über die involvierten Akteure von Polizei und Militär impulsiv und ungesteuert auf. Miguel, Überlebender des Haftzentrums El Atlético, schildert die Willkürlichkeit physischer und psychischer Gewalthandlungen, denen die Entführten ausgesetzt waren und die als prägende Erfahrung mit den Haftzentren verbunden wurde. Das DDR-Funkhaus symbolisierte einen zentralen Ort für Kommunikation. Die politische Zäsur hatte in besonderer Schärfe Auswirkung auf eine regelmäßige Anbindung meiner Interviewpartner zu diesem Ort, da ein Großteil der dort Beschäftigten ihren Arbeitsplatz verloren hat. Der Übergang von einer zentralisierten in eine föderale Rundfunklandschaft ließ das Ostberliner Funkhaus mit dem Westberliner Funkhaus in Konkurrenz treten. Eine Institution, die nicht mehr in die politischen Strukturen passte, wurde abgewickelt. Die Berliner Mauer war ein Ort, der begrenzte. Wenn auch von der DDR als „Antifaschistischer Schutzwall" bezeichnet, sollte die Mauer die Fluchtbewegung nach West-Berlin eindämmen und war nach Ostberlin hinein über zusätzliche Sicherungselemente gestaffelt. Eine sogenannte Vorfeldsicherung existierte nur nach innen, nicht nach außen.

Die fokussierten Orte kommen aus zwei Stadtkontexten. Deshalb konzentriere ich mich im folgenden Abschnitt auf Diskurse der Vergleichenden Stadtforschung.[2] Städte können hinsichtlich ihrer

2 Dieser Abschnitt basiert auf dem Aufsatz „The Peculiarities of Place: Understanding the Local in Comparative Urban Research", den ich zusammen mit James Field während meines Forschungsaufenthalts am King's College London (2011–2012) konzipiert habe und der bei der ISA Konferenz RC21 2012 in Buenos Aires als Paper angenommen wurde.

Unterschiede und Gemeinsamkeiten analysiert werden. Auf der Suche nach einer rahmenden Definition für vergleichende Stadtforschung kommen begriffliche Grenzen und konzeptionelle Unklarheiten zum Vorschein. Einige akademische Vertreter der britischen Humangeographie sprechen vom „comparative turn“ oder der „comparative gesture“,[3] andere explizieren Vergleichende Stadtforschung zugleich als Methodologie und Form der Theoriebildung.[4] Die zeitgenössische Komparative Stadtforschung konzentriert sich auf die globale Vernetzungsebene von Städten als „assemblages“, die in fließenden Beziehungen zueinander stehen und lokale und globale Prozesse verschiedener Größenordnungen lokalisierbar machen.[5] Wenn Orte fokussiert werden, stehen sie immer in Relationen zu den sie ummantelnden urbanen Strukturen.
Über verschiedene Stadtkontexte wird eine höhere theoretische Sättigung des Samples anvisiert. Allein über die Klassifizierung als Orte der Folter wären Orte der argentinischen Militärdiktatur nicht zwingender Teil der Fallauswahl. Das ehemalige DDR-Gefängnis in Hohenschönhausen wurde beispielsweise nach dem Zweiten Weltkrieg für einen kurzen Zeitraum von der sowjetischen Besatzungsmacht genutzt. Diese Periode wird mit dem Einsatz physischer Folterpraktiken in Verbindung gebracht.[6] Die gewählte Interviewmethode, die Wechselwirkung von Gedächtnis und Materialität über personengebundene Erinnerungen in der Gegenwart zu untersuchen, wäre an diesem Ort schwerer durchführbar, da das biographische Gedächtnis meiner Gesprächspartner bis in

3 Kevin Ward: Towards a Relational Comparative Approach to the Study of Cities. In: *Progress in Human Geography* 34 (2010), S. 471–487, hier S. 2; Jennifer Robinson: Cities in a World of Cities: The Comparative Gesture. In: *International Journal of Urban and Regional Research* 35 (2011), S. 1–23.

4 Colin McFarlane: The Comparative City: Knowledge, Learning, Urbanism. In: *International Journal of Urban and Regional Research* 34 (2010), S. 725–742.

5 Vgl. Jane M. Jacobs: Urban Geographies I: Still Thinking Cities Relationally. In: *Progress in Human Geography* 35 (2011), S. 1–11.

6 Vgl. Peter Erler: Folter im MGB-Gefängnis Berlin-Hohenschönhausen. Gedenkstätte Hohenschönhausen. http://www.stiftung-hsh.de/curriculum_old/folter_im_mgb_gefaengnis_berlin_hsh.htm (Zugriff am 04.03.2014). Das militärische Sperrgebiet wurde Anfang der 1950er Jahre an das Ministerium für Staatssicherheit übergeben. In der zentralen Untersuchungshaftanstalt waren die Inhaftierten psychischer Folter ausgesetzt. Vgl. Uta Schulz: DDR Geschichte. Was die Stasi in ihrem Folter-U-Boot trieb. In: *Die Welt*, 11.03.2011. http://www.welt.de/kultur/history/article12732533/Was-die-Stasi-in-ihrem-Folter-U-Boot-trieb.html (Zugriff am 04.03.2014).

die späten 1940er Jahre zurückreichen müsste. Eine biographische Parallele zu den argentinischen Haftzentren betrifft hingegen die späten 1970er Jahre. Der kürzere zeitliche Abstand machte die Suche nach potenziellen Gesprächspartnern leichter, wobei erste Kontakte bereits 2007 während meiner Recherchen für die Magisterarbeit[7] geknüpft werden konnten.

Einige problematische Aspekte zur Fallauswahl stehen abschließend unter Bezug auf Charles Tillys *Big Structures, Large Processes, Huge Comparisons* zur Diskussion.[8] Der Autor trennt vier Kategorien, die ein vergleichendes Forschungsdesign bestimmen können. Im individualisierenden Vergleich werden phänomenologische Eigenheiten miteinander kontrastiert.[9] Der variationsorientierte Vergleich umfasst soziale Prozesse, die über Differenzen und Gemeinsamkeiten unterschieden werden.[10] Universalistische Vergleiche generieren ihr Sample nach vorab definierten Kriterien, indem neue und alte Fälle miteinander verglichen werden.[11] Allgemein gültige Schlussfolgerungen werden aus postkolonialer, relationaler Perspektive stark kritisiert. Schließlich beschreibt Tilly einen historiographischen Ansatz, der Prozesse langer Zeitdauer analysiert und ein System ganzheitlich zu erklären versucht.[12] In meiner Studie steht ein variationsorientierter Ansatz im Mittelpunkt, der gleichzeitig auch den historischen Kontext sozialer Strukturen und Prozesse berücksichtigt. Nach den Orten werden folgend die Akteure beleuchtet, deren Narrationen Vergangenheit rekonstruieren: Dreißig Gesprächspartnerinnen und -partner, die alle mit einem der ausgewählten Orte verknüpft waren.

7 Die Magisterarbeit, eingereicht 2008 an der Universität Bremen am Institut für Kulturwissenschaften, trägt den Titel „Umkämpfte Geschichte – Zum Denkmal General Julio A. Rocas in Buenos Aires“ und dokumentiert den Streit um ein Denkmal zum sogenannten ‚Wüstenfeldzug‘, bei dem die indigenen Stämme Patagoniens vernichtet und ihr Land für das Projekt eines Nationalstaates vereinnahmt wurde. Über teilnehmende Beobachtung der Proteste einer kleinen Anti-Denkmal-Kommission namens Awka Liwen, mit sechs Experteninterviews (u. a. mit Osvaldo Bayer und Felipe Pigna) und einer fotographischen Dokumentation zeichnet die Arbeit Prozesse kollektiver Gedächtnisbildung nach.

8 Charles Tilly: *Big Structures, Large Processes, Huge Comparisons*. New York: Russell Sage Foundation 1984.

9 Ebd., S. 87–96.

10 Ebd., S. 116–124.

11 Ebd., S. 97–115.

12 Ebd., S. 125–143.

3.2 Qualitative Methoden

Interviewsample

Alle Interviewten sammelten lokales Wissen und sind über dieses Wissen mit den Orten verknüpft. Deshalb sind die ausgewählten Personen mehrheitlich nicht namentlich zitiert, sondern werden über ihre in Routinen eingeschriebene Verbindung zum Ort gekennzeichnet. Nur Personen, die ihre Erinnerungen öffentlich teilen, sind namentlich genannt.[13] Das Sample setzt sich zusammen aus Akteuren der Raumplanung wie ein Architekt, ein Makler, ein Künstler oder eine Immobilienverwalterin, aus Wissensvermittlern wie ein Radiomoderator, ein Kulturjournalist, ein Dozent, ein Anwalt, ein Referent, ein Verhandlungsführer, ein Museumsdirektor, eine Gedenkstättenmitarbeiterin, eine Wissenschaftlerin, sowie aus Arbeitern wie ein Techniker oder ein Objektverwalter.

Um Informationen zu gewinnen, nutzte ich berufliche Netzwerke und personenbezogene Referenzen. Das Ergebnis war ein Sample mit fünfundzwanzig männlichen und fünf weiblichen Gesprächspartnerinnen. Weitere Kontakte kamen an den Orten zustande. Der Portier im Funkhaus gibt im informellen Gespräch den Hinweis, mit dem Objektleiter zu sprechen, der seit über dreißig Jahren am Haus arbeitete. Nach der Teilnahme an einer öffentlichen Führung im Funkhaus vermittelt ein ehemaliger Rundfunkmitarbeiter den Kontakt zum Techniker. Der Museumsdirektor spricht bewundernd von der Eloquenz des Radiomoderators, den er als kompetenten Ansprechpartner empfahl.

Auf diese Weise setzte sich das Sample schrittweise zusammen. Indem die Anzahl meiner Informanten wuchs, potenzierten sich gleichermaßen persönliche Netzwerke und Referenzen. Dabei kam es zu Schnittmengen von Empfehlungen. Unabhängig voneinander gaben sowohl der Radiomoderator als auch der Techniker die

13 Hierzu zählen Miguel und Daniel, Überlebende der argentinischen Haftzentren, sowie Buscarita, Mutter eines Verschwundenen. Siehe Miguel D'Agostino: Club Atlético: Überleben und Gedenken. In: Birle / Gryglewski / Schindel (Hrsg.): *Urbane Erinnerungskulturen im Dialog*, S. 244–250; Horacio Verbitsky: El Fallo que anuló la Obediencia Debida y el Punto Final. In: *Página/12*, 12.03.2001. http://www.pagina12.com.ar/2001/01-03/01-03-12/fallo.htm (Zugriff am 08.05.2013); Ali Qassim: Broken Bonds. Interview Buscarita Roa and Claudia Poblete. In: *The Guardian*, 03.08.2007. http://www.theguardian.com/lifeandstyle/2007/aug/04/familyandrelationships.family2 (Zugriff am 18.06.2015).

Kontaktdaten des Referenten weiter. Techniker und Radiomoderator kannten sich nicht. Hieran wird deutlich, dass die Erinnerungen meiner Gesprächspartner und -partnerinnen nicht atomisiert im Raum stehen. Es handelt sich um subjektgebundene Erinnerungen, die mit anderen geteilt werden.[14] Diese Erinnerungen formen soziale Bezugsrahmen aus, die gruppenbezogene Wahrnehmungsschemata beeinflussen.[15] Das Sample besteht aus wenigen, verweist jedoch auf viele.

Interviewmethode

Ich führte dreißig leitfadengesteuerte Gespräche im Zeitraum von 2009 bis 2012 in Berlin und Buenos Aires durch. Der Gesprächseinstieg erfolgte über allgemeine Sondierungsfragen.[16] Diese Fragen sollten offenen theoriegeleiteten Fragestellungen den Weg ebnen. Sie gaben den Interviewten die Möglichkeit, sich narrativ den Orten anzunähern, denn nicht alle konnten leichthin von den Auswirkungen der politischen Zäsuren berichten. Dem Interviewstandort kam eine besondere Bedeutung zu. Die kontaktierten Personen konnten den Treffpunkt selbst bestimmen.

Der Bürgerrechtler, den wir in Kapitel 4 treffen werden,[17] schlug beispielsweise das Dietrich-Bonhoeffer-Haus vor. Dieser Ort wird gegenwärtig als Hotel genutzt. Dort trafen 1990 die Bürgerrechtsgruppen mit den etablierten DDR-Blockparteien unter der Moderation von drei Kirchen am zentralen Runden Tisch zusammen. Diese Umgebung war für den Bürgerrechtler eine ideale Kulisse, um seine Perspektive zu veranschaulichen.[18] Mit dem Radiomoderatoren traf ich mich im Haus des Rundfunks.[19] Dort moderierte er eine wöchentliche politische Debattensendung. Der Radiomoderator verbrachte die Hälfte seiner journalistischen Karriere im

14 Siehe zur kritischen Auseinandersetzung mit Rekonstruktion, Auswahl und Perspektive von Erinnerungen Kap. 4.3: „Fixpunkte von Gedächtnis“ S. 64–69.

15 Vgl. auch Astrid Erll: Literatur und kulturelles Gedächtnis. Zur Begriffs- und Forschungsgeschichte, zum Leistungsvermögen und zur literaturwissenschaftlichen Relevanz eines neuen Paradigmas in der Kulturwissenschaft. In: *Literaturwissenschaftliches Jahrbuch* 43 (2002), S. 249–276, hier S. 253.

16 Vgl. Philipp Mayring: *Einführung in die qualitative Sozialforschung*. Weinheim / Basel: Beltz 2002, S. 70.

17 Siehe Kap. 4.3: „Fixpunkte von Gedächtnis“, S. 64–69.

18 Siehe Abschnitt „Intervieworte“, S. 202, Abb. 34, 35.

19 Siehe Abschnitt „Intervieworte“, S. 203, Abb. 36, 37.

DDR-Funkhaus, bis zur Pensionierung arbeitete er anschließend im Haus des Rundfunks. Daher zählt er zu den wenigen Journalisten, die eine vergleichende Perspektive einnehmen können. Beide vorgeschlagenen Treffpunkte sind als symbolische Orte der Friedlichen Revolution im Architekturführer gekennzeichnet.[20]
Der Gesprächseinstieg variierte hinsichtlich vorab ausgetauschter Informationen und der beruflichen Tätigkeitsbereiche. Biographische Nachfragen waren eine zweite Möglichkeit, das Gespräch zu beginnen. Hinzu kamen explizite Fragen zum fachlichen Wissen der Gesprächspartner. Das Gespräch mit dem Verhandlungsführer begann beispielsweise mit der Frage, ob die Gemeinde für den Ausbau der Grenze auf ehemaligem Friedhofsgebiet enteignet oder finanziell entschädigt wurde.
Auf die Sondierungsfragen folgten die Leitfragen. Sie stellten die subjektive Wahrnehmung von Wandel in den Mittelpunkt und zielten auf das *Wie* räumlicher Erinnerungen. Raum war hier ein ständiger Bezugspunkt. Indem sie die Orte beschrieben, indem sie den dreifachen Merkmalen Lage, Form und Bedeutung nachgingen, füllten die Befragten ein Vakuum mit Narrationen: Stumme Orte wurden um Geschichten bereichert. Dabei folgten sie der Idee, die Henri Bergson als „allgemeine Neigung" bezeichnet, „lieber Dinge als Vorgänge zu denken".[21] Materialität bildet einen Anknüpfpunkt an Vergangenheit. Einen letzten Fragetypus stellten sogenannte „Ad-hoc-Fragen" dar.[22] Im Gegensatz zu den vorab konzipierten Sondierungs- und Leitfragen fielen die Ad-hoc-Fragen aus dem Fragekatalog heraus. Sie verliehen den Gesprächen Dynamik und förderten Informationen zutage, die ein stark strukturiertes Interview vermutlich nicht erfasst hätte.
Eine Semistandardisierung war aus dreierlei Gründen methodisch vorteilhaft. Subjektive Erinnerungen wurden über Sprache rekonstruiert. Die Auskunftgebenden konnten erstens individuelle Schwerpunkte setzen. Sie wählten aus, was sie erzählten. Der Leitfaden setzte Eckpunkte, innerhalb derer sich Narrationen entfalten

20 Vgl. Robert-Havemann-Gesellschaft (Hrsg.): *Orte der Friedlichen Revolution Berlin.* Berlin: Stadtwandel 2009, S. 44–45, zum Haus des Rundfunks; ebd., S. 50–52, zum Dietrich-Bonhoeffer-Haus.

21 Henri Bergson: *Materie und Gedächtnis. Eine Abhandlung über die Beziehung zwischen Körper und Geist.* Hamburg: Meiner 1991, S. 115.

22 Mayring: *Einführung in die qualitative Sozialforschung*, S. 70.

konnten. Der Leitfaden strukturierte und schaffte Orientierung, indem Fragen immer wieder zum Ort zurückleiteten. Dennoch waren die Grenzen zwischen Struktur und Offenheit fließend, wie die Gesprächsdynamik der Interviews mit Anwalt und Radiomoderator aufzeigten.

Das Gespräch mit dem Anwalt steht exemplarisch dafür, wie Steuerungsmechanismen scheitern können. Anstatt die Reihenfolge der Leitfragen in den Erzählungen zu berücksichtigen, setzte er zu einem fünfundvierzigminütigen Monolog an, dem Anwalt zufolge „nur die Kurzfassung". Das Gegenbeispiel war eine dialogische Konversation mit dem Radiomoderator, der präzise auf die Fragen antwortete und selbst an einem zügigen Ablauf interessiert war, was sich in Aussagen wie „weiter, wo waren wir stehengeblieben?" spiegelte.

Reinhart Koselleck benennt in einem Beitrag für die *Frankfurter Allgemeine Zeitung* am 6. Mai 1995 Körper und Sprache als Speicher für Gedächtnis.[23] Da Erinnerungen über Sprache rekonstruiert und aufgezeichnet wurden, nehme ich abschließend die Mobilität sprachlicher Begriffe und damit verbundene Schwierigkeiten in den Blick. Auswertungen, Interpretationen und Sinnzusammenhänge basieren auf Sprache. Wörter und Konzepte müssen dabei in Abhängigkeit zum soziokulturellen Kontext gedacht werden. Der Inhalt von Worten variiert mit kulturellen Zusammenhängen. Konzepte transformieren mit dem Wechsel sozialer Bezugsrahmen. Dass ein Begriff im Deutschen und im Spanischen benutzt wird, in beiden Sprachen aber verschiedene Konnotationen aufweist, zeigt das Beispiel zum Sprachgebrauch des Begriffs des Konzentrationslagers. Die Übertragung der Terminologie der nationalsozialistischen Konzentrationslager auf die argentinischen Haftzentren steht exemplarisch für die Mobilität sprachlicher Begriffe und Konzepte.[24] Ein zweites Beispiel für die Auswirkungen von

23 Reinhart Koselleck: Glühende Lava zur Erinnerung geronnen. Vielerlei Abschied vom Krieg. Erfahrungen, die nicht austauschbar sind. In: *Frankfurter Allgemeine Zeitung*, 06.05.1995, zit. n. Aleida Assmann: Wie wahr sind Erinnerungen. In: Harald Welzer (Hrsg.): *Das soziale Gedächtnis. Geschichte, Erinnerung, Tradierung.* Hamburg: Hamburger Edition 2001, S. 103–122, hier S. 107.

24 Zur ausführlichen Diskussion zum Konzepttransfer des ‚Konzentrationslagers', siehe Kap. 7: „Orte der Folter", S. 141–142, siehe auch die Anmerkung der Herausgeberinnen in Birle / Gryglewski / Schindel (Hrsg.): *Urbane Erinnerungskulturen im Dialog*, S. 154.

Transformationen soziokultureller Kontexte auf Sprache ist das Konzept der Kollektivität, das im politischen System der DDR tragend war. Die einzelnen Individuen waren Teil des Kollektivs, wie der Radiomoderator betont:

> Der Mensch, das Individuum, wurde in der DDR zwangsläufig klein gehalten. Du warst Mitglied eines Kollektivs. Du warst Mitglied der Brigade, der Parteigruppe oder was auch immer. Du warst Mitglied einer Gemeinschaft. Und sobald du anfingst, herauszustechen, fiel man auf.

Dieses Zitat zeigt auf, bis zu welchem Grad politische Systeme den sprachlichen Diskurs prägen können. Den Begriff der Kollektivität vor dem Hintergrund eines DDR-Kontextes zu lesen, unterscheidet sich von seiner Anwendung nach der politischen Zäsur. Gleichermaßen können die Konnotationen eines Begriffs in den verschiedenen Sprachen voneinander abweichen.[25]

Kontextdaten

Nicht nur Sprache, auch Bilder müssen innerhalb ihrer soziokulturellen Rahmungen gedacht werden. Eine Autorin, die sich besonders kritisch mit der sozialen Dimension der Fotografie befasst, ist Susan Sontag. Judith Butler arbeitet mit Sontags Argumenten in ihrem Aufsatz „Folter und die Ethik der Fotografie – Denken mit Susan Sontag".[26] Butler schreibt über das Bildmedium, dass es über selektive Rahmungen die Wahrnehmung begrenzt. Bilder gäben einen bestimmten Realitätsausschnitt wieder, sie zeigten stets einen gewählten Ausschnitt. Butler interessiert sich für das Ausgeschlossene, das gerade nicht erfasst und thematisiert wird. So biete Fotografie „kein Sehen ohne Selektion", denn der gewählte Bildausschnitt impliziere immer ein „Nicht-Sehen inmitten des Sehens".[27] Daraus schlussfolgert sie:

> Als visuelle Deutung kann die Fotografie nur innerhalb bestimmter Grenzen und damit innerhalb bestimmter Arten von Rahmen betrieben werden, es

25 Vgl. Abschnitt „Eingeschriebene Erinnerungen", S. 142–143, Anm. 17 zur Auslegung des Begriffs der Militanz (militancia).

26 Judith Butler: *Raster des Krieges. Warum wir nicht jedes Leid beklagen.* Frankfurt am Main / New York: Campus 2010, S. 65–97 (Kap. 2: „Folter und die Ethik der Fotografie – Denken mit Susan Sontag").

27 Ebd., S. 97.

sei denn, der vorgegebene Rahmen wird selbst Teil der erzählten Geschichte und es sei denn, es gibt einen Weg, den Rahmen selbst zu fotografieren.[28]

39 Fotografien sind ein wichtiger Teil meines sekundären Datensatzes. Sie illustrieren und kontextualisieren die Fallbeispiele. Dass Bilder in das Narrativ einer Erzählung einpassen, dabei aber der kontextuelle Rahmen wegfällt, soll an einem Ort der Fallauswahl exemplarisch veranschaulicht werden.
An der Außenfassade des Dokumentationszentrums der Gedenkstätte Berliner Mauer war ein Bild angebracht, das auf die Dauerausstellung[29] hinwies. Es zeigte zwei hell gekleidete Arbeiter, die Hohlblocksteine aufeinanderstapeln und die Fugen mit Mörtel verstärken. Im Bildhintergrund ist ein Soldat mit einer Waffe im Anschlag zu erkennen, die er auf die arbeitenden Männer richtet. Im Kontext der räumlichen Umgebung der Gedenkstätte Berliner Mauer unterstützt das Bild den Eindruck, es handele sich um eine Aufnahme vom Bau der Berliner Mauer. Indem es die Tätigkeit des Aufeinanderstapelns und des Verbindens der einzelnen Steine mit Mörtel zeigt, wirkt das Bild als „Wahrheit des Einzelmomentes".[30] Was herausfällt, ist die von Judith Butler und Susan Sontag betonte Rahmung. Die Fotografie ist Teil eines anderen Erzählstrangs. Sie zeigt nicht den Mauerbau von 1961, sondern die Folgen eines Sprengstoffanschlages auf die bereits bestehenden Sicherungsanlagen der Berliner Mauer. Zwei Westberliner Polizisten sprengten am 26. Mai 1962 ein Loch in die westwärts gerichtete Grenzmauer.[31] Die abgebildeten Arbeiter hatten die Folgen der nächtlichen Protesthandlung am folgenden Tag zu beseitigen. Zwei Grenzsoldaten bewachten die Szenerie, um Fluchtversuche zu vereiteln. Das Bild wurde von Westberliner Seite aufgenommen. Dieses Narrativ wird über das Bildmedium nicht vermittelt. In Verbindung mit der Beschriftung zur Dauerausstellung „Berlin, 13. August 1961" entstehen direkte Assoziationen zum Mauerbau. Dieses Beispiel bestätigt den vereinzelnden, punktuellen Charakter des Bildmediums,

28 Butler: *Raster des Krieges*, S. 72.

29 Die Dauerausstellung wurde am 3. Oktober 2013 geschlossen und am 9. November 2014 neu konzipiert im renovierten Dokumentationszentrum wiedereröffnet.

30 Butler: *Raster des Krieges*, S. 68.

31 Vgl. Hertle: *Die Berliner Mauer*, S. 66.

Abb. 2: Plakat der Dauerausstellung „Berlin, 13. August 1961" am Dokumentationszentrum der Gedenkstätte Berliner Mauer, Bernauer Straße.

das weder narrative Kohärenz noch Kontinuität vermittelt.[32] In meinem Buch sind die Abbildungen Zeugnisse einer perspektivischen Annäherung an die jeweiligen Orte über die Linse der Kamera. Sie dokumentieren urbanen Wandel, indem sie Momentaufnahmen darstellen und verschiedene räumliche Konstellationen kennzeichnen.

3.3 Auswertungsverfahren

Welche Gesichtspunkte sollte die Auswertung des qualitativ generierten Datenmaterials berücksichtigen? Die Leitfragen waren an einer zeitlichen Chronologie ausgerichtet. Diese Ordnung bestimmte in einem ersten Schritt die Analyse. Sie folgte sogenannten temporären Typologien.[33] Auf diese Weise sind die Raumwahrnehmungen meiner Interviewpartner an politischen Zäsuren ausgerichtet.

32 Vgl. Butler: *Raster des Krieges*, S. 67.

33 John Gerring: *Social Science Methodology. A Unified Framework*. Überarb. Aufl. New York: Cambridge UP 2012, S. 145–146.

In einem zweiten Schritt sichtete ich das Material nach zentralen Schlüsselbegriffen. Die herausgearbeiteten Kategorien folgen dem Prinzip der Verallgemeinerung. Zielte die Leitfrage darauf ab, die symbolischen Bedeutungen eines Ortes zu schildern, kamen verschiedene namentliche Benennungen zur Sprache. Über Benennungen wurde der Raum symbolisch angeeignet. Ein zweiter, hier beispielhaft angeführter Schlüsselbegriff ist das „Politische". Die Gesprächspartner positionieren sich zum politischen Charakter der Orte und bringen verschiedene Rechtfertigungsmuster hervor.[34] Strategien und Interaktionen sind zentrale Gesichtspunkte in der Auswertung des empirischen Datenmaterials.

Schließlich bestimmte die Frage nach der Wechselwirkung von Materialität und Gedächtnis die Ausrichtung der empirischen Kapitel. Dabei zeigt sich, dass nicht alle Fallbeispiele eine Interaktion beider Ebenen aufweisen. Spezifische sozialräumliche Bedingungen beeinflussen die Variationen der Wechselwirkung. Am Funkhaus an der Nalepastraße kristallisiert sich eine einseitige Wirkung von Materialität heraus, der Skulpturenpark Berlin_Zentrum bezeugt eine kurzzeitige Phase der Wechselwirkung von Materialität und Gedächtnis. Die Beispiele der argentinischen Haftzentren El Atlético und El Olimpo und Gedenkstätte Berliner Mauer lassen eine relativ dauerhafte Wechselwirkung erkennen. Folglich bestimmt eine ansteigende gegenseitige Beeinflussung von Materialität und Gedächtnis die Anordnung der Fallbeispiele.

3.4 Fallstricke

Zwei methodologische Fallstricke zum Sample und zur Datenauswertung stehen nun abschließend zur Diskussion. Den Begriff der Fallstricke verwende ich im Anschluss an Karen Mossberger und Gerry Stoker. Die Autoren unterscheiden unter Bezug auf Giovanni Sartori vier Herausforderungen für eine vergleichend angelegte Forschung.[35] Der Stolperstein einer fehlerhaften Kategorisierung soll in der Folge näher betrachtet werden.

34 Vgl. Kap. 5.5: „Rechtfertigungsstrategien", S. 102–105.

35 Mossberger / Stoker: The Evolution of Urban Regime Theory; Giovanni Sartori: Comparing and Miscomparing. In: *Journal of Theoretical Politics* 3,3 (1991), S. 243–257.

Fällt eine Zuschreibung über Orte der Folter, Orte der Begrenzung und Orte der Kommunikation in den Fallstrick von „misclassification“? Impliziert es, diese Orte dergestalt zu klassifizieren, einen essentialistischen Ortbegriff in Anschlag zu bringen?[36] Die Zuschreibung einer Funktion ist mit der strategisch politischen Positionierung der Orte in der Vergangenheit zu erklären und verweist auf eine zentrale gesellschaftliche Bedeutungsebene. Dennoch bleibt die Fallauswahl auf diese Weise vage. Der Vergleich liegt nah, das Sample mit den Erinnerungsorten nach Pierre Nora[37] zu verbinden: Sind es Orte, die nicht miteinander in Verbindung stehen, die einzelne Fragmente und Überreste von Diktatur abbilden?[38] Die Forschungsfrage verknüpft die einzelnen Fallbeispiele. Nicht nur die materielle Umgebung steuert, modifiziert und lenkt Gedächtnis. Auch Gedächtnis kann die materielle Umgebung modifizieren. Unter welchen Bedingungen dies erfolgt, arbeiten die empirischen Kapitel detailliert heraus.

Einen zweiten Fallstrick bildet die Rekonstruktion von Vergangenheit aus der Gegenwart heraus. Die Interviewsituationen bedeuten immer eine punktuelle Abfrage subjektiver Wissens- und Erfahrungsstrukturen, die gruppenbezogen geteilt werden. Komplexe Verflechtungen von Erinnerungen können während einer Interviewsituation zu Irritationen führen, wenn gruppenbezogenes Wissen ‚von außen‘ rekonstruiert wird.[39] Auf die Frage nach für ihn besonderen Plätzen auf dem Rundfunkgelände benennt der Radiomoderator beispielsweise die „Sockelklause“. Ich stellte mir darunter einen ruhigen Rückzugsraum vor. „Sockelklause“ war jedoch der Name einer Kellerkneipe auf dem Gelände des DDR-Rundfunks. Ein Ort, wo kollektiv konsumiert und gesprochen wurde. Auch der Kulturjournalist erwähnt die „Sockelklause“. Indem er die gesellige Atmosphäre näher beschrieben hat, räumte er das Missverständnis aus dem Weg, es handele sich um einen individuell bedeutsamen Rückzugsort.

Inwiefern verweisen die Erzählungen meiner Gesprächspartner auf Gruppengedächtnisse? Ihre Narrationen beruhen auf individuellen

36 Vgl. hierzu Massey: Places and Their Past, S. 188.

37 Nora: *Zwischen Geschichte und Gedächtnis.*

38 Siehe Abschnitt „Forschungsstand“, S. 19–27.

39 Siehe Abschnitt „Daniels Zeugenaussage“, S. 165–170.

Wahrnehmungsschemata als Ergebnisse biographischer Erfahrungen.[40] Diese Arbeit argumentiert für ein gegenseitiges Durchwirken der individuellen und kollektiven Ebene und leitet die benannten Merkmale von den empirischen Ergebnissen ab. Das methodische Design basiert auf den Arbeiten von Maurice Halbwachs,[41] der die Perspektivgebundenheit des rekonstruierenden Individuums betont, diese aber in ständigem Bezug zu flexiblen Gruppenzugehörigkeiten sieht. In der Folge vertreten die Gesprächspartner keine homogene Gruppe, sondern vermitteln inkorporierte Kenntnisse, Erfahrungen und Erinnerungen über partielle Zugehörigkeiten und Identifizierungen als Formen der Vielfalt.[42] Eine Rekonstruktion von Vergangenheit erfolgt näherungsweise, da sich die Grenzen zwischen den eigenen und sozial geteilten Erinnerungen transformierten.[43] Im Folgenden wird die theoretische Einbettung der raum- und gedächtnistheoretischen Begrifflichkeiten stärker fundiert.

40 Selma Leydesdorff: *We Lived with Dignity: The Jewish Proletariat of Amsterdam 1900–1940*. Detroit: Wayne State UP 1994, S. 12.

41 Halbwachs: *Das Gedächtnis und seine sozialen Bedingungen*; ders.: *Das kollektive Gedächtnis*. Frankfurt am Main: Fischer 1985.

42 Siehe Kap. 4.3 „Fixpunkte von Gedächtnis“, S. 64–69.

43 Zur kritischen Diskussion der Grenzziehung von eigenen und sozial geteilten Erinnerungen, siehe Abschnitt „Daniels Zeugenaussage“, S. 165–170.

4.
Gedächtnis, Raum und Materialität

4.1 Stadt als Palimpsest

Sinnstrukturen und Interpretationen zu entschlüsseln, der stummen Sprache der Dinge nachzugehen und Bedeutung im Detail alltagspraktischer Orte zu suchen, charakterisieren das Interesse Walter Benjamins an der Stadt. Benjamin vernachlässigt Orte inszenierter Erinnerung wie Monumente, Gebäude oder Plätze; stattdessen schreibt er über Arkaden und Markthallen.[1] Bedeutungen sind nach Benjamin nicht in der Gegenständlichkeit der Objekte festgeschrieben, sondern werden über subjektive Wahrnehmungsschemata gefiltert. Diese Formen der Aneignung sind immer an Vergangenheit geknüpft: „Die Art und Weise, in der die menschliche Sinneswahrnehmung sich organisiert, [...] ist nicht nur natürlich, sondern auch geschichtlich bedingt."[2] Orte und mit ihnen verbundene Sinnzusammenhänge entfalten sich über „Effekte", wie Fran Tonkiss argumentiert:

> In Benjamin's writing, places and objects have effects which cannot be fully explained by their official uses or representations, nor wholly reduced to the responses of the subject. There remained something intrinsic to the place itself.[3]

1 Walter Benjamin: From the Arcades Project. In: *The Blackwell City Reader*, hrsg. v. Gary Bridge und Sophie Watson. Malden: Blackwell 2002, S. 393–400.

2 Walter Benjamin: *Das Kunstwerk im Zeitalter seiner technischen Reproduzierbarkeit.* Frankfurt am Main: Suhrkamp 1977, S. 14.

3 Tonkiss: *Space, the City and Social Theory*, S. 120.

Damit trennt Tonkiss zwischen subjektiver Bedeutung und offizieller Sinnzuschreibung. Interessant erscheint ihre Verwendung der Effekte in Verbindung mit Orten und Objekten. Inwiefern können von Dingen Wirkungen ausgehen? Lassen sich, mit Tonkiss gesprochen, Effekte an ehemaligen Orten von Diktaturen herausarbeiten? Steht die Sprache der Dinge in einem Zusammenhang mit Erinnerungen? Über „something intrinsic to the place" bringt Tonkiss keine genauere Erklärung. Benjamin jedoch verweist auf die eine Seite der Wechselbeziehung; er konzentriert sich auf Materialität und ihre Wirkungen. Sie stützen nicht nur Erinnerungen, sondern lenken, modifizieren und bringen Gedächtnis hervor:

> Wer einmal den Fächer der Erinnerung aufzuklappen begonnen hat, der findet immer wieder neue Glieder, neue Stäbe, kein Bild genügt ihm, denn er hat erkannt: es ließe sich entfalten, in den Falten erst liegt das Eigentliche: jenes Bild, jener Geschmack, jenes Tasten um dessentwillen wir dies alles aufgespalten, entfaltet haben; und nun geht die Erinnerung vom Kleinen ins Kleinste, vom Kleinsten ins Winzigste und immer gewaltiger wird, was ihr in diesen Mikrokosmen entgegentritt.[4]

Das Verhältnis von Materialität und Gedächtnis bei Benjamin erklärt Tonkiss mit einer nicht näher definierten Zwischenebene: „[T]he relationship of memory to space operates somewhere between the landmarks of the official city and the footfalls of the solitary subject".[5] So möchte ich mich zwei weiteren Autoren zuwenden, deren Arbeit durch die Diskrepanz zwischen technokratisch geplantem Raum einerseits und der Wahrnehmung und Interpretation der Akteure andererseits geprägt wurde: Kevin Lynch und Michel de Certeau.

In *The Image of the City* erforscht Lynch die Bedeutung architektonischer Formen.[6] Er lässt Passanten ihre alltäglichen Wege durch die Stadt aufzeichnen. Anhand dieser individuellen ‚mentalen Karten' versucht er, generelle Aussagen über die Bedeutung von Form für subjektive Handlungsmuster zu treffen. Seine Auswertung der angefertigten Orientierungsskizzen aus drei nordamerikanischen Städten ergeben ein abstrahiertes Bild der Stadt.[7] Die

4 Walter Benjamin: *Berliner Chronik*. Frankfurt am Main: Suhrkamp 1988, S. 13.

5 Tonkiss: *Space, the City and Social Theory*, S. 120.

6 Lynch: *The Image of the City*.

7 Lynchs fünffache urbane Formen-Typologie besteht aus alltäglich oder gelegentlich genutzten Wegen (Paths), verbindenden referentiellen Grenzlinien (Edges), Hintergrundbereichen (Districts), strategisch genutzten Knotenpunkten

Definitionskriterien für die Orientierung im Stadtraum sind Lynch zufolge Identifizierung, Richtungsverhalten und Wahrnehmung: Eine wiedererkennbare Form, eine relationale Beziehung von Objekt und Rezipient sowie die Zuschreibung helfen, die Materialität der Stadt als ‚Text' zu lesen.

> A workable image requires first the identification of an object, which implies its distinction from other things, its recognition as a separable identity. […]. Second, the image must include the spatial or pattern relation of the object to the observer and to other objects. Finally, this object must have some meaning for the observer, whether practical or emotional.[8]

Den Untersuchungen Lynchs liegt die stadtplanerische Idee zugrunde, über die Analyse subjektiver Wahrnehmungsschemata eine strukturelle Klarheit der Form abzuleiten und als Ansatz in der Stadtplanung zu nutzen. Es ist sein Anliegen, als „manipulator of the physical environment"[9] das Augenmerk weg vom funktional-effizienten Städtebau der Moderne zu den Bedürfnissen ihrer Bewohnerinnen und Bewohner hinzulenken. Lynchs *Image of the City* ist eine Arbeit, in der die Bedeutung von Formen im Stadtraum nicht von Architekten, sondern von den Stadtbewohnern definiert wurde.[10] Allerdings interessierte Lynch die Orientierung in der Stadt der Gegenwart – materiell eingeschriebene Vergangenheit ist für ihn nicht von Belang. So ist in seinem Buch keine Auskunft zu Bedeutungen zu finden, die sich aus übereinander gelagerten Schichten der Vergangenheit konstituieren.

Michel de Certeau lenkt in *Kunst des Handelns* die Aufmerksamkeit auf alltägliche Praktiken im Gebrauch des städtischen Raumes, wobei er dualistisch argumentiert.[11] Er trennt die materiellen Formen eines „technokratisch ausgebauten, vollgeschriebenen und funktionalisierten Raum[es]"[12] von den nicht sichtbaren, alltäglichen Wegen der Fußgänger. Die geplanten, räumlichen Anordnungen

(Nodes) und visuellen Merkzeichen (Landmarks), siehe Lynch: *The Image of the City*, S. 47–48.

8 Ebd., S. 8.

9 Ebd., S. 7.

10 Vgl. auch Julia Binder: Place Matters. In: Arbeitsgemeinschaft „Städte mit historischen Stadtkernen" des Landes Brandenburg (Hrsg.): *Tür an Tür. Haus an Haus. Nachbarschaften in der historischen Stadt.* Potsdam: Arnold 2014, S. 60–63.

11 Michel de Certeau: *Die Kunst des Handelns*. Berlin: Merve 1988.

12 Ebd., S. 21.

stehen nicht in Verbindung zu den Praktiken der Raumnutzung. De Certeau versteht Stadt als Wüste, in deren „grell […] erleuchteten Räumen" kein Platz für Schatten oder verborgene Bedeutungen bleibt.[13] Nummern, Namen und Symbole ohne allgemein gültigen Sinn bringen „Nicht-Orte an Orten"[14] hervor. Sie erschaffen von ihrer materiellen Umgebung entfremdete Individuen, die erst über räumliche Praktiken den städtischen Raum mit Bedeutung versehen können. In diesem Zuge führt de Certeau den Gedächtnisbegriff ein. Räumliche Aneignung kann auf drei Wegen erfolgen, und zwar über „die Legende, die Erinnerung und den Traum"[15]. Das besondere Element der Beziehung von Gedächtnis zur räumlichen Umgebung liegt im Abwesenden begründet. Für Michel de Certeau sind symbolische Orte aus dem Stadtraum getilgt:

> Die bewohnbare Stadt wird vernichtet. […] [N]ichts Bemerkenswertes, das mit einer Erinnerung oder einer Geschichte zusammenhängt […], nur noch ‚Orte, bei denen einem gar nichts mehr einfällt'.[16]

Da in der technokratisch geplanten, nach funktionalistischen Prinzipien ausgerichteten Stadt Bedeutungen von Orten entkoppelt wurden, existiert dort in der Konsequenz auch keine Wechselbeziehung zwischen Materialität und Gedächtnis. Die geplante Konzept-Stadt ist ortlos und hat einen Rückzug von Gedächtnis aus dem städtischen Raum zur Folge. Gedächtnis ist nicht an Orten kristallisiert. Es ist zersplittert, es ist fragmentarisch im Raum verteilt: „Das Gedächtnis ist in der Tat ein Anti-Museum: es ist nicht lokalisierbar."[17]

Stadt als Labyrinth, Stadt als Wüste, Stadt als Text – Walter Benjamin, Kevin Lynch und Michel de Certeau nutzen Metaphern, um den Stadtraum zu beschreiben. Benjamin und de Certeau kritisieren mit der von ihnen verwendeten Bildsprache eines Labyrinths und einer Wüste implizit die rationalisierte, effiziente, anonyme Stadt der Moderne, die Gedächtnis von Orten entkoppelt.

Ich möchte mir die Metapher von Stadt als Text näher anschauen und komme auf Henri Lefebvre zurück. Lefebvre sieht eine große

13 De Certeau: *Die Kunst des Handelns*, S. 198–199.

14 Ebd., S. 199.

15 Ebd., S. 201.

16 Ebd., S. 202–203.

17 Ebd., S. 205.

Diskrepanz zwischen denjenigen, die Bedeutungen in Orte einschreiben und denjenigen, die sie nutzen. Eine Diskrepanz, die sich in „Verschiebungen, Verzerrungen, Schwankungen, Ungleichheiten und Substitutionen“ äußert.[18] Wenn Stadt mit Text verglichen wird, impliziert dies eine Handlung: Text zu lesen. Die mehrschichtige Konstitution dieses urbanen Textes findet in der allgemeinen Beschreibung von Stadt als Text keinen Eingang. Eine spezielle Textmetapher ermöglicht jedoch, den hybriden, nicht eindeutigen Charakter von Orten aufzugreifen, ohne in der Eindimensionalität zu verharren: Die *Stadt als Palimpsest* zu sehen, öffnet den Blick für die Gegenwartsbezogenheit historischer Prozesse. Der Palimpsest-Begriff taucht häufig in Zusammenhang mit Gedächtnis auf. Als literaturwissenschaftlicher Gegenstand ist seine Anwendung beliebt.[19] In sozialwissenschaftlichen Veröffentlichungen ist die Palimpsest-Metapher hingegen seltener zu finden. *Stadt als Palimpsest* zu verstehen, verweist sowohl auf räumliche als auch auf zeitliche Faktoren.

Ein Palimpsest ist ein mehrfach beschriebenes Papyrus, das Aleida Assmann als „dynamisierte[s] Buch“ „ohne feste Gestalt“ kennzeichnet.[20] Die besondere Beschaffenheit dieses Trägers liegt in seiner mehrschichtigen Struktur von Textspuren begründet. Die Palimpsest-Umschreibung verweist auf das Spannungsverhältnis von Vergangenheit und Gegenwart, das in Überlagerungen materialisiert ist. Sarah Dillon spricht von einer fehlenden Beständigkeit und spielt dabei auf den bruchstückhaften Charakter des Palimpsestes an.[21] Orte mit Palimpsesten zu vergleichen, impliziert einerseits das

18 Siehe Schmid: *Stadt, Raum und Gesellschaft*, S. 223.

19 Vgl. u. a. Josephine McDonagh: Writings on the Mind: Thomas De Quincey and the Importance of the Palimpsest in Nineteenth-Century Writing. In: *Prose Studies* 10 (1987), S. 207–224; Christine Boyer: *The City of Collective Memory. Its Historical Imagery and Architectural Entertainments*. Cambridge / London: MIT 1998; Andreas Huyssen: *Urban Palimpsests and the Politics of Memory*. Stanford: Stanford UP 2003; Sarah Dillon: *The Palimpsest. Literature, Criticism, Theory*. London / New York: Continuum 2007; Avery Gordon: *Ghostly Matters. Haunting and the Sociological Imagination*. Minneapolis / London: University of Minnesota Press 2008; Aleida Assmann: Geschichte findet Stadt. In: Moritz Csáky / Christoph Leitgeb (Hrsg.): Kommunikation – Gedächtnis – Raum: Kulturwissenschaften nach dem “Spatial Turn”. Bielefeld: Transcript 2009, S. 13–27, hier S. 16–21.

20 Assmann: Zur Metaphorik der Erinnerung, S. 24.

21 Dillon: *The Palimpsest*, S. 15.

zeitliche Aufeinanderfolgen, andererseits die räumliche Gleichzeitigkeit. Gegensätzlich zu Sigmund Freuds Gedächtnis-Analogie des Wunderblocks, einer weiteren dynamischen Metapher für Gedächtnisprozesse, die unbegrenzte Aufnahmefähigkeit suggeriert,[22] sind Palimpseste in ihrer Aufnahme begrenzt. Sie repräsentieren Mehrdeutigkeit. Allerdings ist die Palimpsest-Metapher nicht in der Lage, die Frage nach den Bedingungen zu beantworten, warum eine ältere Schrift gelöscht und mit einer neueren Schicht überschrieben wurde. *Stadt als Palimpsest* zu verstehen, lässt die Ebene sozialer Aushandlungen außer Acht. Die Frage nach einer Wechselwirkung von Gedächtnis und Materialität bringt die Wirkungszusammenhänge sozialer Beziehungen in den Fokus der Aufmerksamkeit.

4.2 Kopplung raum- und gedächtnistheoretischer Ansätze

Lange Zeit dominiert in den Wissenschaften das Bild von Raum als statischem Behälter. Isaac Newton entkoppelte physischen Raum von körperlichen Objekten. Er trennte einzelne Elemente vom Gesamtsystem. Die Eigenschaften dieses passiven, starren Raumcontainers regten mehrere Jahrhunderte umfassende philosophische Debatten an. Mit Albert Einsteins Relativitätstheorie wird die Trennung von Raum und Materie aufgehoben. Beide werden nicht mehr als separate Einheiten betrachtet, sondern relational aufeinander bezogen.[23] Die passive Hintergrundfunktion des Raumcontainers wird in eine aktive, sozial konstruierte Räumlichkeit umgewandelt, ohne jedoch die Existenz eines bewahrenden Raumes zu verneinen.[24] Gesellschaftlich konstituierte Räume

22 Die Wunderblock-Tafel besteht aus geschichtetem Wachspapier und einem Zelluloidblatt auf der Oberfläche. Schriftspuren bleiben im Wunderblock dauerhaft gespeichert. Im Aufsatz „Notiz über den Wunderblock“ hat Freud das Kinderspielzeug mit dem Aufbau des Gedächtnis-Apparats verglichen. Vgl. Sigmund Freud: Notiz über den Wunderblock. In: *Internationale Zeitschrift für Psychoanalyse* 10,1 (1924), S. 1–5.

23 Vgl. zur Genese des Raumbegriffs Edward Soja: *Postmodern Geographies. The Reassertion of Space in Critical Social Theory.* London / New York: Verso 1989, S. 79–93; Dieter Läpple: Essay über den Raum. Für ein gesellschaftswissenschaftliches Raumkonzept. In: Hartmut Häußermann / Detlev Ipsen / Thomas Krämer-Badoni / Marianne Rodenstein / Walter Siebel (Hrsg.): *Stadt und Raum. Soziologische Analysen.* Pfaffenweiler: Centaurus 1993, S. 157–207, hier S. 188–190; Löw: *Raumsoziologie*, S. 17–68.

24 Vgl. auch Christina Hilger: *Vernetzte Räume. Plädoyer für den Spatial Turn in der Architektur.* Bielefeld: Transcript 2010, S. 13–14.

besitzen demnach multiple Eigenschaften, die in der deutschen Raumsoziologie und der angelsächsischen Humangeographie wie folgt charakterisiert werden: Dieter Läpple unterscheidet auf wissenschaftstheoretischer Ebene „Raum als Forschungsfeld" von „Raum als Erkenntnisobjekt".[25] Doreen Massey betont die Notwendigkeit, Raum immer mit Zeit zu konzeptualisieren. Raum bedeute soziale Beziehungen in einem bestimmten Raum-Zeit Geflecht, die als „social relations ‚stretched out'" verstanden werden können.[26] Edward Soja stellt die Organisations- und Bedeutungsebene von Raum in den Vordergrund: „Space in itself may be primordially given, but the organization, and meaning of space is a product of social translation, transformation and experience".[27] Wenn wir uns für eine Wechselbeziehung von Gedächtnis und Materialität interessieren, so erfassen wir diese über soziale Bedeutungsräume. Diese Räume subjektiver Sinn- und Bedeutungsstrukturen müssen über Lefebvres räumliche Triade ausdifferenziert werden, die bereits angeführt wurde.[28]

Ich möchte mich folgend insbesondere mit dem *vécu*, dem gelebten Raum, beschäftigen, den Lefebvre an Erinnerungen koppelt. Der gelebte Raum ist sowohl transformativ als auch transformierend, er ist eng an Subjekt und Körper geknüpft.[29] Symbole und Zeichen des gelebten Raumes beeinflussen den geplanten und wahrgenommenen Raum.[30] Geplanter Raum ist nach Lefebvre symbolfrei, von Wissen durchdrungen und mit Macht und Ideologie verknüpft.[31] Dabei benötigen politische Ideologien Materialität als Referenzpunkte: „Qu'est-ce qu'une idéologie sans un espace auquel elle se réfère, qu'elle décrit, dont elle utilise le vocabulaire el les connexions, dont elle contient le code?"[32]

25 Läpple: Essay über den Raum, S. 191.

26 Doreen Massey: *Space, Place, Gender.* Minneapolis: University of Minnesota Press 1994, S. 2.

27 Soja: *Postmodern Geographies*, S. 79–80.

28 Siehe hierzu Abschnitt „Gedächtnis und Raum", S. 13–19, hier S. 19.

29 Vgl. Schmid: *Stadt, Raum, Gesellschaft*, S. 220.

30 Vgl. auch Phil Hubbard / Rob Kitchin / Gill Valentine (Hrsg.): *Key Thinkers on Space and Place.* London: Sage 2004, S. 210.

31 Vgl. Lefebvre: *La Production de l'Espace*, S. 43.

32 Ebd., S. 55.

Wissen sieht Lefebvre hierbei als relative Kategorie, die historischen Transformationsprozessen unterworfen ist.[33] Es wird gespeichert in räumlichen Anordnungen, die über Praktiken der Reduktion hergestellt werden. Über Vorstellungen von geplantem Raum, „der nahezu leer ist oder zu sein scheint"[34], wird Raum von Begriffen, Logiken und Plänen besetzt. Sie sind räumlich verteilt, füllen ihn aber nicht vollständig aus.[35] Hierin liegt der Unterschied zu Michel de Certeau, der von einem technokratisch ausgebauten und vollgeschriebenen Stadtraum ausgehend argumentiert. Vergangenheit spielt bei räumlichen Aushandlungen eine wichtige Rolle. Lefebvre umschreibt den gelebten Raum als dominiert, stumm und symbolisch.[36] Im Gegensatz zum geplanten Raum habe das gelebte „Geschichte als Ursprung"[37].

Über diese drei Raum-Momente hinaus konzeptionalisiert Lefebvre die materielle Seite über den Repräsentationsbegriff. Repräsentationen des Raumes (*les représentations de l'espace*) sind Produkte von geplantem Raum; Räume der Repräsentation (*les espaces de représentation*) entstehen aus Träumen und Erinnerungen des gelebten Raumes.[38] Letztere besitzen fließende, situative Merkmale und folgen keiner Logik von Kohärenz.[39] Der Repräsentations-Begriff taucht in wissenschaftlichen Zusammenhängen primär personen- und gegenstandsgebunden auf. Studien zu Repräsentation liegen u. a. politikwissenschaftlichen, philosophischen oder kulturhistorischen Ansätzen zugrunde und stehen in engem Zusammenhang mit einer Hinwendung zu Zeichen, Symbolik und Interpretation.[40]

33 Vgl. Lefebvre: *La Production de l'Espace*, S. 55.

34 Zit. n. Schmid: *Stadt, Raum, Gesellschaft*, S. 218.

35 Vgl. ebd., S. 218.

36 Lefebvre: *La Production de l'Espace*, S. 49.

37 Zit. n. Schmid: *Stadt, Raum, Gesellschaft*, S. 222.

38 Vgl. Lefebvre: *La Production de l'Espace*, S. 48–49.

39 Vgl. Schmid: *Stadt, Raum, Gesellschaft*, S. 222.

40 Siehe Hanna Pitkin: *The Concept of Representation.* Berkeley / Los Angeles: University of California Press 1967; Roger Chartier: Le Monde Comme Représentation. In: *Annales Économie, Sociétés, Civilisations* 44,6 (1989), S. 1505–1520; Herfried Münkler: Die Visibilität der Macht und die Strategien der Machtvisualisierung. In: Gerhard Göhler (Hrsg.): *Macht der Öffentlichkeit – Öffentlichkeit der Macht.* Baden-Baden: Nomos 1995, S. 213–230; Klaus von Beyme: *Kulturpolitik und nationale Identität. Studien der Kulturpolitik zwischen staatlicher Steuerung und gesellschaftlicher Autonomie.* Opladen, Wiesbaden: WDV 1998; Jörg Baberowski / David Feest / Sheila

Der französische Historiker Roger Chartier fordert in seinem 1989 erschienenen Aufsatz „Le Monde Comme Représentation“ eine verstärkte Aufmerksamkeit der Geschichtswissenschaft für das Konzept von Repräsentation, um die Beziehung zwischen sozialen Strukturen und symbolischen Praktiken zu entschlüsseln. Er betont eine neue Wertigkeit von Bedeutung und Interpretation. So stellt er klar, dass soziale Positionierungen über symbolische Strategien konstruiert werden:

> [P]uisqu'elle place l'attention sur les stratégies symboliques qui déterminent positions et relations et qui construisent, pour chaque classe, groupe ou milieu, un être perçu constitutif de son identité.[41]

Die in diesem Buch analysierten Orte der Diktaturen entstehen als Repräsentationen des Raumes. Sie sind mit Macht und Ideologie verknüpft und verleihen einem politischen System Sinn und Bedeutung. Sie sind Darstellungsformen von Wissen.[42] Ob und inwiefern sie nach der politischen Zäsur zu Räumen der Repräsentation wurden, steht in enger Verbindung zu Organisationsformen von Gedächtnis. Auch der Gedächtnisbegriff soll nun näher betrachtet werden.

Persönliche Erinnerungen und dynamische Strukturen sozialer Bezugsrahmen der verschiedenen Gruppengedächtnisse konstituieren sich gegenseitig. Mit der konzeptionellen Abgrenzung[43] von Gedächtnis und Erinnerung verwende ich die Begrifflichkeiten in Hinblick auf Unterscheidungen zwischen Subjekt und Kollektiv, zwischen Einzelperson und ihrer flexiblen Gruppenzugehörigkeit im Sinne der sozialen Bezugsrahmen von Halbwachs. Erinnerungen implizieren einen subjektiven Standpunkt, während der Gedächtnisbegriff auf die sozialen Bezugsrahmen dieser Erinnerungen verweist.[44]

Fitzpatrick / Jens Hacke / Daniel Hedinger (Hrsg.): *Dem Anderen begegnen. Eigene und Fremde Repräsentationen in sozialen Gemeinschaften.* Frankfurt am Main: Campus 2009.

41 Chartier: Le Monde Comme Représentation, S. 1514.

42 Vgl. Jörg Baberowski: Dem Anderen begegnen. Repräsentationen im Kontext. In: Ders. / Feest / Fitzpatrick / Hacke / Hedinger (Hrsg.): *Dem Anderen begegnen*, S. 9–14, hier S. 9.

43 Im englischen *memory* sind beide Ebenen enthalten. Dank an Karen Till für diesen Verweis.

44 Siehe Abschnitt „Forschungsstand“, S. 19–27, hier S. 22.

Raphael Samuel kritisiert in *Theatres of Memory* die Behälter-Metapher von Gedächtnis und bezeichnet Gedächtnisprozesse mit den Attributen aktiv, formgebend und dynamisch.[45] Hiermit folgt er Halbwachs, ohne jedoch dessen positivistisches Geschichtsverständnis zu teilen. Gedächtnis sei laut Samuels kein passives Lagerungssystem von Bildern der Vergangenheit, sondern

> [...] rather an active shaping force, that it is dynamic – what it contrives symptomatically to forget is as important as what it remembers – and that it is dialectically related to historical thought, rather than being some kind of negative other of it.[46]

Vergessen und Erinnern werden hier als Hauptmuster aufgegriffen. Samuel untersucht die Einflüsse auf die Produktion von kulturellem Gedächtnis von unten.[47] In Abgrenzung zu britischen Heritage-Forschern wie Patrick Wright und Robert Hewison versteht er die neue Wertigkeit von Vergangenheit als Versuch, „to escape from class".[48] Er vertritt mit der Idee der ‚Living History' den Ansatz, die Produktion von Gedächtnis als kulturelles Phänomen zu erforschen. Dabei gilt in der Tradition der Heritage-Forschung das Lokale als prägend für Prozesse der Identifizierung: „One way of attempting to account for the popularity of heritage, [...] it offers a sense of place".[49] Dass dem Ort eine besondere Bedeutung für Gedächtnisproduktion zukommt, ist zusammen mit einem weiteren Konzept zu denken: Zeit versteht Samuel nicht über die Frage nach der Herkunft, sondern nach der Dauer.[50]

45 Vgl. Samuel: *Theatres of Memory*, S. X.

46 Ebd.

47 Vgl. auch Frank: *Der Mauer um die Wette gedenken*, S. 54–59.

48 Samuel: *Theatres of Memory*, S. 246.

49 Ebd.

50 Das Konzept der Dauer (*durée*) ist ein zentraler Begriff in der Philosophie Henri Bergsons. Bergson sieht Dauer und Raum als Formen der Vielheit. Während die Vielheit der Dauer in einem Aufeinanderfolgen bestehe, sei die Vielheit des Raumes eine Gleichzeitigkeit. Während die Vielheit der Dauer Momente beschreibt, die kontinuierlich aufeinanderfolgen, sei räumliche Vielheit diskontinuierlich. Bergson versteht Dauer als eine psychische Wirklichkeit, die als „qualitative Mannigfaltigkeit" umschrieben wird, während Raum von einer festen, starren Ordnung der Dinge charakterisiert sei. Vgl. Henri Bergson: *Materie und Gedächtnis. Eine Abhandlung über die Beziehung zwischen Körper und Geist.* Hamburg: Meiner 1991; Erik Oger: Einleitung. In: Ebd., S. IV–LVII, hier S. XII–XIII; Friedrich Kümmel: *Über den Begriff der Zeit.* Tübingen: Niemeyer 1962, S. 3.

Gegensätzlich zum Gedächtnisbegriff ist Raum bei Halbwachs nicht dynamisch, sondern rahmend, kontextuell, passiv und statisch. Das Verhältnis von Gedächtnis und Raum definiert er nicht als relational gleichwertig, sondern als eine abhängige, hierarchisierte Relation. Er betrachtet nicht Gedächtnis und Raum als gleichwertige Theoreme, sondern Gedächtnis *in* Raum:

> [E]very collective memory unfolds within a spatial framework. Now space is a reality that endures: since our impressions rush by, one after another, and leave nothing behind in the mind, we can understand how we recapture the past only by understanding how it is, in effect, preserved by our physical surroundings.[51]

Halbwachs beschreibt die Eingebundenheit von Vergangenheit in einen räumlichen Behälter: Raum bedingt demzufolge Gedächtnis. Erst eine beständige physische Umgebung legt die Grundsteine, um Vergangenheit abzurufen. Obwohl Halbwachs konstruktivistisch argumentiert, indem er vom räumlichen Bild und der Illusion von Beständigkeit spricht, ist Raum bei Halbwachs kein Produkt sozialer Artikulationen, sondern Hintergrundmodell. Raum ist Kontext, Raum ist Rahmen:

> [I]t is the spatial image alone that, by reason of its stability, gives us an illusion of not having changed through time and of retrieving the past in the present. But that's how memory is defined. Space alone is stable enough to endure without growing old or losing any of its parts.[52]

Voraussetzung für die Frage danach, in welchen Variationen sich Materialität und Gedächtnis an ehemaligen Orten von Diktatur wechselseitig beeinflussen, ist aus der hergeleiteten Perspektive die Zusammenführung eines flexiblen Raumbegriffs mit einem dynamischen Gedächtnisbegriff.

Das Spannungsverhältnis von Individualität und Kollektivität prägt diese Arbeit als theoretische Herausforderung. Halbwachs und Lefebvre vertreten Denkansätze, die erkenntnistheoretische Perspektiven von wahrnehmenden, handelnden und erinnernden Akteuren auf die gesellschaftliche Ebene verlagern. Beide Autoren konzentrieren ihr Interesse auf soziale Prozesse, die gesellschaftlich zu verorten sind. Beide konstituieren Raum und Gedächtnis abseits universeller Kategorien. Beide verorten Individuen innerhalb

51 Halbwachs: *The Collective Memory*, S. 6–7.

52 Ebd., S. 15.

flexibler sozialer Rahmungen, die mit zeitlichen Epochen und gesellschaftlichen Strukturen variieren. Für Lefebvre sind sozial agierende Akteure immer zugleich individuell und gesellschaftlich.[53] Die Subjektposition konstituiert sich aus dieser Perspektive unmittelbar über soziale Prozesse.

4.3 Fixpunkte von Gedächtnis

Erst Erzählungen verwandeln Orte in Räume. Sprache gibt der Beziehung einzelner Orte zu vielzähligen Räumen eine Gestalt. Sprache birgt die Möglichkeit, ständig Vergangenheit hervorzubringen. Erzählungen übermitteln subjektive Bedeutungsräume, Erzählungen lokalisieren Orte. Doch in der Rekonstruktion von Erinnerungen über den sprachlichen Diskurs liegen Stolpersteine verborgen: Individuelle Wahrnehmungsfilter verändern sich. Durch Erfahrungen und Lernprozesse werden Wahrnehmungsschemata ausgebildet.[54] Rückblicke in die Vergangenheit erfolgen immer aus der Gegenwart heraus. Sie knüpfen an eine akkumulierte, gespeicherte Wissens- und Erfahrungsstruktur, die für die Gegenwart sinnbildend ist. Halbwachs hebt bereits den rekonstruktiven Charakter von Gedächtnisprozessen hervor.[55] Ehemalige Orte von Diktaturen sind in der Gegenwart delegitimiert. Diese Sinnstrukturen bestimmen die Erzählungen und strukturieren Erfahrungsräume der Vergangenheit. Sie sind Fixpunkte für Erinnerungen. Sie stecken Grenzen fest und markieren einen Orientierungs-Rahmen. Dabei geben sie einerseits Struktur vor und strukturieren andererseits.

Narrationen geben diese komplexen subjektiven Erfahrungen nur partiell wieder. In der Folge betrachten wir Gedächtnismuster als Identifikationen, nicht als Identität.[56] Identifikationen sind Prozesse

53 Vgl. Schmid: *Stadt, Raum und Gesellschaft*, S. 234.

54 Vgl. Leydesdorff: *We Lived with Dignity*, S. 12.

55 Vgl. Halbwachs: *Das Gedächtnis und seine sozialen Bedingungen*, S. 129.

56 Erik H. Erikson unterscheidet Identifikationen und Identität, indem er die soziale Identitätsbildung als Summe von Identifikationen versteht. Das Identitätskonzept impliziert eine Vergleichsebene. Ähnlichkeiten oder Differenzen werden gesetzt, um damit Ein- und Abgrenzungen zwischen Individuen oder Gruppen zu etablieren. Siehe Erik H. Erikson: *Identität und Lebenszyklus*. Frankfurt am Main: Suhrkamp 1973; Michèle Lamont / Virag Molnar: The Study of Boundaries in the Social Sciences. In: *Annual Review of Sociology* 28 (2002), S. 167–195; Richard Jenkins: *Social Identity*. London: Routledge 2004.

und können auch mit Halbwachs erklärt werden. Individuen sind nicht fest in Gruppengedächtnisse eingebunden. Ihre Zugehörigkeit kann variieren. Erinnerungen werden mit verschiedenen sozialen Gruppen geteilt. Positionierungen und Abgrenzungen, sprich Identifikationen, erfolgen innerhalb vielfacher Bezugsrahmen. Halbwachs spricht nicht von einem, sondern von vielen Gruppengedächtnissen.[57] Die Vorstellungen von Identifikationen implizieren diese Formen der Vielheit. Aus mannigfaltigen Erinnerungen werden nur Ausschnitte rekonstruiert. Diese Auswahl von Erzählungen ist wiederum in den strukturierenden Fixpunkten der Gegenwart zu verorten.

Schließlich bestimmen Markierungen der Gegenwart den Blick auf Vergangenheit. Vergangenheit und Gegenwart bedingen sich somit gegenseitig. Es ist von Belang, ob ein historisches Ereignis die subjektiven Erfahrungsräume berührte oder nicht. Alle dreißig Gesprächspartner und Gesprächspartnerinnen haben die politische Zäsur als Ereignis wahrgenommen, das ihre alltäglichen Lebensräume einschneidend prägte. Im Sinne des Mikro-Makro-Modells nach Heinrich wirkten die Zäsuren auf den gelebten Raum von Individuen und sozialen Gruppen.[58]

Rekonstruktion, Auswahl und Perspektive sind Fixpunkte individueller Erinnerungen. Diese Fixpunkte prägen die Wahrnehmung der Gegenwart. Ohne Materialität haben diese individuellen Erinnerungen einen bruchstückhaften, verletzlichen Charakter, wie das folgende Beispiel aufzeigen soll:

Der Pfarrersohn Jörg berichtet von der Herausforderung, Erinnerungen zu rekonstruieren. Er wohnte bis 1961 mit seiner Familie in den Grenzhäusern der Bernauer Straße. Sie waren eine der letzten Familien, die ihre Wohnung für den Ausbau der Berliner Mauer verlassen mussten. Jörg besaß den Schlüssel zum Kirchturm der Versöhnungskirche.[59] Zu seinen regelmäßigen Aufgaben hatte immer

57 Vgl. Halbwachs: *Das Gedächtnis und seine sozialen Bedingungen*, S. 200.

58 Siehe auch Abschnitt „Gedächtnis und Raum“, S. 13–19, hier S. 16-17; Kap. 4.2: „Kopplung raum- und gedächtnistheoretischer Ansätze“ S. 58–64; Heinrich: Kulturelles Gedächtnis und kollektive Erinnerungen als Mikro-Makro-Modell.

59 Die Versöhnungskirche wird in den Grenzstreifen der Berliner Mauer integriert. 1985 wird sie gesprengt. Vgl. Schlusche: *Gedenkstätte Berliner Mauer*, Christian Halbrock: Weggesprengt. Die Versöhnungskirche im Todesstreifen der Berliner Mauer 1961–1985. In: *Horch und Guck. Zeitschrift zur kritischen Aufarbeitung der SED-Diktatur* 17 (2008), Sonderheft, S. 1–79.

gehört, die Kirchturmuhr zu stellen. Kurz vor der Zwangsräumung kletterte Jörg ein letztes Mal auf den Kirchturm und stellte die Zeiger ein. In seinen Erinnerungen wählte er die symbolische Uhrzeit ‚Fünf vor Zwölf'.

Im anschließenden Gespräch mit seinem Bruder ist er sich dessen nicht mehr sicher. Zusätzlich irritieren ihn kursierende Bilder der Kirchturmuhr mit verschiedenen zeitlichen Abbildungen. So hört Jörg auf, die Geschichte der verstellten Kirchturmuhr zu erzählen. Einen Wendepunkt bringt die Arbeit des Historikers Christian Halbrock. Er entdeckte in einem Aktenvermerk einen schriftlichen Verweis auf eine verstellte Kirchturmuhr.[60] Materialität bestätigt die Geschichte, die aus der individuellen Perspektive nicht mehr im Detail rekonstruiert werden konnte:

> Ich hatte dann immer mal erzählt, ja, Du bist auf den Turm, hast die Uhr auf fünf vor zwölf gestellt. Nun gab es ja viele Bilder vom Kirchturm und dann sah ich Halb Fünf, Dreiviertel Zwölf, Viertel nach Elf oder was weiß ich was. Ich sage zu meinem Bruder, die haben sie umgestellt inzwischen! Dann hab ich die Geschichte nicht mehr erzählt. Weil ich dann schließlich der Meinung war, du wolltest es so machen, hast es aber nicht mehr. Bis ich diese Arbeit von dem Halbrock bekam. Und der hat in den Akten geguckt, wusste gar nichts davon, weil der kannte mich auch gar nicht, und da schildert der, ist alles dargestellt in den Akten, wie ich da von der Polizei runtergeholt werde, weil ich die Uhren auf fünf vor zwölf gestellt habe. In den Akten, in den staatlichen Akten, finde ich das also bestätigt. Und seitdem erzähle ich natürlich die Geschichte auch wieder. Also muss das so gewesen sein.

Eine Geschichte, in materiellen Trägern wie den staatlichen Akten abgesichert, legitimiert eine Erinnerung, die ohne unterstützende soziale Gruppe instabil wird.

Auch gruppenspezifische Erinnerungen werden von Fixpunkten der Gegenwart geprägt. Eine besondere Form, gemeinsam Ereignisse aus der Vergangenheit zu rekonstruieren, sind nach Selma Leydesdorff gemeinsam geteilte Mythen. Leydesdorff nennt zwei konstitutive Aspekte für Mythen. Kollektive Mythen werden innerhalb einer sozialen Gruppe geteilt. Damit kollektive Mythen entstehen können, brauche es einen „bestimmten Grund"[61], den die Autorin nicht näher ausführt. Das Konzept der Identifikation ist hier weiterführend.

60 Vgl. Halbrock: Weggesprengt, S. 44.

61 Leydesdorff: *We Lived with Dignity*, S. 11.

Mythen werden in Anlehnung an den britischen Historiker Peter Burke als gemeinschaftlich geteilte „Geschichten mit symbolischer Bedeutung“ verstanden.[62] Diese Narrative positionieren Subjekte innerhalb sozialer Gruppen. Sie etablieren Unterschiede zu anderen sozialen Gruppen und festigen dabei die innere Gruppenstruktur. Wichtiger Bestandteil von Mythen ist ihr instrumentaler Charakter für Gedächtnisbildung. Mit dem Zweck, Gemeinschaften zu festigen, verkörpern Mythen politische Herrschaftsinstrumente.[63] An ehemaligen Orten von Diktaturen können Steuerungsformen von Gedächtnis an zwei Beispielen aufgezeigt werden.

Das erste Beispiel ist der Funkhausbrand[64] am 16. Februar 1955. Der Brand zerstörte einen Großteil der technischen Ausstattung des DDR-Rundfunks, der einige Tage später in Betrieb genommen werden sollte. Keiner der Interviewpartner kann diesen Brand mit eigenen Erlebnissen verbinden. Dennoch taucht das Feuer dreifach in den Erzählungen auf. Es scheint seine Bedeutung bis in die Gegenwart hinein zu entfalten. Der Dozent rekapituliert:

> Das Ding ist irgendwann abgebrannt, zwischendurch mal im Bau glaube ich. Da gab es dann die verrücktesten Mythen, dass das Brandstiftung war, ein Anschlag der Imperialisten, was sich aber bis heute nicht bestätigt hat. Es war wohl ein Kabelbrand.

1955 stand noch keine Berliner Mauer. Die Stadt war in vier Sektoren eingeteilt, aber räumlich nicht getrennt. Eine Festnahme bestätigte die offizielle Version der Brandstiftung, die Jan Eik mit Verweis auf eine Ministerrats-Erklärung von April 1955 andeutet: „Mit Hilfe von Brandsätzen des amerikanischen Geheimdienstes, die er in das Kanalsystem der Klimaanlage einbaute, steckte [der Agent] die neuerbauten Sendesäle in Brand.“[65] Der Mythos eines

62 Burke: Geschichte als soziales Gedächtnis, S. 100.

63 Vgl. Eric Hobsbawn / Terence Ranger (Hrsg.): *The Invention of Tradition.* Cambridge: Cambridge UP 1983; Edward W. Said: Invention, Memory, and Place. In: *Critical Inquiry* 26,2 (2000), S. 175–192.

64 Eine detaillierte Chronologie der Ereignisse um den Funkhausbrand, dokumentiert aus dem Archiv der polizeihistorischen Sammlung Berlins, findet sich in den Recherchen von Jan Eik. Der ehemalige Studioassistent und Krimiautor, der unter Pseudonym schreibt, traf den 1955 verurteilten, bis 1960 inhaftierten und 1991 juristisch rehabilitierten ‚Brandstifter‘ persönlich und rekonstruierte die Unmöglichkeit einer Brandstiftung, vgl. Jan Eik: *Besondere Vorkommnisse. Politische Affären und Attentate in der DDR.* Berlin: Das Neue Berlin 2006, S. 9–64.

65 Zit. n. ebd., S. 10.

Brandstifters, der im Auftrag des imperialistischen Westens handelte, festigte die sozialistische Gemeinschaft nach innen. Der kollektive Mythos implementiert seine Wirkungsmächtigkeit bis in die Gegenwart hinein. So zitiert Eik die Tageszeitung *Neues Deutschland*, die am 19. September 2005 über den geplanten Verkauf des Rundfunk-Geländes berichtet und dabei auf einen „Sabotageakt" von 1955 Bezug nimmt.[66] Hier dient der Mythos des ‚imperialistischen Brandstifters' der Stärkung und Sicherung politischer Machtstrukturen.

Das zweite Beispiel ist mit dem historischen Ereignis des Mauerbaus am 13. August 1961 verknüpft. Die biographische Erfahrung des Technikers reicht bis in diese Tage zurück. Ab 1960 kümmert er sich im Auftrag der Studiotechnik Rundfunk um die technischen Belange des Hörfunks. In den Sommertagen um den 13. August 1961 macht er Urlaub. Seine Kollegen berichten ihm, was sich um die Tage des Mauerbaus am Rundfunk Nalepastraße abgespielt haben soll. Und so rekonstruiert der Techniker seine Erinnerungen:

> Also, glaubwürdig ist mir berichtet worden, dass dann zu diesem Moment, wo dieser Mauerbau war, außer der normalen Sicherheitstechnik ist es noch so gewesen, dass angeblich ein Kampfgruppenmitglied mit einer MP vor jedem Studio gesessen hat. Ich hab sie nicht gesehen. Als ich aus dem Urlaub wiederkam, war das schon wieder vorbei.

Dass eine bewaffnete Person „vor jedem Studio" gesessen habe, berichtete eine „glaubwürdig[e]" Quelle. Direkt danach bestätigen sich Merkmale eines kollektiven Mythos. Die Bewaffneten hätten „angeblich" vor den Aufnahmestudios gesessen. Der Techniker hat die Kampfgruppenmitglieder nicht selbst gesehen. Die Geschichte basiert nicht auf subjektiver Erfahrung, sondern auf einer Kette mündlich weitergegebener Informationen. Indem der Techniker diese Geschichte auswählt und weitergibt, zeigt er an, dass diese Version innerhalb einer bestimmten Gruppe geteilt wurde. Die Geschichte der bewaffneten Kampfgruppenmitglieder im Rundfunk untermalt die strategische Funktion des Ortes. Sie beschreibt einen Ort, der 1951 als „höchst geheimes Regierungsobjekt"[67]

66 Eik: *Besondere Vorkommnisse*, S. 13; Volkmar Draeger: Ein Wahrzeichen ragt aus dem Grün. In: *Neues Deutschland*, 19.09.2005. https://www.neues-deutschland.de/artikel/78220.ein-wahrzeichen-ragt-aus-dem-gruen.html (Zugriff am 05.08.2015).

67 Ebd., S. 17.

konzipiert wurde und aufgrund seiner strategischen Bedeutung als Hörfunkmonopol in den Tagen um den Mauerbau gesondert bewacht werden musste.

Die Mythen von 1955 und 1961 sind zeitlich mit der Gründungsphase der DDR in Verbindung zu bringen, in der die Implementierung des politischen Systems auf kollektive Legitimierung angewiesen war. Als gemeinschaftlich getragene Erinnerungen stärken und festigen Mythen politische Herrschaft. Sie ermöglichen es, gruppengebundene Erinnerungen zu instrumentalisieren. Über Prozesse der Abgrenzung tragen kollektive Mythen dazu bei, Gedächtnis zu steuern.

Fixpunkte von Gedächtnis sind, wie bereits gezeigt, auf individueller und gemeinschaftlicher Ebene zu verorten. Erinnerungen, die in der Gegenwart perspektivisch rekonstruiert und ausgewählt werden, können dabei von einer sozialen Gruppe legitimiert und hierüber stabilisiert werden. Bleiben sie an den persönlichen Erfahrungsraum der einzelnen Subjekte geknüpft, bleiben sie zuweilen fragil. Welche Bedingungen beeinflussen die Wechselwirkung von Materialität und Gedächtnis? Das folgende Kapitel zum Funkhaus an der Nalepastraße rekurriert auf die geteilte Vergangenheit in einer sozialen Gruppe und stellt die Frage nach der Wirkung von Gedächtnis auf die räumliche Umgebung.

Abb. 3: Blick auf das Verwaltungsgebäude Block A des Funkhauses Nalepastraße von der Landstraße aus.

5.
Ort der Kommunikation
„Politisch waren die anderen“

Das Funkhaus an der Nalepastraße verkörpert die „Idee eines eigentlich idealen Rundfunkgebäudes“[1], das in einer föderalistisch-dualen Rundfunklandschaft im vereinten Deutschland die Legitimation einer flächendeckenden Kommunikation verloren hat. Das Funkhaus war ein privilegierter Ort von Macht und Wissen. Die Informationssperren, die außerhalb des Funkhauses wirksam waren, galten nicht im Inneren: „Alle großen gängigen Agenturen standen im DDR-Rundfunk Tag und Nacht zur Verfügung. Man wusste schon mehr als der Mann auf der Straße“, derart beschreibt der Radiomoderator die besondere Konstitution des Ortes in der DDR.[2] Das Funkhaus an der Nalepastraße war in der Vergangenheit ein Ort, der Wissen und politische Ideologie reproduzierte. Henri Lefebvre behauptet, dass Repräsentationen des Raumes eine spezielle Bedeutung in Prozesse der Raumproduktion einbringen. Woran macht er diese Wirkung fest? Er schreibt sie der Materialität des Ortes zu: Repräsentationen des Raumes haben einen

1 Der Kulturjournalist war DDR-Kulturkorrespondent und ging später zum gerade im Aufbau begriffenen deutsch-französischen Sender *Arte*. Die Zitate stammen aus unserem Interview vom 28. Februar 2012.

2 Der Radiomoderator arbeitet bis zum 31. Dezember 1991 am Ort. Seine Schilderungen prägen Vergleiche, da er als einer von wenigen Gesprächspartnern in beiden politischen Systemen erfolgreich als Journalist zu arbeiten vermochte. Wir führen das Interview am 18. Februar 2011.

Abb. 4: Blick auf den Turm des Verwaltungsgebäudes Block A.

besonderen Einfluss auf die Raumproduktion, und zwar über ihre Beschaffenheit, d. h. über die Architektur.[3]

Es ist eine der Grundannahmen dieser Arbeit, dass die Materialität[4] eines Ortes wechselnde soziale Konstellationen speichert. Drei Eigentümerphasen kennzeichnen die Geschichte des Ortes. Von 1951 bis 1990 ist dort der Sitz des Rundfunks der DDR. Nach der Abwicklung durch den Rundfunkbeauftragten des Bundes von 1990 bis 1991 gehen die Verantwortlichkeiten an die Neuen Bundesländer und das Land Berlin über. 2005 verkaufen die Länder an einen privaten Käufer, der 2007 die denkmalgeschützte Anlage auf einer Immobilienauktion veräußert. Die Biografien aller

3 Vgl. Lefebvre: *La Production de l'Espace*, S. 52.

4 Zum sozial konstruierten Materialitätsbegriff, siehe Ian Hodder / Scott Hutson: *Reading the Past. Current Approaches to Interpretation in Archaeology.* Cambridge: Cambridge UP 2003; Martina Löw: Materialität und Bild. Die ‚Architektur der Gesellschaft' aus strukturierungstheoretischer Perspektive. In: Heike Delitz / Joachim Fischer (Hrsg.): *Die Architektur der Gesellschaft. Theorien für die Architektursoziologie.* Bielefeld: Transcript 2009, S. 343–364; Ian Hodder: *Entangled. An Archaeology of the Relationships between Humans and Things.* Malden / Oxford: Wiley-Blackwell 2012; Terence McDonnell / Wendy Griswold / Gemma Mangione: Objects, Words, and Bodies in Space: Bringing Materiality into Cultural Analysis. In: *Qualitative Sociology* 36 (2013), S. 343–364.

Interviewpartner und -partnerinnen sind über verschieden lange Sequenzen mit dem Funkhaus an der Nalepastraße verknüpft. Die Bedeutungsräume ihrer Schilderungen wurden aufeinander bezogen und in Dialog mit dem Kontextmaterial gesetzt. Die vorgestellten Stimmen oszillieren zwischen Räumen der Gegenwart und Vergangenheit. Ihre Erzählungen formen einen wirkungsmächtigen Ort, der zahlreiche Arbeitsbiographien[5] einschneidend prägte. Ob vom Kulturjournalisten erinnert als „wunderbares Gebäude", das ein „architektonisches Ereignis" darstellt oder vom Radiomoderatoren wahrgenommen als nun „dem Verfall übergeben" – der DDR-Rundfunk an der Nalepastraße ist in seiner Entstehungsgeschichte eng mit den infrastrukturellen Modifikationen einer geteilten Stadt verwoben. Um die Erzählungen an das Funkhaus rückzubinden, beginne ich mit einer chronologischen Beschreibung der Eigentümereinflüsse auf diesen Ort.

5.1 Das Funkhaus an der Nalepastraße

Das Funkhaus an der Nalepastraße ist eng mit der Teilung der Stadt verknüpft. Die Genese des Ortes steht exemplarisch für die Dopplung der Institutionen in den jeweiligen Teilstädten und ist zurückzuführen auf die Einteilung Berlins in vier Sektoren.[6] Demnach lag das hauptstädtische Haus des Rundfunks[7] im britisch kontrollierten

5 Im Informationsblatt des Rundfunkbeauftragten ist die Rede von „über 5.000 Beschäftigte[n]", deren Anstellungsverhältnis zum 31. Dezember 1991 endete, vgl. Der Rundfunkbeauftragte: *Rundfunk im Aufbruch. Die Gestaltung einer neuen Medienlandschaft. Eine Information des Rundfunkbeauftragten.* Bonn: Der Rundfunkbeauftragte 1991, S. 13.

6 Auf der Potsdamer Konferenz im Sommer 1945 trafen mit Churchill (nach dessen Wahlniederlage Attlee), Truman und Stalin der Premierminister Großbritanniens, der Präsident der USA und der Generalsekretär der Sowjetunion zusammen und einigten sich darauf, die Verwaltung Deutschlands in vier Besatzungszonen und die Aufteilung der ehemaligen Reichshauptstadt in vier Sektoren einzuteilen. Diese und andere Eckpunkte wurden bereits auf der Konferenz von Jalta im Februar desselben Jahres umrissen.

7 Das während der Weimarer Republik von 1929 bis 1930 vom Architekten Hans Poelzig konzipierte Haus des Rundfunks an der Masurenallee war eines der ersten Rundfunkgebäude Europas. Erst 1956 wurde das sowjetisch besetzte Gebäude den Westberliner Behörden übergeben. Vgl. dazu die ausführliche Chronologie zum Haus des Rundfunks im sechsteiligen rbb-Feature von Wolfgang Bauernfeind aus 2009 und Wolfgang Bauernfeind: *Tonspuren. Das Haus des Rundfunks in Berlin.* Berlin: Links 2010.

Sektor. Die ehemalige Reichsrundfunkzentrale der Nationalsozialisten wurde mit dem Einmarsch der Roten Armee im Mai 1945 besetzt, so dass der Ort unter sowjetischer Hoheit stand. Im Zuge der sich zuspitzenden politischen Lage sperrten die Sowjets 1948 sämtliche Land- und Wasserwege zur Hauptstadt ab. Ziel war, dass die Alliierten West-Berlin aufgeben. Über elf Monate hinweg versorgte eine Luftbrücke die Stadt. Das Vorhaben, den Viermächte-Status Berlins aufzuheben, scheiterte. Nach der Gründung von BRD und DDR im Frühjahr und Herbst 1949 war der Aufbau eines autarken Rundfunks im Ostteil der Stadt oberste Priorität der Sozialistischen Einheitspartei Deutschlands (SED).

Die Wahl fällt auf eine während des Krieges ausgebombte Furnierfabrik am Fluss. Mit wenigen Industrieanlagen in unmittelbarer Nähe erscheint die spärlich besiedelte Gegend passend für die Umsetzung des Großprojektes. Franz Ehrlich und Gerhard Probst[8] leiten die architektonische und rundfunktechnische Umsetzung unter der Bauherrschaft des staatlichen Rundfunkkomitees. Die Fabrik wird entkernt und als viergliedriges, durch Übergänge verbundenes Gebäudeensemble aus roten Klinkersteinen zwischen 1951 und 1956 errichtet. Die von Ehrlich gewählte Bauweise erklärt die strenge, funktionalistisch ausgerichtete Form zu ihrem Leitmotiv und unterscheidet sich darin von dem in den 1950er Jahren bevorzugten klassizistischen Stil.[9] Sinfonieorchester und Big Band, Rundfunkchor und Rundfunkkammerchor waren nur einige der kulturellen Institutionen, die an der Nalepastraße angesiedelt waren.

8 Franz Ehrlich lebt von 1907 bis 1984 und arbeitet bis zur Machtübernahme der Nationalsozialisten 1933 als kommunistischer Redakteur. Er kommt als politischer Häftling in das Konzentrationslager Buchenwald. Dem Baustab zugeordnet, muss er die Inneneinrichtung von SS-Villen entwerfen. Der bauhausgeschulte Schriftzug ‚Jedem das Seine' am Eingang des Konzentrationslagers basiert auf einem Entwurf Ehrlichs. Als ehemaliger Funktionshäftling wird er in der DDR mit Misstrauen betrachtet. Ehrlich bleibt eine berufliche Anerkennung als Architekt in der DDR verwehrt. Neben der Realisierung dreier großformatiger Bauten in Berlin errichtet er im Ausland einige Funktionsgebäude von DDR-Handelsvertretungen und Botschaften. Gerhard Probst, der 1912 geboren wird und 2002 stirbt, war technischer Leiter und überwachte die Installation der Rundfunktechnik.

9 Vgl. Senatsverwaltung für Stadtentwicklung und Umwelt: Denkmale in Berlin. Rundfunkzentrum Nalepastraße. http://www.stadtentwicklung.berlin.de/cgi-bin/hidaweb/getdoc.pl?DOK_TPL=lda_doc.tpl;KEY=obj%2009020102 (Zugriff am 23.01.2015).

Das Funkhaus an der Nalepastraße ist ein Ort, der in den Erinnerungen der Gesprächspartner beständig räumlich expandiert und sich Schritt für Schritt zu einer organischen Entität transformiert: Die lokale Infrastruktur umfasste u. a. einen Friseursalon, eine Reinigung, eine Wäscherei, eine Sauna, eine Poliklinik, eine Schusterei, einen Klempner, eine Tischlerei, eine Malerwerkstatt. Das DDR-Funkhaus war ein architektonisch von der Umgebung abgegrenztes, eigenständiges Ganzes, das einzelne Elemente einander zuordnete und seinen Nutzerinnen und Nutzern erlaubte, außerhalb allgemein gültiger Öffnungszeiten ihrer Arbeit nachzugehen.
Als die innerstädtische Grenze am 9. November 1989 öffnete, bleibt das Funkhaus als privilegierter Ort von Wissen und Macht erhalten. Die gut zweijährige Phase der Abwicklung geht langsam vonstatten, umfasst aber weitreichende Transformationen zum Wirkungsraum als Ort der Kommunikation. Am 5. Februar 1990 beschloss die DDR-Volkskammer die Gewährung der allgemeinen Meinungs-, Informations- und Medienfreiheit.[10] Der Ministerrat bestätigte am 15. März 1990 das vorläufige Statut für den Rundfunk der DDR. Wichtiger Bestandteil dieses Statuts war das Finanzierungsmodell, das Artikel 2, Absatz 1 regelte. Der Rundfunk der DDR hatte demzufolge Anspruch auf einen gesetzlich festgelegten Anteil von Rundfunkgebühren, die mit Mitteln aus dem Staatshaushalt aufgestockt werden sollten.[11] Diese Mittel waren nicht vorhanden; der Posten von 31 Millionen Deutscher Mark fehlte im zweiten Haushaltshalbjahr.
Ein erster personeller Einschnitt erfolgte. „Kahlschlag beim Funk“, kommentiert die *Berliner Zeitung* Ende Juni 1990 die Pläne zum Abbau von circa 1.400 Mitarbeiterstellen.[12] Mit dem Einigungsvertrag vom 3. Oktober 1990 regelte Artikel 36 das weitere Prozedere. Der Rundfunk war als gemeinschaftliche, staatsunabhängige, rechtsfähige Einrichtung bis zum 31. Dezember 1991 weiterzuführen.

10 Vgl. Ingrid Pietrzynski: *Radio im Umbruch. Oktober 1989 bis Oktober 1990 im Rundfunk der DDR*. Berlin: Funkhaus Berlin 1990, S. 333–334.

11 Vgl. ebd., S. 306.

12 Der Bürgerrechtler kommt 1990 an den Runden Tisch des Funkhauses. Als stellvertretender Intendant des DDR-Rundfunks ist er für die Personalpolitik zuständig. Er hat die Belegschaft von 3.300 auf 1.400 Mitarbeiter zu reduzieren. Die Informationen stammen von unserem Gespräch am 10. März 2011. Siehe auch ebd., S. 490–491.

In dieser Phase besteht das Übergangsmodell der ‚Einrichtung gemäß Artikel 36' in der Aufgabe, den Sendebetrieb aufrecht zu erhalten und die Bevölkerung der Neuen Bundesländer nach den allgemeinen Grundsätzen des öffentlich-rechtlichen Rundfunks zu versorgen. Die der Deutschen Post zugehörige Studiotechnik fiel nach Artikel 36, Absatz 1 des Einigungsvertrages an die ‚Einrichtung'.[13]

Ab dem 1. Januar 1992 sind die Neuen Bundesländer und das Land Berlin Gesamteigentümer. Sie beauftragen eine Gesellschaft mit beschränkter Haftung, das Rundfunkvermögen zu verwalten und zu verwerten.[14] Obwohl als staatlicher Rundfunk abgewickelt, bleibt das Funkhaus eine Projektionsfläche für Raumkonzeptionen. Die *Berliner Zeitung* berichtet am 29. Dezember 2000 von den Überlegungen, ein „Tonzentrum Berlin" am Standort zu errichten. Ein Schriftsatz aus der Senatsverwaltung für Wirtschaft, Arbeit und Frauen vom 24. Oktober 2003 führt das Funkhaus unter dem Begriff „Tonzentrum Berlin" auf. Er listet das Tonzentrum als Infrastrukturprojekt, das allerdings auf der Reserveliste für mögliche Förderungen durch EU-Strukturfondsmittel platziert ist. Es ist die Rede davon, das Funkhaus zu einem „modernen Tonzentrum" auszubauen. Es wird im gleichen Zuge jedoch ein „problematisches Trägerkonzept" erwähnt, das gegen eine Finanzierung spräche. Der Presseartikel vom 29. Dezember 2000 benennt außerdem einen „Gelände-Freizeitpark", dessen Finanzierungskonzept nicht weiter konkretisiert wird. Nur zweieinhalb Wochen später schreibt der *Tagesspiegel* am 18. Januar 2001 von einem „Gewerbe-Wassersport-Zentrum", das mit einem „Themenpark" ergänzt werden könnte, möglicherweise zu einem „Musikerlebnispark[s] mit Soundshows, Klanggarten und einem Musik-Shopping-Center" weiterzuentwickeln sei. Weder Ton- oder Wassersportzentrum noch Freizeit- und Themenpark werden geplant und räumlich umgesetzt.

13 Der Techniker arbeitet von 1960 bis 1992 für die Studiotechnik in der Nalepastraße. Er beschreibt soziale Transformationen in stetigem Bezug auf Materialität. Das Gespräch findet am 11. Februar 2011 statt.

14 Nach Artikel 36, Absatz 5 des Einigungsvertrages teilen die Gesamteigentümer Erträge und Lasten anteilig auf. Schlüssel hierfür ist das Rundfunkgebührenaufkommen von 1989, vgl. Der Rundfunkbeauftragte: *Rundfunk im Aufbruch*, S. 3.

Vielmehr muss die ländergeführte Verwaltungsgesellschaft im Jahr 2004 Insolvenz anmelden. Die Neuen Länder lassen erkennen, die monatlichen Nebenkosten eines fünfstelligen Betrages für die Instandhaltung des großflächigen Gebäudeensembles nicht mehr länger tragen zu wollen.[15] Da die Lasten nach dem Rundfunkgebührenaufkommen von 1989 anteilig aufgeschlüsselt sind, hält das Land Berlin eine nur achtprozentige Beteiligung. Die Neuen Länder weigern sich, „Berlin zu subventionieren"[16]. Trotz eines Bodenwertgutachtens[17] von dreißig Millionen sowie nach einem gescheiterten ersten Verkauf veräußert die Verwaltungsgesellschaft das gesamte Grundstück von 31.000 Quadratmetern Ende 2005 für 350.000 Euro.[18] Der Anwalt begründet den niedrigen Verkaufspreis mit „Angebot und Nachfrage" sowie einer fehlenden Deckung der Betriebskosten mit den Mieteinnahmen der Räumlichkeiten: „Das war einfach nur der Versuch, das Grundstück loszuwerden, muss man so sagen," so der geschäftsführende Liquidator im Interview.

Nach dem Verkauf besteht eine allgemeine Unklarheit, wie der private Käufer das Gelände gesamtheitlich weiterentwickeln würde. Diese Ungewissheit schildert Jan Eik, ehemaliger Studioassistent, in der dritten überarbeiteten Neuauflage seiner *Besonderen Vorkommnisse*. Niemand wisse, was aus dem denkmalgeschützten Gebäudekomplex werden solle.[19] Dass der Nalepastraße ein

15 Siehe einen Auszug der Nebenkostenaufstellung unter Verwaltung der Neuen Länder in Abschnitt „Kontextmaterial", S. 206.

16 Der Anwalt war geschäftsführender Liquidator und mit der Verwaltung des aktiven und passiven Rundfunkvermögens beauftragt. Die Zitate stammen aus unserem Interview am 14. März 2011.

17 Der sogenannte Bodenwert kann durch das Katasteramt oder unabhängige Sachverständige bestimmt werden. Zur Orientierung dienen Richtwerte der geographischen Umgebung.

18 2005 bietet ein Interessent eine Millionen Euro. Der Verkauf kommt nicht zustande. Die Auflassungsvormerkung im Grundbuch ist der Grund für einen weiteren Prozess. Siehe auch Sabine Flatau: Rundfunkgelände an der Nalepastraße ist verkauft. In: *Die Welt*, 07.04.2005. http://www.welt.de/print-welt/article591650/Rundfunkgelaende-an-der-Nalepastrasse-ist-verkauft.html (Zugriff am 26.01.2015); Jessica Schulte am Hülse: Krach um DDR-Rundfunkgelände. In: *Die Welt*, 22.01.2006. http://www.welt.de/print-wams/article137524/Krach-um-DDR-Rundfunkgelaende.html (Zugriff am 26.01.2015).

19 Vgl. Jan Eik: *Besondere Vorkommnisse. Politische Affären und Attentate in der DDR*. Berlin: Das Neue Berlin 2006, S. 9–64 (Kap. „Tod einer Legende – Der Funkhausbrand vom 16. Februar 1955"), hier S. 13.

„ignoranter Umbau und Zerschneidung drohten“, dass „Umnutzung und Abriss“ durchaus wahrscheinlich waren, führt der Architekturkritiker Dieter Hoffman-Axthelm an, um sein Interesse an den Besonderheiten der Bauten von Franz Ehrlich zu konstatieren.[20] Allerdings ist ein Abriss ausgeschlossen. Der Anwalt klärt im Gespräch auf, dass dem Kaufvertrag zwischen den Ländern und dem Käufer vom 3. November 2005 eine Präambel vorgesetzt war. Dort ist vermerkt, dass die Vertragsparteien auf Geschäftsgrundlage des Vertrages die Absicht erklären, die auf dem ehemaligen Rundfunkgelände Nalepastraße denkmalgeschützten Funkhäuser des Rundfunks der DDR zu erhalten, baulich wieder zu ertüchtigen und „ihrer ursprünglichen Bestimmung gemäß weiterhin nachhaltig für die Nutzung von Medienproduktionen, insbesondere solche musikalischen Charakters, vorzuhalten“. Auf den Inhalt dieser Präambel gehe ich unten genauer ein. Die räumliche Umsetzung hat der Käufer nicht im Sinn.

Er zerlegt das Grundstück in drei Teilgrundstücke, die separat verkauft werden. Das vier Hektar große Flurgrundstück mit der denkmalgeschützten Rundfunkanlage wird an einen Entwicklungsträger abgetreten. Er ersteigert das Objekt auf einer Immobilienauktion. Eigentlich ist er nur Zweitbietender, doch der Erstbietende kann den Kaufpreis nicht belegen. So wird für dreieinhalb Millionen Euro „dann zugeschlagen“, so die Immobilienverwalterin.[21] Käuferin des von einem Minol-Tanklager kontaminierten Flussgrundstücks ist eine städtische Reederei. Das dritte Grundstück bleibt bis in die Gegenwart unverkauft. Dem Anwalt zufolge war es im Sinne der Länder, das gesamte Grundstück „am Block“ zu verkaufen, um nicht etwa „auf den anderen Grundstücken sitzenzubleiben“: Sie fürchteten mögliche Auflagen der Senatsverwaltung für Umweltschutz, die per Verfügung den Eigentümer hätte verpflichten können, die Altlasten zu entsorgen, um einer Grundwassergefährdung vorzubeugen. Das laut Immobilienverwalterin „gesamte riesige Gelände mit dem gesamten Potenzial“ wird für nur 350.000 Euro verkauft; ein Verkaufspreis, den die lokale und

20 Vgl. Hoffmann-Axthelm: Drei Berliner Bauten von Franz Ehrlich. Eine Entdeckungsreise.

21 Die Immobilienverwalterin kommt 2007 in das Team des Entwicklungsträgers und regelt die Vermietung des Objektes. Die Zitate entstammen unserem Interview vom 14. Januar 2011.

Abb. 5: Das Gelände des Funkhauses Nalepastraße auf einer Luftaufnahme.

überregionale Presse kritisch hinterfragt[22] und der zwei Gerichtsverfahren nach sich zieht: Ein Strafverfahren der Berliner Staatsanwaltschaft ermittelt ab November 2009 wegen Betruges, Untreue und Insolvenzverschleppung, ein Zivilverfahren klärt mögliche Schadensersatzansprüche seitens der Neuen Länder.

Drei Eigentumsphasen haben den Ort geprägt. Bis zum Einigungsvertrag am 3. Oktober 1990 ist das Funkhaus ein privilegierter Ort der Kommunikation. Nachdem der Rundfunkbeauftragte des Bundes die Immobilie, den Haushalt und das Personal von Herbst 1990 bis Winter 1991 federführend abgewickelt hat, geht die Verantwortung ab dem 1. Januar 1992 auf die Neuen Länder und das Land Berlin über, die 2005 verkaufen. Die Eigentumsverhältnisse wandelten sich, ummantelt von der Gegenständlichkeit des Ortes. Indem eine Vertragspräambel die Nutzung für Musikproduktionen als eine „ursprüngliche Bestimmung" festlegte, ist die Weiterentwicklung des denkmalgeschützten Areals an eine „nachhaltige

22 Vgl. Schulte am Hülse: Krach um DDR-Rundfunkgelände; Frank Käßner / Uwe Müller: Vergessen, verschleppt, verramscht. In: *Berliner Morgenpost*, 24.07.2006, http://www.morgenpost.de/printarchiv/brandenburg/article280837/Vergessen-verschleppt-verramscht.html (Zugriff am 23.01.2015); Mathew Rose: Die Bestatter. In: *Die Zeit*, 31.05.2007 http://www.zeit.de/2007/22/Bestatter (Zugriff am 23.01.2015).

Nutzung" gebunden. In den folgenden Abschnitten wird herausgearbeitet, inwiefern Materialität über Wandel hinweg soziale Konstellationen speichert und als Impuls oder Auslöser für Erinnerungen angeführt werden kann.

5.2 Materialität als Speicher

Die Lage des Ortes kann als peripher beschrieben werden. Sie ist geprägt von wenigen industriellen Produktionsstätten in der räumlichen Umgebung. Nach Kevin Lynch sind Wege eine wichtige Kategorie, um die Wirkung architektonischer Kompositionen zu untersuchen. In der Studie Lynchs zum Bild der Stadt zeichnen die Befragten Skizzen ihrer alltäglichen oder gelegentlich genutzten Wege.[23] Hier interessieren mich die regelmäßigen Wege, die zum Ort hin- und vom Ort wegführen. Räumliche Faktoren wirken dabei über die politische Zäsur hinweg bis in die Gegenwart hinein. Zwei Beispiele zeigen auf, dass Materialität als Speicher sozialer Konstellationen anzuführen ist.

Die strategische Bedeutung des Funkhauses steht in Zusammenhang mit räumlichen Praktiken der Mitarbeiterinnen und Mitarbeiter. Im historischen Kontext des alliiertenbesetzten West-Berlins waren die alltäglich genutzten Wege von oben reglementiert. So konnten diejenigen, die südlich des Berliner S-Bahn- Außenringes wohnten, in den 1950er Jahre nicht den kürzeren, direkten Weg über West-Berlin mit öffentlichen Verkehrsmitteln nutzen. Sie mussten schriftlich versichern, über eine periphere Außenverbindung an- und abzureisen. Die im Rundfunk Beschäftigten sollten West-Berlin nicht im alltäglichen Arbeitsweg durchqueren. Vor allem Parteimitglieder nutzten diese Außenverbindung, so der Techniker. Er erinnert sich, dass man abwertend über die „Bonzenschleuder" sprach:

> Ich habe ja vor dem Mauerbau angefangen als junger Facharbeiter, ich wurde darauf nie angesprochen. Da diese Parteimitglieder unter vorgehaltener Hand Bonzen genannt wurden, ergab sich dann schnell der Begriff Bonzenschleuder.

23 Lynch: *The Image of the City*, S. 47; vgl. Kap. 4.1: „Stadt als Palimpsest", S. 53–58; siehe auch Julia Binder: Place Matters. In: Arbeitsgemeinschaft „Städte mit historischen Stadtkernen" des Landes Brandenburg (Hrsg.): *Tür an Tür. Haus an Haus. Nachbarschaften in der historischen Stadt.* Potsdam: Arnold 2014, S. 60–63.

Die Nutzung dieser Verbindung brachte einen enormen Zeitaufwand mit sich. Der Techniker erwähnt das bis zu vierstündige tägliche Pendeln mit dem Regionalzug, der „nur alle paar Stunden mal gefahren ist" und in Anlehnung an das Umkreisen eines Zentrums auch „Sputnik" genannt wurde.[24] Dass die Angestellten des Rundfunks diese Außenverbindung nutzen sollten, steht in engem Zusammenhang mit der Funktion des Ortes als Repräsentation des Raumes: Während Ost- und Westberlin infrastrukturell erst 1961 durch die Abriegelung der innerstädtischen Sektorengrenze[25] getrennt werden, müssen Rundfunk-Mitarbeiter den kürzeren Weg über West-Berlin ausschließen, noch bevor eine abgeriegelte Grenze überhaupt existierte. Das Prinzip der Abgrenzung bestimmt bereits die Mobilität der Akteure, obwohl die innerstädtische Sektorengrenze passierbar war.

Ein zweites Beispiel für Materialität als Speicher sozialer Konstellationen ist der Eingangsbereich des Funkhauses. Eine Pförtnerloge mit Schranke gewährleistet, Nichtbefugte vom Gelände fernzuhalten. Der exklusive Charakter der räumlichen Anordnung liegt in der architektonischen Komposition der Gesamtanlage begründet. Der Architekt Ehrlich verzichtete auf repräsentative Zufahrten und Schneisen. Die Eingänge zum Funkhaus konzipierte er nicht mittig, sondern legte sie seitlich an.[26] Die regelmäßigen Wege aller im Rundfunkgelände arbeitenden Personen führen bis heute an der Pförtnerei vorbei. Hat man die Pförtnerloge passiert, liegt das Verwaltungsgebäude mit Turm auf der linken Seite. Nur wenn ein „wichtiger Besuch" bevorgestanden habe, gab es ein separates Tor, das geöffnet wurde. Der Radiomoderator berichtet über die Ankunft eines Politbüromitgliedes, der nicht über den Schlagbaum hineingeleitet wurde, sondern einen separaten Eingang nutzte:

24 Vgl. Burghard Ciesla: Im Osten ‚Rückgrat', im Westen ‚Geisterbahn'. In: Gerhard Sälter / Tina Schaller (Hrsg.): *Grenz- und Geisterbahnhöfe im geteilten Berlin.* Berlin: Links 2013, S. 55–63.

25 Schon ab dem Jahr 1952 wurde parallel zum militärischen Ausbau der innerdeutschen Grenze ein ca. 113 Kilometer langer Sperrwall um West-Berlin auf DDR-Territorium errichtet, um die Fluchtbewegung in die alliierten Sektoren einzudämmen.

26 Vgl. Senatsverwaltung für Stadtentwicklung und Umwelt: Rundfunkzentrum Nalepastraße.

> Wenn ein hoher Besuch kam, mussten die nicht durch den Schlagbaum, sondern dann wurde dieses Tor geöffnet. Und als also [das Politbüromitglied] kam, wurde der Weg gesprenkelt, der Rasen wurde links und rechts saubergemacht, es war byzantinisch.

Die Erzählungen bringen hervor, dass verschiedene Eingangsbereiche für verschiedene soziale Gruppierungen existieren. Die Materialität des Funkhauses speichert Merkmale von Abgrenzung bis in die Gegenwart hinein.[27]
Hoffmann-Axthelm kennzeichnet in seinem Artikel zur Formensprache Ehrlichs zwei weitere Bauformen, die mit dem Prinzip der Abschottung in Verbindung gebracht werden können. Der Grünstreifen markiere den Ort aus der Fernsicht, der Turm etabliere ein einprägsames Zeichen der Formensprache. Beide Elemente seien dahingehend angelegt, Distanz zu produzieren.[28] Materielle Konfigurationen festigen das Bild einer Repräsentation des Raumes. Das Prinzip architektonischer Geschlossenheit war mit dem Funkhaus verknüpft, so dass ein Zugang für Nichtbefugte nur mit besonderer Genehmigung erfolgen konnte. Der Techniker schildert die Schwierigkeiten, Angehörigen den Arbeitsort zu zeigen:

> Die Anfangsidee war noch, dass man das offen macht. Aber irgendwie ist der Umschwung gekommen und irgendwie hat man sich total abgeschottet. Das ist hier geheim, hier hat keiner was zu suchen. Es sind in Block B Konzerte noch gewesen. Also ich selbst habe meine Frau einmal hier hereingekriegt in das Haus. Da war hier ein Konzert und da hat man mir gesagt, ja, da könnt ihr Karten haben, und da durfte mit einem Passierschein sie mal rein. So wie heute, kommt man mit Frau und Familie, so war das nicht.

Mit der Aussage, dass der Ort „geheim sei", kennzeichnet mein Interviewpartner die privilegierte Funktion des Ortes. Es war ein Ort von Wissen und Macht. Um ihn zu betreten, bedurften außenstehende Personen eines Passierscheins. So zeigt die Pflicht zur Identifizierung über Passierscheine die politisch strategische Funktion des Ortes an. Eine Auswirkung dieser Abschottung besteht

27 Vgl. zu Architektur als soziales Herrschaftsinstrument auch Jens Dangschat: Symbolische Macht und Habitus des Ortes. Die Architektur der Gesellschaft aus Sicht der Theorie(n) sozialer Ungleichheit von Pierre Bourdieu. In: Delitz / Fischer (Hrsg.): *Die Architektur der Gesellschaft*, S. 311–341, hier S. 323–325.

28 Vgl. S. 72, Abb. 4; siehe auch Hoffmann-Axthelm: Drei Berliner Bauten von Franz Ehrlich.

darin, dass der Rundfunk schwer zu lokalisieren war. Der Techniker erzählt, es habe ihn immer gewundert, wie wenige Personen in seinem privaten Umfeld überhaupt die geographische Lage des Funkhauses genauer bestimmen konnten, obwohl doch „in jeder Fernsehzeitschrift die Adresse Nalepastraße 18–50 drinstand". Man habe den Rundfunk immer mit dem damaligen Sitz der Fernseh- und Filmproduktion in Adlershof assoziiert, dem zweiten Standbein parteipolitischer Informationsbildung. Dass ein eigener Ort für Rundfunk, Musik- und Hörspielproduktionen existierte, haben viele nicht gewusst, so der Techniker.

Das Funkhaus liegt in der Wahrnehmung des Radiomoderators „am Rande der Stadt" und erforderte laut Dozent[29] einen „idiotischen Weg", so ein regelmäßig wiederkehrendes Motiv der Beschreibung der Arbeitswege meiner Gesprächspartner. Dieses Merkmal der peripheren Lage hat sich über die verschiedenen Eigentumsverhältnisse hinweg konstant gehalten. Trotz einer „gezielten Aufwertung der umliegenden Stadtteile"[30] verortet die Immobilienverwalterin das Funkhaus mit der Umschreibung, es liege „so weit vom Schuss". Auch nach der Abwicklung des DDR-Rundfunks kehren ehemalige Mitarbeiter immer wieder zum Funkhaus Nalepastraße zurück. Warum? Im Erdgeschoss des Turmes in Block A lag ein Friseursalon, der bis 2008 in Betrieb war. Lächelnd berichtet die Immobilienverwalterin über „alte Mitarbeiter vom Rundfunk", die regelmäßig zurückkehrten, um ihre Haare schneiden zu lassen:

> Und die Dame, die war solange hier noch vor Ort und hat hier ihren Friseurladen betrieben, bis sie dann in Rente gegangen ist, den Laden zugemacht hat, und es sind immer noch alte Mitarbeiter vom Rundfunk gekommen und haben hier sich die Haare schneiden lassen. Das war lustig. Obwohl sie so weit vom Schuss ist oder war hat sie sich um ihre Kunden keine Sorgen machen müssen. Die hatte sie ja schon von vorher.

Die dezentrale Lage spielt in den Trägerkonzepten während der Verwaltung durch die Neuen Ländern und des Landes Berlin eine wichtige Rolle. Der Anwalt betont im Gespräch, das Funkhaus liege

29 Der Dozent war in der politischen Redaktion, bis er Lehrbeauftragter des Hörfunks an der Universität Leipzig wurde. Die Zitate stammen aus unserem Gespräch vom 11. April 2011.

30 Laut Pressemappe des Entwicklungsträgers 2007.

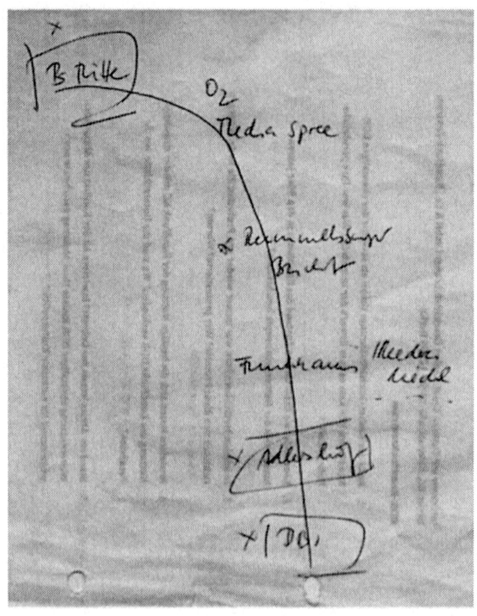

Abb. 6
Skizze der von der Immobilienverwalterin gezeichneten Entwicklungsachse.

„ungünstig“ und „zu weit draußen“, um eine öffentliche Institution mit Raumbedarf im Gebäudekomplex anzusiedeln.[31]

Das gegenwärtige Nutzungskonzept lenkt die Aufmerksamkeit auf den Fluss als Entwicklungsachse. Die Immobilienverwalterin zeichnet eine Skizze, die sie an den Endpunkten Berlin-Mitte und BBI[32] ausrichtet. Auf die Achse positioniert sie vier Namen: O2-Mediaspree, Rummelsburger Bucht, Adlershof und Funkhaus-Reederei. Diese Auflistung kommentiert der Radiomoderator mit „sehr talentvoll und sehr weitsichtig, diese Ansammlung von Ruinen so zu charakterisieren“.

Der Kulturjournalist nimmt ein architektonisches Zeichen der gegenüberliegenden Flussseite als Bezugspunkt. Dort ragt das Riesenrad eines stillgelegten DDR-Freizeitparks in die Silhouette der Stadt:

31 Er spricht davon, die Ernst-Busch Schauspielschule als dauerhafte Mieter anzuwerben. Siehe auch Konrad Litschko: Schauspielschule heimatlos. Eine echte Tragödie. In: *taz*, 07.07.2008, http://www.taz.de/!19819/ (Zugriff am 26.01.2015).

32 Kurzbezeichnung für den geplanten Großflughafen Berlin-Brandenburg, dessen Eröffnungstermin im Sommer 2012 wegen technischer Mängel verschoben wurde. Für 2014 war ein Teilbetrieb geplant, der nicht realisiert wurde.

Abb. 7: Blick vom Funkhaus auf die Spree, gegenüberliegend das Riesenrad im Plänterwald.

> Also, nach dem was ich immer so sporadisch in den letzten Jahren gelesen habe über die gescheiterten Investoren und dem Eindruck, den diese Gegend da jetzt hinterlässt, kann ich mir nicht vorstellen, dass dieses Areal eine Zukunft hat. Also, es liegt zwar wunderbar am Wasser und eigentlich müsste das alles hervorragend funktionieren, aber ich glaube, so wie der Vergnügungspark da gescheitert ist, glaube ich, das ist so ein Zeichen, dass auch dieses Gelände einfach zu weit abliegt von den mit öffentlichen Verkehrsmitteln erreichbaren Achsen [...].

Den Anwalt „gruselt es" in den langen, verlassenen Gängen, in denen er einen Büroraum mietet. Der Entwicklungsträger beschreibt hingegen den „Reiz des Unfertigen", der bei Radiomoderator und Kulturjournalist Fassungslosigkeit und tiefe Betroffenheit hervorruft:

> Ich nehme das Funkhaus wahr als Immobilie, mit der niemand der potenziellen Investoren etwas anfangen kann. Was wirklich schade ist, weil es doch ein Stück deutsche Rundfunkgeschichte eigentlich widerspiegelt. Und wenn man dieses wunderbare Gebäude Block B von Ehrlich sich noch einmal ansieht, das ist also die Idee eines eigentlich idealen Rundfunkgebäudes mit Hörspielstudio, Musiksaal und dass das jetzt fast dem Verfall, zwar unter Denkmalpflegezeichen, aber dem Verfall übergeben ist, finde ich wirklich jammerschade. Das trifft einen sehr, wenn man dieses Gebäude, als man dort gearbeitet hat, als architektonisches Ereignis wahrgenommen hat und eigentlich geliebt hat.

Beide Gesprächspartner kennen das Funkhaus als „architektonisches Ereignis“ und bedauern den baulichen Verfall. In der gleichen Linie argumentiert ein weiterer Gesprächspartner, der über alle drei Eigentümerphasen mit dem Funkhaus in Verbindung geblieben ist. Der Objektleiter begann am 1. Juni 1986 als Klimatechniker im DDR-Rundfunk. Er hält die technische Versorgung bis in die Gegenwart aufrecht. Auch für ihn ist der gegenwärtige Zustand des Gebäudes ein „Tiefpunkt“, den er nicht beispielhaft mit einer Führung über das Gelände konkretisieren wollte. Verfall lasse sich nicht verbergen: „Ich sage dazu keinen Ton. Sie brauchen nur sich die Gebäude anzuschauen. Ich nehme an, blind laufen Sie hier nicht rum. Sie brauchen nur die Grünanlagen zu sehen.“
Während sich soziale Beziehungen und Besitzverhältnisse kontinuierlich transformieren, steht die Gegenständlichkeit des Funkhauses in einem langsamen Wandel. Ohne finanzielle Investitionen droht das Funkhaus als Speicher sozialer Konstellationen allerdings baulich zu verfallen. Obwohl die Präambel im Kaufvertrag zwischen den Neuen Ländern und dem zweiten Käufer besagt, die „denkmalgeschützten Anlagen baulich zu ertüchtigen“, stehen die Beobachtungen meiner Gesprächspartner dazu in Widerspruch.
Dieser Abschnitt zeigt auf, dass Bedeutungen in Materialität festgeschrieben werden. Am Prinzip der Abgrenzung habe ich herausgearbeitet, dass materielle Konfigurationen soziale Konstellationen speichern. Räumliche Strukturen werden demzufolge als Formen sozialer Strukturen verstanden.[33]

5.3 Verknüpfungen

Aufbruch

Dass ein zentralistisch organisierter, staatlicher Rundfunk mit dem Modell einer föderalisierten, dezentralen Hörfunklandschaft der Bundesrepublik wenig kompatibel war, führt die Mehrzahl meiner Gesprächspartner und Gesprächspartnerinnen rückblickend an. Einen Halt gab die räumliche Beschaffenheit des Ortes. Man dachte, dass ein rundfunktechnisch voll funktionsfähiges Funkhaus nicht gesamtheitlich abgewickelt werden würde, so der Techniker. Eine Übernahme der Arbeitsverträge der gesamtheitlichen Belegschaft

33 Vgl. Löw: *Raumsoziologie*, S. 226.

wurde bereits angezweifelt, nicht jedoch eine komplette Abwicklung, wie der Kulturjournalist erinnert:

> Natürlich haben wir alle gedacht, irgendwie wird man sich die Studios im Osten bewahren. Man wird ja auch über den Osten weiter berichten. Es werden ja nicht alle Journalisten aus dem Westen kommen, die das jetzt übernehmen. Aber die Illusion, dass das in einem so großen Betrieb weitergehen könnte, die hatte ich nie gehabt und die haben auch andere Kollegen nicht gehabt.

Der Kulturjournalist spricht hier einerseits von der Größe des Betriebs und den damit verbundenen Schwierigkeiten, sämtliche Arbeitsplätze zu erhalten. Seine Hoffnung lag in den Studios: Die technisch-materielle Ausstattung der Nalepastraße war Grundlage für den journalistischen Alltag. Auch Techniker und Objektleiter setzten nach dem Mauerfall weiterhin auf die Materialität des Ortes. Beide Interviewpartner betonen wiederholt, dass ihr Kapital die „Ortskenntnisse“ sind. Der Objektleiter macht klar, dass die Technik teilweise aus den Fünfziger Jahren stammt und nur mit lokalem Wissen bedient werden könne: „Wenn Sie keine Ahnung haben, wo die einzelnen Schalter liegen oder wo die einzelnen Ventile sind, haben Sie keine Chance, technisch das aufrecht zu erhalten.“ Ihr eng an den Ort geknüpftes Wissen sehen beide als Möglichkeit, nach der politischen Zäsur ihren Arbeitsplatz zu behalten. Und so verleiht der Techniker seine Erwartungen Ausdruck:

> Ich halte hier durch, wer weiß, man hat ja immer noch so ein kleines Türchen im Hinterkopf, vielleicht passiert ja doch noch mal was. Und man kann dann wenigstens mit den Ortskenntnissen hier dienen.

Gut vernetzte Journalisten haben die politische Tendenz, dass der Rundfunk abzuwickeln war, bereits in den Wintermonaten des Jahres 1989 antizipiert. Diese Inhalte waren ‚unter Drei‘ klassifiziert; es waren Hintergrundinformationen, zu denen nur einige wenige Personen wie der Kulturjournalist Zugang hatten. So ist er frühzeitig über die Pläne des Rundfunkbeauftragten des Bundes im Bilde, der eine Neuordnung der zentralisierten Rundfunklandschaft umzusetzen hat:

> Ein enger Freund und Kollege von mir, der hat ’89 eine Einladung bekommen in den [Hof], das war zu einem Gespräch mit [dem Rundfunkbeauftragten], wo er einigen ausgewählten Journalisten Hintergrundinformationen geben wollte, mit welchen Zielen er dann im Herbst sein Amt antritt. Und dort wurde offenbar Klartext geredet.

Der Politikwissenschaftler Gerhard Lehmbruch erklärt die auf bundespolitischer Ebene getroffene Entscheidung, den Rundfunk abzuwickeln, mit dem Wunsch nach einem Bruch mit institutioneller Kontinuität, wenn er schreibt, dass

> die westdeutschen Akteure sich weitgehend darin einig [waren], dass es nicht wünschenswert sei, wenn mit der institutionellen Kontinuität von Rundfunk- und Fernsehanstalten der untergegangenen DDR womöglich ein publizistisches Forum für die Konservierung einer kollektiven DDR-Identität erhalten bliebe.[34]

Meine Interviewpartner trennen sich nach der politischen Zäsur unterschiedlich schnell vom Rundfunk. Die allgemein mit beruflicher Unsicherheit verbundene Übergangszeit ist in einigen Erinnerungen auch positiv besetzt. So beschreibt der Kulturjournalist die Monate zwischen Mauerfall und Einigungsvertrag als eine „Entkrustung alter Strukturen", die das Potenzial für individuelle Verwirklichung barg und Prozesse der Entbürokratisierung hervorbrachte. Sie ging einher mit dem Abbau hierarchischer Strukturen und plötzlichen beruflichen Aufstiegen. Der Bürgerrechtler, bis zur Zäsur in der Evangelischen Verlagsanstalt als Lektor und stellvertretender Cheflektor tätig, wird von 1990 bis 1991 stellvertretender Intendant. Der Radiomoderator, ehemals Redaktionsleiter, steigt zum Chefredakteur auf. Er wird nach eigenen Angaben „in diese Position geschoben, weil man merkte, mit den Alten geht es absolut nicht mehr." Der Kulturjournalist bekommt plötzlich ein „Riesenbüro mit einer Sekretärin" und erlebt seinen abrupten sozialen Aufstieg mit gespaltenen Gefühlen, die er damit begründet, dass er sich nirgendwo beworben habe. Die „wilden Wochen" versprachen ihm den Aufbruch in einen sich neu formierenden Möglichkeitsraum. Derselbe zeitliche Abschnitt ist für andere wiederum mit Unsicherheit verbunden. Nachdem der Dozent zum Programmleiter befördert wurde, folgt im Sommer 1991 die vorzeitige Entlassung. „Auf der Höhe der Leistungsfähigkeit" steht er auf der Straße. Der Kulturjournalist erinnert eine „nahezu anarchische Entbürokratisierung", die in materiellen Privilegien ihren Niederschlag fand:

> Die Dienstwagen haben wir uns organisiert über Autohäuser, neue Autohäuser, und Autofirmen, die ganz glücklich waren, dass sie uns Autos leihen konnten. Weil sie annahmen, wir würden dann sofort Werbung machen für

34 Lehmbruch: Zwischen Institutionentransfer und Eigendynamik, S. 52.

> sie. Also heute würden wir sofort unter Transparency-Verdacht geraten. Damals in den Wendemonaten war es völlig normal, dass man mal ein Vierteljahr einen großen Opel fuhr, ohne zu fragen: Und wer bezahlt das Ding eigentlich? Aber das gehörte zur anarchischen Umbruchssituation.

Auch der Techniker hebt die positiven Aspekte der kurzen Übergangsphase hervor. Der kurze Abschnitt des öffentlich-rechtlichen Rundfunks im Funkhaus von 1989 bis 1990 habe richtig Spaß gemacht, darauf folgten aber „die schlimmsten Erinnerungen", die er mit der Abwicklung verbindet. Der Bedeutungsverlust erfolgt schrittweise. Während der ersten Phase, die ich hier mit „Aufbruch" bezeichne, wurden auf nationaler Ebene die Weichen für den Einigungsvertrag gestellt. Das Funkhaus bleibt weiterhin in seiner Funktion als ein Ort von Kommunikation bestehen.

Abwicklung

Dann folgt die Delegitimierung des Funkhauses auf materieller und auf symbolischer Ebene, die zweite Phase der Abwicklung. Als der Rundfunkbeauftragte des Bundes mit seinem Mitarbeiterstab in den Herbstmonaten 1990 an der Nalepastraße eintrifft, verursacht sein Auftreten Befremdung, wie der Radiomoderator erinnert:

> Das müssen Sie sich vorstellen. Jeden Montag früh kam der wohl aus Bayern mit einer Mercedesflotte. Die kamen vom Flughafen Tegel und fuhren aufs große Gelände. Der Ortungsschlagbaum ging hoch und fünf oder sechs solcher Mercedes kamen an.

Auch der Bürgerrechtler betont, dass „große schwarze Mercedeskarossen plötzlich in den Parkverboten am Rundfunkgelände standen". Dieses „äußere Bild" sei sehr ungünstig gewesen. Der Rundfunkbeauftragte habe dann sein frisch renoviertes Büro im Turm aufgesucht, das vormals der Sitz der Gewerkschaftsleitung war. Man habe laut Dozent eine „Besatzungsmacht" wahrgenommen, die eine „Konquistadorenmentalität" an den Tag legte. So verweist der Objektleiter auf die Zuschreibung einer „roten Hochburg"[35]: „Das ganze Gelände haben die als rote Hochburg benannt und das musste abgewickelt werden." Einstimmig berichten meine Interviewpartner von ideologischen Vorbehalten, die der

35 Der Bildband von Hannes Wanderer und Andreas Göx greift den Titel der ‚roten Burg' auf, vgl. Hannes Wanderer / Andreas Göx: *Die rote Burg. Das Rundfunkgelände an der Nalepastraße.* Berlin: Peperoni 2007.

Radiomoderator in folgender Formulierung zuspitzt: „Na ihr Verbrecher, was habt ihr denn hier in den letzten vierzig Jahren so gemacht?“ Der Bürgerrechtler ergänzt eine Anekdote zur ideologischen Frontenbildung:

> Und ich weiß noch, unsere Sitzung im Leitungskreis, wo irgendjemand anders vorsichtige Einwürfe machte, dass man manche Dinge doch anders sehen müsste, und dann sagte der Rundfunkbeauftragte, also er kenne sich sehr gut aus, er sei schließlich nicht das erste Mal in Berlin, damit meinte er natürlich West-Berlin, und in Leipzig sei er auch schon gewesen, also in der DDR in Leipzig, 1947 sei er in Leipzig gewesen. Da sagte ich, ‚Herr […], 1947, da gab es die DDR noch gar nicht‘.

Die moralische Verurteilung der Rundfunk-Mitarbeiter beruht auf ihrer alltäglichen Verbindung zu einem im Realsozialismus systemrelevanten Ort. Kritische Töne zu Organisation und Durchführung der Abwicklung waren vom Rundfunkbeauftragten nicht erwünscht. So berichtet der Bürgerrechtler vom „Maulkorbparagraphen Dienstanweisung Nummer 001“, der ihm öffentliche Kommentare in seiner Funktion als Vize-Intendant untersagte und nach einigen Abmahnungen die fristlose Kündigung mit sich brachte.[36] Neben der späteren Einsicht, dass der Rundfunkbeauftragte sich habe durchsetzen müssen, sei er doch ein „chevaleresker Typ“ gewesen, der zu Weihnachten immer Unicef-Grußkarten verschickt habe, so der Bürgerrechtler.

Der „normale DDR-Redakteur“, der nicht im Leitungskreis mit dem Rundfunkbeauftragten zusammensaß, wusste dem Radiomoderatoren zufolge nicht, was auf ihn zukommen würde. Er hatte „auch Angst vor den Leuten“ und im Hinterkopf den Gedanken, „oh Gott, wie überlebe ich“. Ein Kriterium für den Personalabbau war eine Mitarbeit bei der Staatsicherheit. So setzt sich der Bürgerrechtler den Vorsatz, zwischen „ungemein fähigen Wortmenschen“ und „Tätern, die andere über die Klinge haben springen lassen“ zu unterscheiden. Zwischen den Mitarbeitern und Mitarbeiterinnen zu differenzieren, war keine gängige Praxis:

36 Vgl. Hildebrandt: Eine Lektion in Demokratie; Otto Köhler: Fort-Bildung. Wie Rudolf Mühlfenzl den Vize-Intendanten Jörg Hildebrandt aus dem Funkhaus Ostberlin feuerte. In: *Die Zeit*, 31.05.1991, http://www.zeit.de/1991/23/fortbildung (Zugriff am 28.01.2015).

> Für ihn [den Rundfunkbeauftragten] war alles, was er dort vorfand, Bolschewistenfunk, und er machte da wenig Unterschiede, wer wann dazugekommen war. Ich habe aberhunderte Gespräche mit Mitarbeitern, auch leitenden Rundfunkmitarbeitern geführt und da hab ich schon auch Menschen entlassen müssen. Die Gauck-Behörde gab es ja noch nicht, wir wurden mit Daten gestützt, in der Kartei der Staatssicherheit von 1988 habe ich einige Angaben gefunden zu Mitarbeitern, die als Offiziere in besonderem Einsatz oder eben als IMs[37] tätig waren, von denen haben wir uns verabschiedet. Da hab ich also versucht, wirklich zu differenzieren zwischen Tätern und einfachen Mitläufern. Die Mühe hat sich [der Rundfunkbeauftragte] nicht gemacht.

Auf diese Weise wird der Ort zum Täterort. Die politische Zäsur führt zum Bruch mit alltäglichen Handlungen und Praktiken. Es gilt, die Arbeitsbiographie vom delegitimierten Funkhaus Ostberlin zu lösen. Individuelle Strategien der Anpassung lösen den allumsorgenden Staat ab. „Das war dann für die Mitarbeiter sehr, sehr schwer, nach der Wende Arbeit zu kriegen“, so der Referent.[38] Ein negativ besetzter DDR-Diskurs entfaltet seine Wirkungsmächtigkeit. Einige stilisieren sich „von heute auf morgen als kolossale Widerstandskämpfer“, so der Radiomoderator. Sie entkoppeln ihre Biographien vom Täterort. Im gleichen Zuge verliert der DDR-Rundfunk seinen Namen. Die symbolische Aneignung des Ortes erfolgt über eine Umbenennung des DDR-Rundfunks in ‚die Einrichtung gemäß Artikel 36 Einigungsvertrag‘.
Nachdem der Rundbeauftragte sein Amt angetreten hatte, „hieß das nie wieder Rundfunk von hier in der Nalepastraße“, so der Objektleiter. Bis zum 31. Dezember 1991 ist das Funkhaus Ostberlin ‚die Einrichtung gemäß Artikel 36 Einigungsvertrag‘ und erfüllt weiterhin ihren öffentlichen Sendeauftrag.[39] Das Programm war allerdings an eine Institution ohne politische Legitimation geknüpft,

37 Das Kürzel IM bezeichnete sogenannte Inoffizielle Mitarbeiter der Staatssicherheit, deren Zahl in den 1970er Jahren bis auf 180.000 Personen anstieg. Im Februar 1990 erfolgte die Überprüfung der Mitarbeiter mittels Fragebögen. Bestätigte sich eine Stasi-Mitarbeit, wurde nach Vorgaben des Einigungsvertrages ohne Abfindung fristlos gekündigt. Die flächendeckende Bespitzelung der eigenen Bevölkerung galt als tragendes Fundament der DDR. Vgl. Der Rundfunkbeauftragte: *Rundfunk im Aufbruch*, S. 13; Bettina Effner / Helge Heidemeyer: *Flucht im geteilten Deutschland. Erinnerungsstätte Notaufnahmelager Marienfelde.* Berlin: be.bra 2005, S. 154–155.

38 Der Referent, ehemals tätig für die Jugendredaktion von Radio DDR und den Jugendsender DT64, gibt weiterhin Führungen durch das Funkhaus an der Nalepastraße. Die Zitate stammen aus unserem Gespräch vom 25. März 2011.

39 Bis 1993 senden dem Referenten zufolge Studios aus der Nalepastraße.

deren Name nicht mehr auf die vorherige gesellschaftliche Funktion ‚Hörfunk' rückschließen ließ.
Umbenennungen als Raumstrategien intervenieren in alltägliche Bedeutungsräume, indem sie Routinen stören und bereits etablierte Beziehungen zwischen Akteuren und Materialität irritieren. Aufoktroyierte Namen wie bspw. ‚die Einrichtung gemäß Artikel 36 Einigungsvertrag' produzieren Distanz. Der Techniker schildert den Namensverlust des DDR-Rundfunks, als er mir das Informationsblatt des Rundfunkbeauftragten überreicht:

> Interessant ist, dass man ja keinen Namen hier findet, sondern man hat immer von ‚Einrichtung' gesprochen. Das ist ‚die Einrichtung' hier. Gar keinen Namen hat's mehr gekriegt.

Diese Aussage spiegelt seine Irritation wider, die ihre Wirkung bis in die Gegenwart hinein entfaltet. Indem er mit der impersonalen Modusform „interessant ist" einleitet, bezeugt er seine distanzierte Haltung. Im letzten Teil der Aussage kommt seine Betroffenheit hervor. Dass ein Ort namenlos bleibe, steht für einen Bedeutungsverlust. Der bürokratisch einverleibte, delegitimierte Ort von Kommunikation bedeutet jedoch nicht nur für den Objektleiter ein „zweites Leben". So ist die Umbenennung in ‚die Einrichtung gemäß Artikel 36 Einigungsvertrag' als symbolische Aneignungsstrategie zu verstehen, die in den Narrationen der Gesprächspartner nicht mehr auftaucht. Der Name „die Einrichtung" bleibt ein Produkt von geplantem Raum, das in den individuellen Erinnerungen verblasst, auf materiellen Trägern bestehen bleibt.[40]
Während die Umbenennung der Einrichtung von oben auferlegt wurde, wählen die Journalisten neue Namen für ihre Programme. Bezeichnungen wie ‚Radio DDR', für den Radiomoderatoren „die Inkarnation von DDR", sind negativ konnotiert und hatten ausgetauscht zu werden. So wird Radio DDR zu Radio Aktuell, man zog laut Radiomoderator „den Namen aus der Tasche", weil es „irgendwie weitergehen sollte". Ein Programm mit dem Zusatz ‚DDR' im Titel stand für Vergangenheit, Radio Aktuell beanspruchte einen Platz in der neuen Hörfunklandschaft. Doch auch Radio Aktuell sendet am 31. Dezember 1991 zum letzten Mal aus den Studios am Funkhaus Nalepastraße. In seinem Abschlusskommentar

40 Vgl. Rainer Frenkel: Demokratie per Dienstanweisung. In: *Die Zeit*, 07.06.1991, S. 44.

Abb. 8: Abbau des Emblems von Radio DDR.

kurz vor Mitternacht des letzten Tages des Jahres 1991 bedauert der Radiomoderator das Ende der Bestrebungen, kollektiv am Ort weiterzuwirken:

> Es wird eine Stimme weniger geben. Ein gut funktionierendes, gut akzeptiertes Programm geht aus dem Äther. In knapp zwei Stunden stellt Radio Aktuell seine Sendungen ein. Auf Nimmerwiederhören. Das ist der Fakt. Wir Macher und sicher auch die meisten unserer Hörer sind seit Monaten mit dieser Tatsache vertraut. Ungezählte Anrufe und Briefe aus ganz Deutschland, aus dem Osten naturgemäß in besonders großer Zahl, haben uns in den letzten Monaten Mut gemacht. Nun sind wir am Ende unserer Bestrebungen, unserer Absichten [...].

Bereits etablierte Namen waren umkämpft. So ist auch der Berliner Rundfunk mit dem Funkhaus verknüpft. Als ein Sender mit gesamtstädtischem Anspruch im Titel, der bereits aus dem sowjetisch besetzten Haus des Rundfunks im britischen Sektor funkte, sollte der Berliner Rundfunk durch Ausgliederung und Privatisierung bestehen bleiben. Der Bürgerrechtler hinterfragt diese Entscheidung rückblickend: „Das war eben auch unsere Naivität, speziell meine auch, dass ich dachte, na ja, die werden sich schon halten. Was Privatrundfunk ist, haben wir damals in dem Ausmaß nicht erkennen können." Der Name ‚Berliner Rundfunk', den der

Kulturjournalist als einen „klassischen Rundfunk-Begriff" bezeichnet, kann bereits 1991 gesichert werden. Als ehemaliger Chefredakteur des Berliner Rundfunks versucht Letztgenannter, Mitarbeiter und Namen unter die Dachherrschaft des Landesrundfunks zu stellen. Der Sender sollte an die öffentliche Rundfunkanstalt angebunden werden, statt in die Privatisierung zu gehen. Der verantwortliche Intendant lehnt den Zusammenschluss jedoch „sehr brüsk ab". Auch der Bürgerrechtler, der als Funkhaus-Vize-Intendant bei dem Gespräch dabei war, erinnert fehlendes Einverständnis: „Sehr höflich, aber sehr kalt" wurde der Vorschlag zurückgewiesen. Die Gründe für das Scheitern der Ankopplung des Berliner Rundfunks an die öffentlichen Rundfunkanstalten sieht er in den politischen Vorgaben einer gesamtheitlichen Abwicklung des Objektes. Diese umfasste keine inhaltlichen Abspaltungen. So mutmaßt der ehemalige Chefredakteur des Berliner Rundfunks:

> Ich nehme an, dass da auch bestimmte Verpflichtungen zu Versorgungsleistungen der Mitarbeiter eine Rolle gespielt haben, dass man, wenn man sie nicht entlässt und dann auf deren Wiedereinstellung drängt, wo man noch mal selektieren kann, dass das bestimmt Ansprüche der ehemaligen Ost-Mitarbeiter geradezu provoziert. Aber ich denke, das war vor allen Dingen auch ein politischer Grund.

Der politische Grund liegt im Grundgesetz verankert, dem gemäß Rundfunk Ländersache ist. Nach dem Mauerfall hatte das Land Berlin zwei funktionsfähige Funkhäuser unter Hoheit eines einzelnen Bundeslandes zu stellen. Nach Artikel 36, Absatz 6 des Einigungsvertrages war die Einrichtung aufzulösen oder in Anstalten des öffentlichen Rechts weiterer Bundesländer zu überführen. Die konkrete Umsetzung dieser Direktive leitet eine nächste Phase ein. Ab dem 1. Januar 1992 überträgt der Bund seine Zuständigkeit an die Neuen Länder und das Land Berlin. Die Abwicklung des Personals ist beendet; übrig bleiben die Immobilie und die technische Ausstattung. Dozent, Techniker und Objektleiter sind weiterhin mit dem Ort verknüpft. Es folgt ein nächster Schritt der Delegitimierung, gespeichert in der Materialität des Funkhauses, die dritte Phase der Entwertung.

Entwertung

Die Erinnerungen von Dozent, Techniker und Objektleiter illustrieren, auf welche Art und Weise der Bedeutungsverlust an Materialität geknüpft ist. Die Entwertung von Gegenständen und Objekten ist die Kehrseite der von Raphael Samuel geschilderten Praktiken des Aufbewahrens: „Conservation […] is one of the major aesthetic and social movements of our time."[41] Die ehemalige Funktion des Funkhauses als Lagerstätte bringt nun Materialität in den Abwicklungsprozess hinein. Das Funkhaus-Ensemble war neben einer Musik-, Informations- und Kulturstätte gleichzeitig auch ein Logistikzentrum. Die Funkhauslager konservierten alltägliche Gebrauchsgegenstände. In den Hallen stapelten sich Büromaterial, Möbelinventar und Ersatzteile. Der Techniker kann einige dieser Lagerbestände noch benennen:

> Es gab Riesenlager mit Rohrmaterial, Riesenlager mit Arbeitsschutzkleidung, Papierlager, Lager mit Werbeartikeln, eine Riesenvorsorge von Schreibtischlampen, ein Raum nur mit Schreibmaschinen […].

Auch der Dozent berichtet von „halbrunden Hallen, da waren Möbellager untergebracht, von der Kaffeetasse über die Teppiche bis zur Bettwäsche war da alles zu haben." Dass im Funkhaus Gegenstände gesammelt wurden, lag in den ökonomischen Strukturen des Realsozialismus begründet. Die DDR litt an Devisenmangel. Die Größe der ehemaligen Furnierfabrik machte es möglich, Lagerbestände dort anzulegen. Seine erste Begegnung mit dem gesammelten Möbelinventar ruft bei dem Dozenten Erstaunen hervor: „Das kann doch wohl nicht wahr sein, was es dort alles gab!" Der Dozent, der 1988 an den Rundfunk-Lehrstuhl der Universität Leipzig[42] abgeordnet wird, darf zu diesem Zeitpunkt seine Wohnungseinrichtung aus den Möbeln für die Korrespondentenbüros zusammenstellen, die von dort verfrachtet und in die Welt verschifft wurden.

Sämtliche Lagerbestände gehen ab dem 1. Januar 1992 anteilig in das Eigentum der Neuen Länder und des Landes Berlin über. Der

41 Samuel: *Theatres of Memory*, S. 25.

42 Der Rundfunk stellte an der Fakultät für Journalismus einen eigenen Lehrstuhl. Im Realsozialismus ausgebildete Journalisten wurden im Sinne von Lenin zu kollektiven Agitatoren, Propagandisten und Organisatoren der Partei erzogen. In den Worten des Radiomoderators implizierte dies für den Journalisten, dass er die Linie der zentralistische Lenkung als Agitator zu protegieren hatte. Er hatte sie zu untermauern, er hatte sie zu erklären und er hatte sie mitzuorganisieren, indem er zu Kampagnen aufrief. Siehe zum Arbeitsalltag von DDR-Journalisten auch Michael Meyen / Anke Fiedler: *Die Grenze im Kopf. Journalisten in der DDR*. Berlin: Panama 2011.

Abb. 9
Titelseite des Informationsblattes des Rundfunkbeauftragten des Bundes.

Techniker findet in der länderverwalteten Liquidationsgesellschaft eine neue Anstellung. Er wird übernommen – zusammen mit „allen, die noch übriggeblieben waren." Das Restpersonal hat den Auftrag zu befolgen, den Restbestand zu inventarisieren. Anfangs ist der Umgang mit den Gegenständen von Respekt und Achtsamkeit geprägt:

> Von der Straße aus sieht man so eine Art Mehrzweckhallen, das waren damals schon Lagerhallen für Möbel und so was alles. Da mussten wir in der ersten Zeit noch alles, was brauchbar an Möbeln ist, vorsichtig heruntertragen und aufbauen.

Die Möbel in den Lagerhallen sehen sie als Gebrauchsgegenstände, die mit Vorsicht zu behandeln waren. Auch der Dozent sichtet für einen kurzen Zeitraum Tonbänder. Er war derselben Liquidationsgesellschaft wie der Techniker zugeordnet, einer „Arbeitsgruppe, die helfen sollte, sozusagen das ganze Gelände abzuwickeln." Nur zwei Wochen bleibt der Dozent am Ort, „dann hatte ich etwas anderes, das war ja nur eine zeitweilige Geschichte." Er löst sich vom Funkhaus und macht sich als PR-Berater selbständig.
Der Techniker arbeitet weiterhin im Funkhaus. Im nächsten Schritt muss die Arbeitsgruppe den Bestand schriftlich dokumentieren.

Sie rennen „irrigerweise herum", um Listen zu erstellen, bemühen sich um eine detailgetreue Auflistung. Die Arbeitsgruppe braucht ein Jahr, um die Inventur der Lagerbestände des Funkhauses Ostberlin fertigzustellen. Adressaten dieser Listen waren die im Aufbau begriffenen Rundfunkanstalten der Neuen Bundesländer. Doch wollten diese eine veraltete technische Ausstattung[43] nicht übernehmen. So folgt ein Lagerverkauf. Privatpersonen konnten Radio- und Fernsehgeräte in einem bestimmten Zeitraum günstig erwerben. Viele ehemalige Mitarbeiter kaufen alte Geräte, um sie im privaten Wohnraum unterzustellen, zu nutzen, zu lagern: „Die könnte man lange wegschmeißen", so der Dozent über die Praktik des Aufbewahrens, aber das Gerät habe für ihn einen symbolischen Wert.[44] Die Artefakte ohne Verwendung in einem Funkhaus ohne Rundfunkmandat verlieren ihre Verknüpfung zum Ort. Der Objektleiter schildert den Bedeutungsverlust der Materialität, die bis zur politischen Zäsur seinen Arbeitsalltag prägte:

> Das war eine schlimme Zeit dann gewesen. Man war mit Leib und Seele bei der Arbeit gewesen, hat das mit aufgebaut oder die ganze technische Versorgung abgewickelt, und dann über Nacht- und Nebelaktion wurde das alles eingestampft, keine Hochachtung, sondern es wurde alles verschrottet, abgebaut, und dann hieß es nie wieder Rundfunk in der Nalepastraße!

Die Abwertung der Individuen manifestiert sich im Umgang mit den Dingen. Das, was in der Vergangenheit Wert besessen hat, ist im veränderten normativen Rahmen entwertet. Vormals gültige Praktiken, Ersatzteile zu lagern, vormals geltende Unterscheidungen zwischen Neu- und Altgeräten werden nach der Zäsur ungültig. Nicht nur die Bedeutungsräume wandeln sich, sondern ebenso die Verortung von Materialität im wirtschaftlichen Wertekreislauf.
Die Verknüpfung zwischen Abwertung und Entwertung illustriert die Titelseite des Informationsblattes des Rundfunkbeauftragten

43 Wegen Devisenmangels war der Erwerb neuer Technik aus dem nichtsozialistischen Ausland unmöglich. Zwar existierte ein Abkommen zur gegenseitigen Wirtschaftshilfe sozialistischer Länder. Der Rat gegenseitiger Wirtschaftshilfe teilte die Zuständigkeiten für die Herstellung bestimmter Produkte unter den verschiedenen sozialistischen Ländern auf. Bis zu den 1970er Jahren wurden Studiogeräte mit Röhrentechnik beispielsweise in Ost-Berlin produziert, danach bekam die ungarische Volksrepublik den Auftrag, so dass in sämtlichen Studios die gleichen Geräte standen, wie der Referent erinnert: „Die waren eben einfach verschlissen, als das hier 1990 zuende ging."

44 Vgl. Abschnitt „Forschungsstand", S. 19–27, hier S. 23.

des Bundes. Eine Zeichnung mit zur Pyramide aufgetürmten, lächelnden TV- und Radiogeräten steht im Kontrast zum Erfahrungsraum des Technikers:

> Das Wissen, was man jahrzehntelang gehütet hat, was weiß ich, bei uns wurde ein Altgerät nicht gleich weggeschmissen, das wurde erstmal hingestellt, da konnte man ja noch Ersatzteile gewinnen draus. Und auf einmal wurden aber die Neugeräte weggeschmissen, die man gehütet hatte. Und man hatte ja auch ungefähr eine Ahnung, was das alles kostete.

Der Techniker hat nicht die Möglichkeit, die Entwertung der Materialität aus der Ferne zu betrachten. Er hatte sie selbst umzusetzen. Die Erinnerungen daran, dass er neue, für ihn wertvolle Technik entsorgen muss, verknüpft er mit seinem Körper. Er spricht von „schlimmsten Erinnerungen, die auch körperlich“ in Erscheinung getreten sind. Seine Arbeitsbiographie scheint eng mit diesen Geräten verknüpft. Er ist mit der technischen Entwicklung mitgegangen, hat erst Röhrengeräte repariert, macht sich dann mit der Transistertechnik vertraut. Dass er die Gebrauchsgegenstände entfernen musste, die seinen alltäglichen Wahrnehmungsraum bestimmt haben, verändert seine Herangehensweise. Nicht mehr der intakte Gegenstand zählte, sondern der Wert des Materials, so dass Möbel in ihre Einzelteile zerlegt wurden: „Also, nun brauchen wir auch nicht mehr den Schrank hier heruntertragen, nun drücken wir den zusammen und nehmen nur die Holzteile runter.“

In letzter Konsequenz fallen soziale Norm- und Wertestrukturen in sich zusammen. Technische Geräte, vormals schriftlich beim Pförtner dokumentiert, landen auf direktem Wege im Abfallcontainer. „Hätte er das gewusst, hätte er früher zugeschlagen“ – der Techniker realisiert zu spät, dass es hier einen Möglichkeitsraum für einen laut Selbstbezeichnung „passionierten Bastler“ gegeben hätte. Er bedauert, nicht frühzeitig Geräte in den persönlichen Besitz gebracht zu haben und bewertet diese Entwicklung negativ. Vormals gültige soziale Werte- und Normstrukturen verlieren an Bedeutung – er wurde „korrupt“:

> Dann bin ich zum Pförtner gegangen, da waren schon keine Polizisten mehr, und hab den Schein gezeigt: Was willst Du mit dem Schein, meinst Du ich gucke, was in dem Container hier drinnen ist? Nimm mal mit, was Du willst. Und da hat man auf einmal gedacht: Mensch, jetzt ist das Schönste schon raus. Hättest Du das mal eingesteckt, dann wäre es Deines gewesen! So korrupt wurde man dann!

Die Erinnerungen an einen Bedeutungsverlust des Ortes und die Entwertung der Materialität greifen ineinander. Der Prozess der materiellen Entwertung ging mit einer individuellen Entwertung einher, die letztendlich einen Zerfall sozialer Werte- und Normstrukturen zur Folge hatte.
Auch wenn nur wenige in dieser von mir betitelten Phase der „Entwertung" am Ort beschäftigt bleiben, zieht es viele ehemalige Mitarbeiter an das Funkhaus Ostberlin zurück. Radiomoderator, Kulturjournalist, Referent und Dozent berichten von niederschlagenden optischen Eindrücken. Die Verschmelzung mit der Materialität des Ortes ist jedoch eine schichtspezifische Erfahrung der Arbeiter, die den Journalisten erspart geblieben ist. So erinnert der Kulturjournalist:

> Also ich war nach dem einunddreißigsten Dezember [1991] dann so gut wie nicht mehr im Rundfunk. Ich hab dann gerade mal noch, wenn ich am Wochenende in Berlin war, bin ich da hingefahren, hab das mir angesehen, wie die Container gefüllt wurden mit Akten und Büroschrott und das war so deprimierend, einfach diese optischen Eindrücke, dass ich heilfroh war, dass mir das erspart geblieben ist.

Der Bedeutungsverlust des Funkhauses Nalepastraße kann mittels einer Entwertung der Gegenstände beschrieben werden. Dabei sind die Erfahrungsräume von Techniker und Objektleiter besonders eng mit Materialitäten verflochten. Wenn die Technik entsorgt wird, verliert der Techniker seine Werkzeuge. Dass er den Prozess der Entwertung selbst umzusetzen hatte, ließ meinen Interviewpartner die schmerzliche Erfahrung körperlich nachfühlen.
Das Funkhaus Nalepastraße wird sukzessiv in drei Phasen delegitimiert: In der ersten Phase des Aufbruchs von November 1989 bis Oktober 1990 bleibt der DDR-Rundfunk als ein Ort der Kommunikation in Sendebetrieb. Nach dem Einigungsvertrag verliert der Rundfunk seinen Namen und wird zur ‚Einrichtung gemäß Artikel 36 Einigungsvertrag'. In dieser zweiten Phase der Abwicklung von Oktober 1990 bis Dezember 1991 verlieren viele Angestellte ihren Arbeitsplatz, einige Interviewpartner erleben allerdings auch einen beruflichen Aufstieg. Die dritte Phase der Entwertung von Januar 1992 bis Januar 1993 ist von der Entsorgung der Lagerbestände bestimmt. Materialität spiegelt in allen drei Phasen soziale Prozesse wider. Das Kapitel „Verknüpfungen" zeigt an, dass Bedingungen der Vergangenheit auf Individuen und Orte wirken. Erinnerungen

Abb. 10
Logo des Rundfunks der DDR.

brauchen eine ständige Referenz zur Dinglichkeit. In dieser Hinsicht sind die Auswirkungen der politischen Zäsur in alltäglichen Praktiken erlebbar. Meine Gesprächspartner schildern die Auswirkung der Abwicklung auf subjektive Handlungsschemata.

5.4 Aneignung

Wegen zu hoher Betriebskosten verkaufen die Neuen Länder und das Land Berlin das gesamte Objekt im Jahr 2005. Der Käufer trennt drei separate Teilgrundstücke voneinander ab. 2006 ersteigert ein Entwicklungsträger den denkmalsgeschützten Bereich des Funkhauses. Angelehnt an die Vergangenheit des Ortes wählt er den Namen „Rundfunk-Zentrum". Indem er das Funkhaus Nalepastraße weiterhin als Rundfunk-Zentrum bezeichnet, versucht er, Vergangenheit und Gegenwart miteinander zu verknüpfen. Eine politische Ausrichtung ist nicht gewollt. So erklärt die Immobilienverwalterin die Namenswahl:

> DDR-Rundfunk war das. Aber es gibt ja keine DDR mehr und es war Teil des Einigungsvertrages zwischen der DDR und der Bundesrepublik Deutschland, dass mit Wiedervereinigung der DDR-Rundfunk eingestellt wird. Also es gibt seit 1990 keinen DDR-Rundfunk mehr, ja?

Vom Namen Rundfunk-Zentrum auf eine Rundfunknutzung zu schließen, sei allerdings missverständlich: „Wir betreiben ja keinen Rundfunk, wir sind ja ein Projektentwickler", so die Immobilienverwalterin. Ein betiteltes „Rundfunk-Zentrum" beansprucht

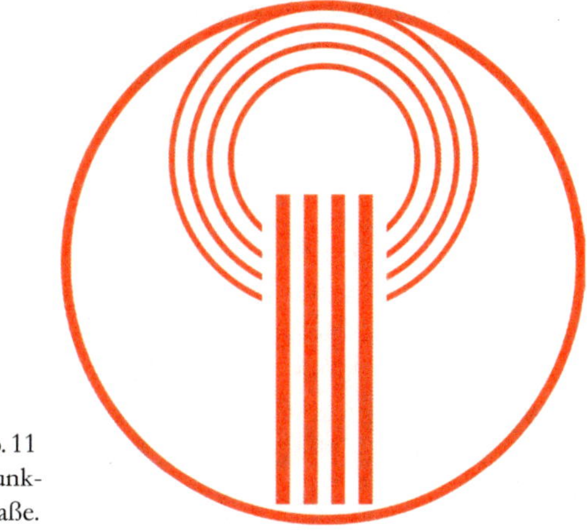

Abb. 11
Logo des Rundfunk-Zentrums Nalepastraße.

Bedeutungsräume der Vergangenheit, um die Gegenwart zu beschreiben. Gleichzeitig führt die Ähnlichkeit des Westberliner Rundfunks und des Ostberliner Rundfunk-Zentrums zu Verwechslungen. Der Objektleiter erzählt: „Wir hatten hier schon Kunden gehabt, die für eine Produktion ins Funkhaus wollten. Und viele dachten, das hier wäre das Funkhaus." Das Land Berlin hat zwei Funkhäuser. Doch Rundfunk gibt es am Funkhaus Nalepastraße seit den 1990er Jahren nicht mehr.

Die Vergangenheit durchwirkt die Gegenwart gleichermaßen im Firmenlogo. Ein Turm mit Funkwellen, vier hervorgehobene Striche nebeneinander, die im oberen Abschnitt von vier umeinander angeordnete Kreisen durchschnitten werden, war das Logo des Rundfunks der DDR. Der Entwicklungsträger veränderte das Symbol leicht – die Kreise schneiden die Balken nicht mehr – und schöpft ein weiteres Mal aus der materiellen Konstitution des Ortes. Nur der Objektleiter kommentiert die symbolische Aneignung mit den Worten: „Das ist eine Kopie, sag ich nur. Das hat er an sich genommen, das Symbol." Indem er das Logo als Kopie bezeichnet, kritisiert er implizit die Diskrepanz von geplantem und gelebtem Raum. Dass ein Rundfunk-Zentrum mit dem leicht veränderten ehemaligen Logo des DDR-Rundfunks keinen Sendebetrieb aufrechterhalte, macht das Symbol zur leeren Hülle. Der Name „Rundfunk-Zentrum" taucht in den Schilderungen des Objektleiters nicht auf. Den Ort namentlich zu bezeichnen, bereitet ihm Schwierigkeiten:

> Funkhaus ist das ja im Prinzip auch nicht mehr. Hier werden doch keine Sendungen gefunkt oder übertragen. Das ehemalige Funkhaus Nalepastraße. Oder das ehemalige DDR-Rundfunkgebäude. Das sage ich auch ab und zu noch. Aber Funkhaus ist für mich kein Bezugspunkt mehr. Wir haben hier in Berlin ein Funkhaus und das ist in der Masurenallee. Funkhaus Masurenallee.

Akteure und Eigentumsverhältnisse wechselten, das Funkhaus bleibt materiell bestehen. Nur der Objektleiter ist während sämtlicher Eigentumsphasen im Funkhaus beschäftigt. Erst arbeitet er von 1986 bis 1990 als Klimatechniker im DDR-Rundfunk. Dann baut er mit anderen für die ‚Einrichtung gemäß Artikel 36 Einigungsvertrag' das Emblem von Radio DDR ab.[45] Er betreut die technische Anlage weiterhin, nun als Angestellter einer Gebäude Betriebstechnikfirma im Auftrag der Neuen Länder und Berlins. Als die Länder verkaufen, ist er für einige Stunden vom Funkhaus Nalepastraße getrennt. Doch der Neubesitzer kann die Technik nicht bedienen und ruft ihn zurück. Der Objektleiter ist der einzige Gesprächspartner, der den Bedeutungsverlust des Ortes kontinuierlich mit seinem alltäglichen Erfahrungsraum in Verbindung bringen kann.

5.5 Rechtfertigungsstrategien

Im Folgenden möchte ich zeigen, dass die Wertung eines Täterortes auf der Makroebene über Diskurse in die Gegenwart durchdringt. Die ideologisch geprägte Abwertung journalistischer Arbeit, vom Bürgerrechtler in der Formulierung „Bolschewistenfunk" auf den Punkt gebracht,[46] ist klar in die Phase der Abwicklung einzuordnen. Auch zwanzig Jahre später dominieren negative Konnotationen die Narrative meiner Gesprächspartner. Die Analyse bringt Rechtfertigungsstrategien hervor, die ferner an den Beispielen des Technikers, des Kulturjournalisten, des Objektleiters, des Referenten und des Dozenten beleuchtet werden.

Der Techniker trennt seine ausführende Arbeit von der konzeptionellen politischen Arbeit der Journalisten. Wer für ‚Spulentechnik' gearbeitet habe, hatte mit ‚Nachrichten' nichts zu tun. Während die eine Seite Wissen produzierte, sorgte die andere Seite für die

45 Vgl. S. 93, Abb. 8.

46 Vgl. das Zitat des Bürgerrechtlers auf S. 91.

technische Umsetzung. In diesem Sinne leisteten Mitarbeiter der Spulentechnik dem Techniker zufolge keine politische Arbeit:

> Also, ich hab hier immer nur 'ne Perspektive in der Arbeit gesehen, die ich hier für die Technik leisten konnte. Politische Arbeit hab ich hier nicht geleistet. Ich hab immer betont, dass ich bei der Spulentechnik beim Rundfunk arbeite. Ich wollte immer, dass ich ein Postmitarbeiter bin: Ich bin Studiotechniker! Denn Nachrichten, damit hab ich nichts zu tun!

‚Politisch waren die anderen' – der Techniker grenzt klar ab zwischen Wissensvermittlung und der technisch ausführenden Ebene. Das Motiv der politischen Arbeit steht im Kontext eines Täterortes. Politisch zu agieren, wäre möglich gewesen, und zwar über den Akt der Sabotage. Derart argumentierend, greift der Techniker Widerstandsmuster auf. Diese Idee lässt er im Diskurs sofort wieder fallen, denn der Sabotagewille eines Einzelnen hätte im Gesamtsystem wenig verändert. Ein Nächster hätte bereitgestanden, um den Schaden zu beseitigen:

> Ich hab politisch mich hier nicht betätigt im Haus. Immer nur technisch, wenn man so will. Aber man war mit dieser Politik natürlich verbunden. Man wusste genau, was hier passiert. Und man wusste auch genau, wenn man es hätte wollen sabotieren können, hätte man es auch sabotieren können. Also, wäre mir ein Kleines gewesen. Aber wozu denn? Hätte ich es zerschnitten, hätte der andere es wieder zusammengelötet.

Aus der Erzählperspektive der Gegenwart kristallisiert sich ein negativ konnotierter DDR-Diskurs heraus, der die Verhaltensmuster mitbestimmt. Eine Sabotage als Widerstandsakt stimmt jedoch nicht überein mit der Selbstbeschreibung des Technikers als „passionierter Bastler und Fummler". Die normative Wertung als ein Täterort, die sich im kulturellen Gedächtnis auf der gesellschaftlichen Makroebene etabliert hat, produziert besagte Rechtfertigungstaktik, die in der Überlegung eines Sabotageaktes geäußert wird. Auch der Objektleiter trennt seine Arbeit vom Politischen. Demnach habe er noch im DDR-Rundfunk Ende der 1980er Jahre vom Urlauberaustausch mit dem französischen Rundfunk profitiert. Familiäre Kontakte in die Alten Bundesländer hätten das „eigene Meinungsbild" gefestigt. Schließlich habe er im Personalbogen-Anhang „die ganze westliche Verwandtschaft" aufgezählt, während viele das unterdrückt hätten, „um überhaupt an den Posten zu kommen." Er hätte dies im Vorfeld schon getan. Der Kulturjournalist berichtet von „ganz kleinen subversiven Akten" in der journalistischen Praxis. So habe die Wahl bestanden, reine Parteipropaganda im Originalton sprechen zu lassen oder kritischen Autoren ein Interview als Erklärungsplattform anzubieten. Der Dozent erwähnt ein gelegentliches Übertreten der Linie, ohne aber die ‚Schere im Kopf' zu vergessen:

> Man wusste immer, wie weit man gehen kann, politisch. Ja, es gab eine Linie, die hat man eingehalten. Und dann gab es eine gewisse Grenze, die konnte man ziemlich weit ausfahren. Aber bestimmte Sprachregelungen, die gegeben wurden, über bestimmte Dinge nicht zu reden. Da gab es jeden Tag Argumentationen[47], die von oben kamen, die hat man natürlich eingehalten, ist ja klar. Da war ich ja noch überzeugt von den Dingen, die da passierten.

Sein Weltbild erleidet Ende der 1980er Jahre erste Risse, zur Zeit in Leipzig, als er junge Studierende ausbildet, „von denen habe ich sehr viel aus Sicht der jungen Leute auf die Zustände auf die DDR gelernt". Auch hier bleibt fraglich, inwiefern diese Äußerung auf negativ geprägte DDR-Diskurse der Gegenwart zurückzuführen ist. Ein Dozent am Rundfunk-Lehrstuhl an der Fakultät für Journalismus vertrat und repräsentierte die politischen Leitlinien, er hatte sie zu erklären und zu verkörpern. Dass hier ein hierarchisiertes Verhältnis in der Auflösung begriffen war, ist im Kontext der Wertung als Täterort auf der Makroebene zu lesen. Darauf deutet eine weitere Formulierung: Das „hautnahe Miterleben" der Leipziger Montagsdemonstrationen, die sich allerdings „vor den Fenstern" ohne eigene Partizipation abspielten. An seinem letzten Arbeitstag bekommt der Dozent den Auftrag seines Chefredakteurs, live Bericht zu erstatten, „zum ersten Mal von einem DDR-Radio".[48] Zurück im Funkhaus gibt es verschiedene Reaktionen auf seine Reportage. Die einen hätten ihn still am Arm gefasst, die anderen, laut Dozent die „Oberchefs", seien mit sturem Blick an ihm vorbeigegangen. Einzig der Referent beantwortet die Frage nach politischer Arbeit dahingehend, indem er über sein Engagement

47 Argumentationen erteilte laut Informationen meiner Gesprächspartner die Agitationskommission des Zentralkomitees. Argumentationen waren Anleitungen, die wöchentlich an die Chefredakteure oder ihre Stellvertreter und Stellvertreterinnen durch verschiedene Büros und Mitglieder, in diesem Fall dem Verantwortlichen für Rundfunk, weitergegeben wurden. Derart skizzierte Empfehlungen wurden in einer Informationskette über das Rundfunkkomitee bis zum Intendanten des Senders und in die jeweiligen Redaktionen getragen.

48 Hepperle: Durchsetzung des westdeutschen Ordnungsmodells: Rundfunk und Fernsehen.

in der betrieblichen Zivilverteidigung berichtet. Die betriebliche Zivilverteidigung hatte ihren Ursprung in den historischen Kontextbedingungen des Kalten Krieges. Die Bedrohung durch den „Klassenfeind" erzeugte einen „permanenten Kriegszustand", so der Referent. Institutionen mit strategischer Bedeutung wie das Funkhaus besaßen einen Zivilschutzbeauftragten, der einzelne Abteilungen für Krisenfälle zu schulen hatte. Der Referent war der Sicherheitsbeauftragte von Radio DDR. Er ordnet seine damalige politische Arbeit in eine „Weltlage" ein, die von der Frontenbildung im Kalten Krieg dominiert wurde:

> Ja, und aus dieser gesamten politischen Weltlage, politischen und militärischen, da haben Sie dann eben Dinge, die in den einzelnen Ländern eingerichtet wurden, hier eine Zivilverteidigung, in Westdeutschland nannte sich das glaube ich Heimatschutz.

Das Motiv politischer Arbeit stellt sich als Referenzpunkt heraus. Die Akteure schildern Rechtfertigungsstrategien, die mit der Zuschreibung des Ortes als Täterort auf der gesellschaftlichen Makroebene zu erklären sind. Mittels Praktiken des Widerstandes wie subversiven Akten beim Zusammenstellen von Sendungen oder einer Reportage zu den Leipziger Montagsdemonstrationen entfaltet ein negativer DDR-Diskurs bis in die Gegenwart seine Wirkungsmächtigkeit. *Politisch waren die anderen* – nur der Referent und der Radiomoderator stehen für ihre politische Linie ein: Letzterer mit seiner Behauptung: „wir waren natürlich in diesem Radio alle keine Helden da", der Referent, indem er seine Tätigkeit als Zivilschutzbeauftragter beschreibt.

5.6 Materialität als Bedeutungsträger

Im Mittelpunkt stehen abschließend Prozesse der Identifizierung. Inwiefern haben meine Gesprächspartner narrativ eine homogene Erinnerungsgemeinschaft generiert, inwieweit erfolgen Abgrenzungen zu weiteren gesellschaftlichen Gruppen? Der Gemeinschaftsbegriff ist hier nicht über räumliche Faktoren definiert, sondern basiert in Anlehnung an Jean Lave und Etienne Wenger auf sozialen Interaktionen.[49]

49 Vgl. Jean Lave / Etienne Wenger: *Situated Learning. Legitimate Peripheral Participation.* Cambridge: Cambridge UP 1991.

Abb. 12: Wandmosaik des Trunkenen im Funkhaus Nalepastraße.

Der Radiomoderator erinnert eine „große homogene Gemeinschaft, mit viel Ironie, mit viel Zynismus“. Der Techniker nimmt hingegen die „Herren Sprecher“ wahr, welche „die Laufburschen, Hilfsarbeiter“ für sämtliche Pannen im Sendebetrieb zur Rechenschaft gezogen hätten. Die Arbeiter hätten auf der unteren Stufe der hierarchischen Leiter gestanden und seien nicht Teil einer sozialen Gemeinschaft gewesen:

> War doch bei uns ein Schlagwort, ‚wir sind die Kulis, wir müssen wieder ran‘. Also nicht ganz so wie Leibeigene. Also wir waren die Techniker, wir haben auch finanziell weitaus schlechter gestanden wie die Leute und wenn irgendetwas nicht geklappt hat, dann waren nicht die Herren Sprecher schuld, sondern dann waren wir schuld, weil die Technik gestreikt hat. Und die haben auch ständig neue Forderungen gehabt, dass sie wieder etwas brauchen und dieses und jenes und wir mussten immer machen.

Ein Ort, der von vielen meiner Gesprächspartner mit Gemeinschaft verbunden wurde, war eine Kneipe auf dem Funkhausgelände. Die Sockelklause lag in den Kellergewölben von Block E. Sie war für den Kulturjournalisten „nicht gerade ein magischer Ort“, wo zusammengesessen, gegessen und getrunken wurde. Er beschreibt Kellerräume mit einem Tresen, an dem „Kuchen bestellt und schlechter Kaffee“ erworben werden konnte, aber auch „jede Sorte Schnaps“ ausgeschenkt wurde. Der Name „Sockelklause“

habe ihm zufolge auf „diesem schrecklichen senffarbenen Ölsockel“ beruht. An jenem Ort kamen die Mitarbeiter und Mitarbeiterinnen des Rundfunks regelmäßig zusammen. Nicht alle hätten während ihrer Arbeitszeit Alkohol konsumiert. Diejenigen, die laut Kulturjournalist dort regelmäßig tranken, waren die Beschäftigten aus den Bereichen Wirtschaft und Innenpolitik. Der Radiomoderator rekonstruiert „eine große homogene Gemeinschaft“, die „manchmal auch mit erheblichem Alkohol“ funktionierte, „weil man ja sehend im Arbeitsalltag spürte, was hier los war“. Der Kulturjournalist grenzt sich ab von den Zusammenkünften in der Sockelklause, „wo die Trinkerzunft sich regelmäßig versammelte, bevor sie ihre Kommentare schrieb“. Die Pflicht, tagtäglich optimistische Kommentare zur maroden Wirtschaftslage abzuliefern, habe nicht die Kaffeekonsumenten aus der Kulturredaktion betroffen:

> Wir haben dort gerade mal einen Kaffee getrunken, ja? Aber für uns wäre es eigentlich nicht denkbar gewesen, sich dort zu ’nem Schnaps hinzusetzen. Das machten die aus der Innenpolitik und der Wirtschaft.

Inhaltliche Gespräche seien in der Sockelklause schwer möglich gewesen, denn einige dort Anwesende hätten für die Staatssicherheit gearbeitet. Während der Kulturjournalist das regelmäßige Trinken einer Diskrepanz zwischen alltäglicher Erfahrung und Linienvorgabe zuschrieb, ist die Sockelklause für den Radiomoderator ein Ort, der Gemeinschaft herstellte. Die Sockelklause ist ein Teilchen inmitten vieler materieller Mosaikstücke, die seinen Arbeitsplatz „zur Heimat machten“:

> Es gab die kuriosesten Dinge, die einem den Arbeitsplatz zur Heimat machten, also zu einer Art zuhause machten. Wenn Sie sehr lange in so einem Haus gearbeitet haben, dann sind ihnen natürlich auch die Örtlichkeiten vertraut. Da sitzt man eben ganz gern in einer Sockelklause oder irgendwo, weil man dort viele Erinnerungen hat.

Während der Radiomoderator von einer homogenen Gemeinschaft spricht, etablieren der Techniker und der Kulturjournalist Abgrenzungen. Der Techniker, indem er soziale Positionen von Journalisten und Rundfunktechnikern unterscheidet und ein hierarchisiertes Gefälle kritisiert (die „Kulis“ und die „Herren Sprecher“), der Kulturjournalist, indem er spezifischen journalistischen Abteilungen einen regelmäßigen Alkoholkonsum zuschreibt und damit seine fehlende Gruppenzugehörigkeit andeutet. Um die Erinnerungen zu bestätigen, weist der Techniker auf ein Wandmosaik im Funkhaus

hin, das einen trunkenen Mann mit einer Flasche in der Hand zeigt, der auf die stützenden Hände anderer angewiesen ist. Hier bildet Materialität einen weiteren Referenzrahmen für Erinnerungen.
Sich mit bestimmten Gruppen zu identifizieren und von anderen sozialen Gruppen abzugrenzen, ist in diesem Beispiel sozialen Konstellationen der Vergangenheit zuzuordnen. Daran ist die Frage gekoppelt: Kann die Materialität des Funkhauses in der Gegenwart weiterhin Gemeinschaft produzieren?
Die Ansätze meiner Interviewpartner, Erinnerungen mit räumlichen Strukturen zu verknüpfen, scheitern an den Eigentumsstrukturen des Ortes. Zwei Erzählungen veranschaulichen das Scheitern der Wechselwirkung von Materialität und Gedächtnis.
Der Dozent plante für Sommer 2010, eine Feier zum runden Geburtstag in den Funkhaus-Räumlichkeiten zu veranstalten. Mehrfach betont er, die Initiative zur Wahl des Funkhauses wäre nicht von ihm gekommen, sondern von seiner sozialen Umgebung an ihn herangetragen worden. Langsam aber habe er sich dann mit der Idee angefreundet und schließlich nachgefragt, ob die Milchbar zu mieten wäre.
Die Milchbar ist ein privat geführter Imbiss, der auf dem Funkhausgelände liegt. Von der Fensterfront aus schaut man auf den Fluss. Nachdem er eine Zusage erhalten hatte, organisierte der Dozent alles Nötige, um draußen zusammensitzen zu können. Das Inventar für eine Feier war nicht mehr vorhanden. Dies bedeutete erst einmal kein Problem für die Betreiber der Milchbar: „Tische, Stühle, Sonnenschirme, alles musste da hingeschleppt werden. Hätten die gemacht“. Einige Monate vor der Sommerfeier kam dann die plötzliche Absage:

> Ich wollte dann eine Besichtigung machen mit meinen Freunden und Verwandten, die das ja alles eigentlich gar nicht so kennen, dieses Gelände, und dann wollten wir da feiern. Und da kriege ich eine Absage, weil die das im Sommer vermietet hatten an irgendeine größere Fernsehproduktion. Da war alles aus und ich musste mich umorientieren. Und es ist vielleicht auch gut so, weil ich diesen Teil meines Lebens lange abgeschlossen habe. Ich hätte es für die Leute gemacht, weil ich denen etwas Interessantes hätte bieten können.

Den runden Geburtstag am ehemaligen Arbeitsort zu feiern, stand in Einklang mit dem Wunsch, Erinnerungen auszutauschen und Gedächtnis zu festigen. An einem „interessanten Ort“ hätte diese Geburtstagsfeier stattgefunden. Doch sein Vorhaben scheitert,

Abb. 13
Milchbar im Funkhaus.

Erinnerungen an Materialität sinnstiftend zu knüpfen. Trotz anfänglicher Vorbehalte gibt der Dozent den Drängen seiner Bekannten nach, denn das Funkhaus ist ein Ort mit symbolischer Bedeutung, die eng mit seiner Arbeitsbiographie verknüpft ist. Er hatte geplant, die Geburtstagsfeier „für die Leute“ zu machen und in das Fest eine Besichtigung des Geländes einzubetten. Dabei betont er noch während unseres Interviews, nach seinen negativen Erfahrungen der Abwicklung[50] das Rundfunk-Gelände nicht wieder betreten zu wollen. Die Absage besitzt im Kontext seiner Arbeitsbiographie eine doppelte symbolische Kraft. „Da war alles aus und ich musste mich umorientieren.“ Prägende Erfahrungen der Vergangenheit kommen im Sinne Avery Gordons als Erfahrungsmuster in die Gegenwart zurück.[51] Gefühle der Abwertung treten erneut mit dem Ort in Verbindung, wenn auch unter wechselnden Akteuren.
Im gleichen Sinne beansprucht der Radiomoderator das Funkhaus, um die Wirkung des Ortes gemeinschaftsbildend einzusetzen. Er trifft jedoch die Entscheidung, außerhalb des Geländes zusammenzutreffen. Alljährlich organisiert er in einer Gartenkneipe einer anliegenden Schrebergartensiedlung das Treffen, zu dem er

50 Er sichtete im Januar 1992 für zwei Wochen Tonbänder.
51 Vgl. Gordon: *Ghostly Matters*, S. 63.

ehemalige Mitarbeiterinnen und Mitarbeiter von Radio DDR einlädt. Die Kneipe liegt in unmittelbarer Nähe des Flusses. Die materiellen Konfigurationen ihres ehemaligen Arbeitsortes können aus der räumlichen Nähe mit der nötigen Distanz betrachtet werden. Der Radiomoderator sieht sich in der Verantwortung, ein Treffen zu organisieren. Er hätte auch einen Ort auswählen können, der weniger peripher gelegen ist. Doch seine Wahl fällt auf die unmittelbare Umgebung:

> Ich habe auch aus dem Impetus heraus, ‚du warst der letzte Chefredakteur', treffen wir uns jedes Jahr im Oktober in einer Gartenkneipe hinter dem Funkhaus. Seit Jahren kommen da dreißig oder vierzig, immer andere, mir sterben sie auch alle weg langsam, da treffen wir uns, da wird ganz unspektakulär geredet, immer entspannter, Missgunst und Neid und Verdächtigungen, die in den ersten Jahren das geprägt haben, gehen immer weiter zurück.

Das Funkhaus an der Nalepastraße produziert Fragmente individueller Erinnerungen. Sie stehen lose nebeneinander, ohne über einen ortsgebundenen Rahmen sinnverknüpft zu sein. Der Wunsch des Objektleiters, den Ort als „nationales Kulturgut" anzuerkennen, bleibt inkompatibel mit der normativen Wirkungskraft eines Täterortes auf der Makroebene. Die Frage nach einer Wechselwirkung von Gedächtnis und Materialität scheitert an der fehlenden Konstitution von Gedächtnis am Ort. Somit kann Gedächtnisbildung nicht an den Ort rückgebunden werden. Obwohl im materiellen Verfall, bleibt das Funkhaus gegenständig erhalten. Gemeinschaften, die keine dauerhaften Mieter sind, können nicht über gemeinsame Aktivitäten am Ort erinnern. Erinnerungen werden auf diese Weise fragmentiert. Der Personalabbau während der Abwicklung mit der Konsequenz einer zersplitterten Belegschaft hat in der Gegenwart zur Folge, dass kollektive Gedächtnisbildung am Ort ausbleibt. Das Funkhaus, laut Werbeprospekt des Entwicklungsträgers ein „Freiraum für Ideen", bietet „Aufnahmestudios, Büros, Eventlocations und Proberäume", doch die zweiwöchentlich stattfindenden Führungen sind die einzige Möglichkeit, gemeinsam Erinnerungen zu lokalisieren.

Warum bleibt eine Wechselwirkung von Materialität und Gedächtnis am ersten Fallbeispiel aus? Auf die Frage nach den Bedingungen für eine ausbleibende Wirkung von Gedächtnis auf Materialität sind mit räumlichen Faktoren die Eigentumsverhältnisse zu nennen.

Zwar erfolgt der Zusammenschluss von Erinnerungen in unmittelbar räumlicher Umgebung, doch verhindern Machtstrukturen gruppenbezogene Identifizierungen. Die Kollektivierung von Erinnerungen findet nicht innerhalb, sondern außerhalb der materiellen Konfigurationen des Funkhauses an der Nalepastraße statt.

Exkurs 1: Gedächtnisprotokoll einer Führung
Ein erster Besuch im Funkhaus.[52] Ich stehe im renovierten Foyer im Erdgeschoss des Turms. Farbfotos mit lächelnden Gesichtern der Popkultur hängen an der Wand. Sie haben alle hier aufgenommen. In der Ecke steht ein bunt lackierter Trabbi. Der Boden glänzt matt, es sind die Granitplatten von damals. Ich warte auf die öffentliche Führung, um den Ort besser zu verstehen, um seine Größe zu erfahren. Eine kleine Gruppe betritt die Eingangshalle. Sie bleiben an der Uhrenwand stehen. Verschiedene Modelle sind dort aus den ehemaligen Redaktionsräumen zusammengetragen. Keine Uhr geht mehr. Wir verlassen das helle Foyer und betreten den dunklen Körper des Verwaltungsgebäudes. Ein kurzes Stück weiter werden die Bodengranitplatten von grau-schwarz-roten Steintrapezen abgelöst. Von der Decke lösen sich die Plattenverkleidungen. Ein langer Gang liegt vor uns. Die Schränke sind leer, ehemals lagerten hier die Bänder des Tonarchivs.
Wir gehen zurück in den beleuchteten Eingangsbereich, es geht weiter in die erste Etage. Die acht Stockwerke des Turms wirken verlassen, obwohl mit Namen beschriftete Briefkästen parterre auf Mieter schließen lassen. Wir betreten einen zweiten Gebäudekomplex: das Foyer in Block B mit seinen schwarzen, marmorverkleideten Säulen. Dann erreichen wir den Aufnahmesaal, er ist halbkreisförmig und deckenvertäfelt. Er bildet einen starken Kontrast zu den dunklen Gängen in Block A. Im Aufnahmesaal erwartet uns eine Beamer-Präsentation: eine Lichtershow, eine Modenshow, Nutzungskonzepte der Gegenwart.

52 Dieser Exkurs basiert auf den Aufzeichnungen, die im Anschluss an das Interview mit der Immobilienverwalterin und einer Geländeführung am 14. Januar 2011 entstanden sind.

Abb. 14
Bunt lackierter Trabbi in der Lobby des Verwaltungsgebäudes.

Abb. 15
Stillstand an der Uhrenwand in der Lobby des Verwaltungsgebäudes.

Abb. 16
Leere Regale des Rundfunk-Tonarchivs im Verwaltungsgebäude.

Exkurs 2: Gedächtnisprotokoll eines Rundgangs
Ein zweiter Besuch im Funkhaus.[53] Ich treffe meinen Interviewpartner, den Techniker, zufällig an der Pforte. Verabredet sind wir in der Milchbar, zu früh sind wir beide. Unter dem strengen Blick der Wachpersonaldame tragen wir uns in das Besucherbuch ein. Zuerst besuchen wir seinen ehemaligen Arbeitsplatz. Ein grauer zweigeschossiger Flachanbau mit vergitterten Fenstern schließt an die Längsachse des Hauptgebäudes an. Dies war der Bereich der Rundfunktechnik-Mitarbeiter.

Die Eingangstür steht offen. Die gelb lackierten Heizkörper aus Gusseisen sind noch da, ebenso die gusseiserne Raumnummerierung. Sie wurde überstrichen, so dass sie sich von der beigefarbenen Wand kaum abhebt. Im ehemaligen Arbeitsraum des Technikers sitzt nun eine Werbeagentur. Die teilweise verglaste Tür wurde mit Strukturtapete überklebt. Nur die Uhren sind abmontiert, die über den Türen angebrachten Halterungen sind aber noch zu erkennen. Eine enge Treppe bringt uns nach oben in den zweiten Stock, wo wir den Aufkleber ‚DS Kultur' entdecken. Im Juni 1990 fusionierte der Deutschlandsender mit Radio DDR 2. Die nun marode Kabelverkleidung, die aus der Decke zu erkennen ist, war eine technische Errungenschaft des Hauses. Hier in Gebäude A waren die Räume intern verkabelt und die Studiotechnik musste keine Kabel mehr durch das Haus ziehen.

Wieder im Außenbereich gehen wir auf den Fluss zu. Bevor wir die Milchbar betreten, zeigt der Techniker auf zwei verschlossene Türen. Die eine ist bunt angestrichen. Sie führte zum ehemaligen Supermarkt. Hinter der anderen Tür ist eine weiträumige Halle mit lichtspiegelndem Boden und opulenter Wand- und Deckenverkleidung zu erkennen: Die ehemalige Mensa steht nun leer.

Während der Rundgänge mit dem Techniker komme ich in Berührung mit dem „Fächer der Erinnerung"[54], der allmählich aufgeklappt wird. In den materiellen Details entfalten sich Bedeutungen der Vergangenheit. Meine erste Wahrnehmung des Funkhauses an

53 Das Gedächtnisprotokoll entsteht im Anschluss an ein Interview mit dem Techniker vom 11. Februar 2011, das in der Milchbar des Funkhauses stattgefunden hat.

54 Benjamin: *Berliner Chronik*, S. 13.

Abb. 17
Das Gebäude der Rundfunktechnik, im Hintergrund links das Verwaltungsgebäude.

Abb. 18
Mit Wandfarbe überstrichene, gusseiserne Raumnummerierung.

der Nalepastraße ist bestimmt von Weite, Leere und Verfall. Um in die Mikrokosmen der Erinnerungen vorzudringen, bin ich auf das Erfahrungswissen des Technikers angewiesen, das er narrativ über Materialität entfaltet. Die während des Rundgangs aufgenommenen Bilder ermöglichen eine Rekonstruktion der sozialen Funktionen des Ortes. Ein erstes Beispiel sind die Wanduhren, die zeitliche Orientierung gewährleisteten. Eine wichtige soziale Funktion des DDR-Rundfunks war die gesellschaftliche Zeitansage. Damit alle Wanduhren in den Redaktionsräumen auf die Sekunde genau aufeinander abgestimmt waren, existierte eine zentrale Verschaltung. In der Gegenwart sind die Uhren an einer Wand zusammengestellt, die Uhrzeiger auf verschiedenen Uhrzeiten stehengeblieben.[55] Ein zweites Beispiel sind die Raumnummerierungen, die sämtliche Bereiche des Funkhauses mit Buchstaben und Nummern

55 Vgl. S. 112, Abb. 15.

Abb. 19
Aufkleber ‚DS Kultur' auf einer verschlossenen Tür.

Abb. 20
Blick in die ehemalige Mensa.

kennzeichneten und räumliche Orientierung ermöglichten. In der Gegenwart ist die auf einem Rahmen angebrachte Ziffer-Zahl-Kombination farblich überstrichen und als Materialitäten des geplanten Raumes palimpsesthaft überlagert.[56]

56 Vgl. S. 114, Abb. 18.

6. Orte der Begrenzung „Die Mauergeschichte hat sich verloren"[1]

Das Grenzsystem der Berliner Mauer, das in den Folgetagen des 13. August 1961 errichtet wurde, war nicht nur innerstädtisch teilend, sondern schnitt bereits ab 1952 West-Berlin von der DDR ab. Die Berliner Mauer grenzte erst das alliiertenverwaltete Berlin von der DDR ab, bevor sie innerstädtisch teilte. Der Ausbau der Berliner Mauer war bis zu ihrem Fall 1989 niemals abgeschlossen.[2] Über ‚die Berliner Mauer' zu sprechen, assoziiert eine materielle Beständigkeit, die ein Trugschluss ist. Die Berliner Mauer war ein Arbeitsprojekt. Die aufeinander abgestimmten Sicherheitselemente wurden kontinuierlich modifiziert und weiterentwickelt. Dabei waren Form und Menge an die außenpolitisch wechselnden Kräfteverhältnisse angepasst.[3] In diesem Sinne kann behauptet werden, dass die Berliner Mauer niemals fertig war. Ob über Fotografien vermittelt, welche die Stacheldrahtabsperrungen der ersten Tage oder die mit Graffiti gestalteten Betonelemente einer Grenzmauer

1 Teile dieses Kapitels bauen auf meinem spanischsprachigen Artikel „Debates de Memoria: El Muro de Berlín Como Espacio Conflictivo" auf, vgl. Julia Binder: Debates de Memoria. In: Valeria Durán / Anne Huffschmid (Hrsg.): *Topografías Conflictivas*. Buenos Aires: Trilce 2012, S. 107–124.

2 Siehe zum Ausbau der innerstädtischen Grenzanlagen Johannes Cramer / Tobias Rütenik / Peter Böger / Gabri van Tussenbroek / Philipp Speiser: *Die Baugeschichte der Berliner Mauer*. Petersberg: Imhof 2011.

3 Der Abbau von Matten mit hüfthohen Stahlspitzen, von Hundelaufanlagen oder Panzersperren war in Verbindung zu setzen mit der Forderung der DDR nach der Anerkennung eines völkerrechtlichen Status.

zeigen – die Berliner Mauer ist bis zu ihrem nahezu vollständigen Abbau im Herbst 1990 von Wandel geprägt. Außerdem dominiert eine einseitige Bild-Perspektive. Bis 1989 wurde die Berliner Mauer primär von Hochständen aus West-Berlin fotografiert. Von der anderen Seite war es verboten, Bilder aufzunehmen.

Die Funktion der Berliner Mauer als Ort der Begrenzung ist allerdings von außenpolitischen Änderungen unberührt geblieben. Der „Antifaschistische Schutzwall“, so die offizielle Bezeichnung in der DDR, gab inhaltlich vor, ein schützender Wall nach außen zu sein. Die Sicherungselemente waren de facto aber nach innen ausgerichtet.[4] So begrenzte die Berliner Mauer die Raumnutzung der Bewohner und teilte eine Stadt. Sie wurde konzipiert, um die Fluchtbewegung einzudämmen, die sich mit dem militärischen Ausbau der innerdeutschen Grenze und des Berliner Außenrings ab 1952 stetig nach Ost-Berlin verlagerte.

Neben dem kontinuierlichen Ausbau der Mauer ist eine zweite allgemeine Aussage zum Gesamtsystem von Belang. Der Begriff „Mauer“ suggeriert eine Linie. Die Berliner Mauer umfasste allerdings eine Fläche, das heißt, sie begrenzte nach außen und nach innen. Ein zehn bis hundert Meter breiter Grenzstreifen lag dazwischen. Durch diesen Grenzstreifen führte ein Weg, der sogenannte Postenweg, auf dem die Grenzsoldaten patrouillierten. Mit dem Mauerfall und dem zeitlich daran anschließenden Abbau der Grenzanlagen wurde diese Fläche ‚frei‘. Die Mauer als radikale Implementierung von Raumplanung wurde zu einer „Leerstelle“.[5] Die Fläche des innerstädtischen Grenzsystems markierte in der urbanen Struktur eine „Narbe“.[6] In einer Länge von gut 45 Kilometern durch die Stadt mäandernd, tangierte sie nicht nur innerstädtische und periphere Bezirke. Indem ihre Materialität nach zweieinhalb Dekaden nahezu vollständig aus dem Stadtbild verschwunden ist, wurden die Mauerreste bedeutend, die nicht im Straßenbau alltagspraktische Verwendung gefunden hatten oder zeichenhaft in die Welt verschickt wurden. Der Direktor der Gedenkstätte Berliner

4 Der elektronische Alarmzaun beispielsweise zeigte in Richtung Ost-Berlin. Auch die Kfz-Sperrgräben, die Autofluchten verhindern sollten, waren nach innen ausgerichtet.

5 Vgl. Christine Nippe / Daniel Seiple: The Void. Faszination einer Leerstelle in der zeitgenössischen Kunst. In: KUNSTrePUBLIK (Hrsg.): *Skulpturenpark Berlin_Zentrum*. Köln: König 2010, S. 260–269, hier S. 260.

6 Vgl. Huyssen: *Urban Palimpsests and the Politics of Memory*, S. 79.

Mauer sprach die „materielle Dichte“[7] des letzten Stücks vollständiger Grenzanlagen an; das Entfernen weniger Mauersegmente an der sogenannten East Side Gallery führte zu gesellschaftlichen Protesten.[8] Dass weitere Reste des innerstädtischen Grenzsystems an einer anderen Stelle ohne mediale Aufmerksamkeit verschwunden sind, zeigt das nächste Fallbeispiel auf. Am Skulpturenpark Berlin_Zentrum, der zwischen den Bezirken Berlin-Mitte und Berlin-Kreuzberg lag, möchte ich der Frage nach einer Wechselwirkung von Materialität und Gedächtnis nachgehen.

6.1 Der Skulpturenpark Berlin_Zentrum

Was ist der Skulpturenpark Berlin_Zentrum? Der Makler,[9] der schräg gegenüber dem Areal in einem Modellpavillon saß und Wohnungen verkaufte, beschreibt das Gelände mit folgenden Worten:

> Das war ein Gelände mit einer wilden Bepflanzung, die selbst so entstanden ist. Man hat einige Füchse gesehen, die da so rumgelaufen sind oder Ratten. Einige Künstler haben da gewisse Sachen ausgestellt und das war eigentlich eine Fläche, die kaum benutzt wurde, die einfach nur brach dalag.

Drei Teilstücke des Grenzstreifens der Berliner Mauer zeigten von 2006 bis 2010 fünf Ausstellungsreihen.[10] Karen Till und Christine

7 So der Direktor der Gedenkstätte Berliner Mauer im Grußwort zur Veranstaltung „Verbindungen schaffen“ am 29. September 2010.

8 In den Anfangsmonaten des Jahres 2013 entbrennt eine Diskussion über den Umgang mit den Resten der bemalten Hinterlandmauer. Künstlerinnen und Künstler aus zahlreichen Ländern hatten die Mauergalerie 1989 großformatig bemalt. Sie gestalteten den längsten, noch materiell intakten Abschnitt der Hinterlandmauer. Erst 2009 restaurierte das Land Berlin die Bemalungen zum Themenjahr „20 Jahre Mauerfall“ aufwendig. Vier Jahre später reißen Bagger die Mauer ein, um Platz für eine Fußgängerbrücke und einen Neubau mit Luxuswohnungen zu schaffen. Vgl. Constanze von Bullion: Der Fall der Mauer, Teil 2. In: *Süddeutsche Zeitung,* 07.03.2013, S. 8. Zur Entstehung der East Side Gallery, vgl. Duncan Light: Gazing on Communism: Heritage Tourism and Post-Communist Identities in Germany, Hungary and Romania. In: *Tourism Geographies. An International Journal of Tourism Space, Place and Environment* 2 (2000), S. 157–176, hier S. 163–164.

9 Das Interview mit dem Makler findet im Januar 2012 in besagter Musterwohnung statt. Die wörtlichen Zitate entstammen diesem Interview vom 9. Januar 2012.

10 Siehe für eine vollständige Auflistung der einzelnen künstlerischen Projekte der fünf Ausstellungsreihen den Katalog KUNSTrePUBLIK (Hrsg.): *Skulpturenpark Berlin_Zentrum.*

Abb. 21: Modellbau des Skulpturenparks_Berlin, „Jelka Plate: A Very Merry Unarchitecture To You“, Ausstellungsreihe Wunderland (Juli 2009–Februar 2010).

Nippe haben die Aktivitäten beleuchtet.[11] Doch war das Areal, wie von Nippe behauptet, ein „paradigmatischer Ort für die spezifischen Transformationsbedingungen im wiedervereinten Berlin“[12]? Wenn wir Orte als Überlagerungen pluraler Bedeutungsebenen verstehen, erscheint die Bezeichnung eines Paradigmas unpassend. Mich interessieren die Ausformungen von Materialität und Gedächtnis am Ort. Welche gesellschaftlichen Akteure haben dort gewirkt? Gab es soziale Interaktionen der dort Agierenden, waren übereinstimmende oder voneinander abweichende Deutungen ihrer räumlichen Konstellationen zu erkennen? Hat der Ort Gedächtnis generiert?

Der Skulpturenpark Berlin_Zentrum rekurrierte auf seine Vergangenheit. Unter den fünf durchgeführten Ausstellungsreihen setzte „Parcella“ (April–September 2007) die stärksten Bezüge zu den lokalen historischen Überlagerungen. Parcella war dahingehend konzipiert, den Ort unter dem Blickwinkel von Grenzgebieten zu

11 Vgl. Till: Interim Use at a Former Death Strip?; Christine Nippe: *Kunst baut Stadt. Künstler und ihre Metropolenbilder in Berlin und New York*. Bielefeld: Transcript 2011, S. 76–83.

12 Ebd., S. 82.

betrachten. Grenzen waren dabei sowohl geographisch als auch politisch-ideologisch definiert.[13]

Zwei künstlerische Arbeiten stellten einen direkten Bezug zur Berliner Mauer her. Die Installation „Turn It One More Time“ von Folke Köbberling und Martin Kaltwasser hatte Besucherplattformen zum Vorbild, ehemals auf der Westseite der Berliner Mauer[14] allgegenwärtig. Die Künstler invertierten die Formensprache der Hochstände, indem sie drei Löcher aus der Erde aushoben und mit nach unten verlaufenden Treppen und Plattformen ausbauten.[15] Als Negativform zeigte die Installation Tiefstände von oben nach unten. Die abwärts führenden Installationen von Parcella brachten keine Reste der Berliner Mauer ans Tageslicht. Es wurden allerdings Häuserfundamente freigesetzt, die für den Ausbau des Grenzsystems gesprengt worden waren. Die konkrete, materielle Substanz des Ortes erschien an der Oberfläche, allerdings nur für den halbjährigen Zeitraum der Ausstellungsreihe. Überlagerte Schichten von Vergangenheit kamen ephemer zum Vorschein.

Die Installation „New Borders“ von Wiebke Grösch und Frank Metzger näherte sich Grenzen auf darstellender Ebene: Ein Wachmann eines privaten Sicherheitsdienstes schritt über den Zeitraum von vier Wochen jeweils halbstündig alte Wegmarkierungen entlang des Kolonnenweges[16] ab und sollte neu errichtete Zäune schriftlich protokollieren.[17]

Beide künstlerischen Projekte verorten Vergangenheit in der Gegenwart. Gedächtnis wirkt jedoch nicht dauerhaft auf Materialität. Die freigelegten Häuserreste in der Erde bleiben eine

13 Vgl. KUNSTrePUBLIK (Hrsg.): *Skulpturenpark Berlin_Zentrum*, S. 61.

14 Die sogenannte Grenzmauer 75 wurde nicht auf der Sektorengrenze errichtet, sondern einige Meter dahinter. Somit gehörte ab Mitte der 1970er Jahre ein ungesicherter Streifen auf West-Berliner Seite zur DDR, der mit einer weißen Linie oder Schildern markiert blieb. Die Hochstände waren an der Sektorengrenze errichtet.

15 Vgl. KUNSTrePUBLIK (Hrsg.): *Skulpturenpark Berlin_Zentrum*, S. 74–79.

16 Der Postenweg war der Bereich, in dem die Grenzsoldaten die Grenze sichern mussten. Er zog sich durch den gesamten Grenzstreifen. Der Weg steht nicht unter Denkmalschutz und ist an vielen Orten der ehemaligen Mauer eine ihrer wenigen noch sichtbaren materiellen Spuren. Siehe auch Abschnitt „Instrumentalisierung von Vergangenheit“, S. 184–191.

17 Vgl. KUNSTrePUBLIK (Hrsg.): *Skulpturenpark Berlin_Zentrum*, S. 81–83.

temporäre Substanz: Sie sind Substrat, sie existieren flüchtig in der „Warteschleife“[18] und im „Zwischenraum“[19].

Der Künstler und der Makler

Aus einer weiträumigen Halle können fünf Künstler auf den ehemaligen innerstädtischen Grenzstreifen hinunterblicken. Sie nutzen gemeinschaftliche Atelierräume im vierten Stock einer nahezu leerstehenden ehemaligen Zigarettenfabrik. Sie schauen täglich auf eine Brache und fragen sich, warum diese ungenutzt der Natur überlassen zu sein scheint, aber dennoch „mit Zäunen einfach abgeriegelt“[20] ist. Die Zäune wecken ihr Interesse an der Geschichte des Ortes. Warum kann eine Fläche in zentraler Lage dem pflanzlichen Wildwuchs überlassen werden und von Zäunen eingegrenzt sein? Den Ort als Begrenzung in der Gegenwart wahrzunehmen, ist eine initiierende Motivation, sich zusammenzuschließen. „Geschichte“ ist „auch“ ein Grund, doch vor der Vergangenheit des Ortes als Abschnitt der innerstädtischen Grenze steht die unmittelbare Gegenständlichkeit der Zäune. Die Künstler gründen den Verein KUNSTrePUBLIK und schaffen zugleich ihr „Mutterprojekt“, den Skulpturenpark Berlin_Zentrum. Im Klappentext ihres Ausstellungskataloges heißt es zum Ort, er sei ein

> urbaner Dschungel, umgeben von eintönigen Wohn- und Bürogebäuden, eingegrenzt von Bauzäunen, zugewuchert von Unkraut, Sträuchern und wildgewachsenen Bäumen, durchzogen mit Mauerresten.[21]

In der Wahrnehmung der Brache stimmen Künstler und Makler überein. Beide erwähnen eine wildwachsende, pflanzliche Vegetation. Der Makler verbindet zusätzlich „einzelne Tiere und einige Künstler“ mit dem Ort. Für die eine Seite ist die Brache ein „Biotop“ (Künstler), für die andere Seite ein „idealer Standort“ (Makler). Beide Positionen suchten das Gelände über Handlungen neu zu definieren. Der Künstler macht klar, dass ein aktives „tätig-sein“

18 Susanne Schröder: Was ist ein Skulpturenpark? In: Ebd., S. 214–219, hier S. 217.

19 Till: Interim Use at a Former Death Strip?, S. 106.

20 Das Interview mit dem Künstler findet am 11. Januar 2010 in den Büroräumen des Vereins in einem Gebäude am Flussufer in Kreuzberg statt. Er studierte Freie Kunst und Experimentelle Mediengestaltung und arbeitet seit 2006 als Kurator, Künstler und Aktivist. Sämtliche wörtliche Zitationen beziehen sich auf unser Interview im Januar 2010.

21 KUNSTrePUBLIK (Hrsg.): *Skulpturenpark Berlin_Zentrum*, Klappentext.

Abb. 22: Zäune am Skulpturenpark Berlin_Zentrum.

ein wichtiger anfänglicher Impuls war. Zäune bilden die Eigentumsverhältnisse am Ort ab. Nachdem verschiedene Alteigentümer oder deren Nachfahren ihre Rückerstattungsansprüche nach dem Mauergesetz geltend machen konnten, gibt es 62 Parzellen. Dem Künstler zufolge wurde diese Zahl gedrittelt.

Als 2007 ein Eigentümer einen Musterpavillon schräg zur längeren Achse des Areals als bewohnbare Einheit mit einer Dusch- und einer Kochgelegenheit errichtet, verändert er zweierlei. Zum einen ist dieser Akteur plötzlich räumlich anwesend. Zum anderen richtet er seine Handlungen auf einen Geländeabschnitt, der gleichzeitig von den Künstlern als Skulpturenpark Berlin_Zentrum beansprucht wird. Das zweiköpfige Verkaufsteam lebt in der modellhaften Wohneinheit abwechselnd sieben Tage die Woche, so dass „eventuell auftretende Änderungswünsche von Kunden betreffs Inneneinrichtung oder Grundriss" unverzüglich adressiert und bearbeitet werden konnten. Der Modellpavillon war somit der alltägliche Lebensraum des Maklers. Das Besondere an dieser Wohneinheit ist ihre Gegenständlichkeit, die ein direktes Erleben von Raum und Atmosphäre in den Vordergrund stellt. So erklärt der Makler die Vorzüge einer unmittelbaren Wahrnehmung von Materialität:

> Andere Projekte stellen nur einen Container hin mit Materialien. Hier bei uns können die Kunden die Raumproportionen wahrnehmen, die Materialien sehen und anfassen. Sie können sozusagen einen Eindruck bekommen, was sie bei Bezugsfertigkeit übergeben bekommen.

Während der Rohbau der Wohnanlage im März 2013 kurz vor seiner Fertigstellung steht, wird der Skulpturenpark Berlin_Zentrum zur überlagerten Vergangenheit. Inwiefern beide Parteien interagieren oder nicht, soll im folgenden Abschnitt untersucht werden. Wo gibt es Schnittstellen der Bedeutungsräume von Makler und Künstler?

Raumnutzer und Raumproduzenten

Auf Nachfrage hin reagiert der Makler erstaunt auf den Namen „Skulpturenpark Berlin_Zentrum":

> Skulpturenpark Berlin_Zentrum, mir ist das jetzt neu, dieser Begriff! Entweder habe ich da jetzt einen Artikel in der Zeitung verpasst, oder irgendeine Entwicklung. Skulpturenpark Berlin, ich höre das jetzt zum ersten Mal.

Diese überraschende Reaktion auf das Kunstprojekt von gegenüber[22] kann der Künstler begründen. Dass die Ausstellungsfläche des Skulpturenparks Berlin_Zentrum ein fünf Hektar großes Areal umfasste, wurde den Eigentümern gegenüber nicht offen kommuniziert. So wird berichtet, dass der Verein für gewisse Installationen Geländeabschnitte mieten musste, dabei aber nicht offen von der Größe des Geländes sprach:

> Wir arbeiten da, also keiner der Eigentümer weiß wirklich oder wir haben es nie so kommuniziert, dass es das ganze Gelände ist, sondern wir haben immer mit Kooperationsverträgen, beziehungsweise Pachtverträgen ausgehandelt, dass wir einen Teil der Fläche mieten, um unsere Skulpturen abzustellen.

Der Verein pachtete nur einen Teilabschnitt, wenn beispielsweise Bauanträge[23] benötig wurden. Dass ein ganzheitlicher Raumanspruch nicht verbalisiert wird, ist ein erstes Merkmal von gelebtem

22 Siehe zur Strategie der symbolischen Raumaneignung über Namen, Kap. 6.2: „Aneignung als Raumstrategie", S. 134–138.

23 Einen Bauantrag benötigte beispielsweise die sieben Meter hohe, schwarze Skulptur eines Hundes, „Und er kommt nicht allein", eine Arbeit Valeska Peschkes während der Ausstellungsreihe Spekulationen (November 2007–März 2008), die zeichenhaft an die Silhouette des spanischen Osborne-Stieres (Toro de Osborne) angelehnt wurde (vgl. ebd., S. 104–107); siehe auch Till: Interim Use at a Former Death Strip?, S. 109–111.

Abb. 23: Musterpavillon, Blick vom Skulpturenpark Berlin_Zentrum, im Hintergrund die Bundesdruckerei.

Raum.[24] Die Kennzeichnung und Inbesitznahme des Geländes erfolgt auf symbolischer Ebene über das Bildmedium. Der Inneneinband des Ausstellungskataloges und die Webseite des Skulpturenparks[25] zeigen eine rötlich gefärbte Fläche. Dass kein Eigentümer „wirklich" über ein „ganzes Gelände" aufgeklärt wurde, erklärt die Reaktion des Maklers. Räumliche Aneignung wird nicht offen und direkt kommuniziert, sondern erfolgt bruchstückhaft.

Lefebvre trennt aktive, dominante Raumproduzenten von passiven, dominierten Raumnutzern.[26] Er benennt Raumnutzer mit *habitants* (Bewohner) oder *usagers* (Nutzer), Raumproduzenten mit *découpeurs* (Unterteilende) oder *agenceurs* (Agierende).[27] Über diese Begriffswahl kategorisiert er Akteurskonstellationen in passive und aktive Rollen, die in räumlichen Konfigurationen ihren Niederschlag finden. Können die Eigentümer im Grenzstreifen als (aktive) Raumproduzenten bezeichnet werden? Sind die Künstler

24 Vgl. Lefebvre: *La Production de l'Espace* S. 49.

25 Siehe Skulpturenpark Berlin_Zentrum. http://www.skulpturenpark.org (Zugriff am 27.02.2013).

26 Vgl. Lefebvre: *La Production de l'Espace*, S. 43.

27 Vgl. ebd., S. 49.

auf der anderen Seite (passive) Raumnutzer? Ist die dualistische Unterscheidung von aktiv zu passiv, von dominant zu dominiert an diesem Beispiel operationalisierbar? Bei einer direkten Übertragung der theoretischen Konzepte treten Schwierigkeiten auf. Wie bereits erwähnt, haben die Künstler den Raum unter thematisch variierenden fünf Ausstellungsreihen gestaltet, während die Eigentümer über die Zäune und das Musterapartment räumlich in Erscheinung treten. In diesem Sinne ist die Unterscheidung von passiven Raumnutzern und aktiven Raumproduzenten unzutreffend. Die Aussage, dass Räume der Repräsentation nicht produktiv wären,[28] wird vielmehr umgedreht. Die Künstler gestalten das Gelände über Handlungen. Die Agierenden des geplanten Raumes bleiben in Passivität verhaftet.

Kommt es neben der wechselseitigen Verschiebung von Aktivität und Passivität gleichermaßen zu einer Umkehr der Machtverhältnisse? Eine Antwort auf die Frage gibt der Blick auf diesen Ort im Jahr 2013. Anstelle der Ausstellungsreihen im Skulpturenpark Berlin_Zentrum ragen Eigentumswohnungen in den Himmel.

Nach Lefebvre ist das Verhältnis der Raumnutzer zu den Raumproduzenten von einer hierarchisierten Beziehung geprägt.[29] Ausstellungsreihen prägten den Skulpturenpark Berlin_Zentrum von 2006 bis 2010,[30] in denen eine aktive Raumnutzung einer „prozessorientierten Projektarbeit"[31] erfolgte, die soziale Prozesse räumlich einbinden sollte. Zwar gestalteten die Künstler den Raum, aber sie kehrten das Machtverhältnis zwischen Raumnutzer und Raumproduzenten nicht um. Obwohl künstlerische Arbeiten Bedeutungen in den Ort eingeschrieben haben, waren diese Praktiken erstens ephemer und zweitens kodiert. Die Interventionen folgten bestimmten Direktiven und standen in Verbindung mit der räumlichen Umgebung. Dabei blieben sie den Räumen der Repräsentation angehaftet, die Lefebvre über „le directionnel, le situationnel, le relationnel" umschrieb.[32] Mit Baubeginn wechselten die aktiven und passiven Positionierungen. Die mit Wildwuchs überwucherte Brache ist aus dem Stadtbild verschwunden. Der Makler

28 Vgl. ebd., S. 53.

29 Vgl. ebd., S. 52.

30 KUNSTrePUBLIK(Hrsg.): *Skulpturenpark Berlin_Zentrum*, S. 26.

31 Ebd., S. 26.

32 Lefebvre: *La Production de l'Espace*, S. 52.

kommentiert diesen „normalen, schon sehr häufig passierten Vorgang“ mit Bedauern:

> Vielleicht haben sie einfach nur Angst, dass sie die Fläche da nicht mehr nutzen dürfen, weil irgendwelche Projekte erfolgreich sind. Und das ist ja auch geschehen. Man sieht die jetzt nicht mehr, weil die [...] Gruppe jetzt drüben baut. Das ist ein ganz normaler, schon sehr häufig passierter Vorgang, der schade ist für die Leute, weil auch sie brauchen Raum, um sich zu entfalten.

Dass er den Baubeginn mit einem „erfolgreichen Projekt“ vergleicht und auf die aktive Nutzung der Fläche zu sprechen kommt, zeugt von der Flüchtigkeit von Räumen der Repräsentation. Sie sind essentiell fluide und dynamisch.[33] Nachdem ich die theoretischen Konzepte von Raumnutzern und Raumproduzenten am empirischen Beispiel kritisch beleuchtet habe, werde ich mich folgend den Bedeutungsräumen von Künstler und Makler über das Merkmal der Lage im urbanen Kontext zuwenden.

Palimpseste der räumlichen Wahrnehmung

Die Akteure haben den Ort verschieden wahrgenommen, wie ich am Beispiel räumlicher Elemente aufzeigen werde. Die Referenzen stammen aus den Interviews und dem Kontextmaterial. Künstler und Makler wählen unterschiedliche räumliche Bezugspunkte, um die Lage des Ortes zu beschreiben. Selektives Sehen bestimmt die jeweilige Akteursposition. Beide Gesprächspartner klammern diejenigen räumlichen Elemente aus, die mit ihrer Wahrnehmung inkompatibel sind. Die unmittelbare Nachbarschaft, welche der eine negiert, wird vom anderen hervorgehoben. Nur in einem Kriterium stimmen die Wahrnehmungsräume von Makler und Künstler miteinander überein: dass der Ort zentral liege. Einen Erklärungsansatz für heterogene Orientierungsräume bietet die Vergangenheit einer überlagerten Schicht als Ort der Begrenzung.

Das innerstädtische Grenzsystem der Berliner Mauer manifestiert eine räumlich-materielle Grenze, trennte Bezirke und verändert die historisch gewachsenen und stadtplanerisch modifizierten Relationen von Peripherie und Zentrum.[34] Dass der ehemalige

33 Lefebvre: *La Production de l'Espace*, S. 52.

34 Die Hauptstadt der DDR sollte unter Aspekten politischer Nutzbarkeit und räumlicher Freizügigkeit nach Prinzipien der architektonischen Moderne um den

Grenzstreifen an bereits bestehende Grenzlinien geknüpft wurde, kann bis auf die Bezirksgrenzenreform von 1920 zurückgeführt werden, als die Gemeinden von Groß-Berlin aufgenommen wurden. Die Alliierten nutzten nach 1945 dieselben Bezirksgrenzen, um territoriale Hoheitsbereiche einzuteilen. Der Grenzstreifen am Skulpturenpark Berlin_Zentrum gehört zum Bezirk Berlin-Mitte und grenzt an Berlin-Kreuzberg. Als die Mauer noch stand, war dies eine periphere Randlage. Mit ihrem Abbau löst sich die in Zeiten der Teilung gültige Anordnung von Peripherie und Zentrum auf. Ein brachliegender Grenzstreifen verspricht Gewinn, wenn er mit einer zentralen Lage in Verbindung gebracht werden kann. So verweist der Makler auf die Konkurrenz der Bauträger um Flächen in zentraler Lage:

> Wir sind hier im Zentrum einer europäischen Hauptstadt. Natürlich werden diese freien Flächen bebaut. Dafür ist das Zentrum einfach zu kostbar und zu begehrt. Investoren werden kommen und werden versuchen, da etwas zu bauen. Wenn sie überhaupt noch etwas bekommen im Zentrum. Also, als Bauträger findet man aktuell ganz schwer eine Fläche, die man kaufen kann, hier im Zentrum.

Auch der Künstler verortet das Gelände „mitten im Herzen der Stadt“. Die zentrale Lage ist ein Berührungspunkt der Bedeutungsräume von Künstler und Makler.

Hinsichtlich ihrer Referenzpunkte zur Lokalisierung des Ortes unterscheiden sich Künstler und Makler. Der Makler wählt einen zentralen Platz, der „nur sieben Minuten Gehweg“ vom Areal entfernt ist. Auf die Frage, warum der zentrale Platz mit dem Gelände in Verbindung gebracht werde, erzählt der Makler eine Geschichte. Protagonist dieser Erzählung ist der Bauträger, der eine besondere Vorliebe für den zentralen Platz und das dort aufzufindende gastronomische Angebot habe:

> Einer der Gedankengänge war zum Beispiel: ‚OK, ich habe ein bisschen was getrunken und möchte nach Hause, ohne dass ich mir ein Taxi nehmen muss.‘ Also muss es die nähere Umgebung sein. Und [der Bauträger] hat sich ungefähr vorgestellt: ‚Na, was würden die Kunden denn wünschen? Wo werden

Alexanderplatz neu konzipiert werden. So war es ein Anliegen von Partei und Bezirk, ein neues sozialistisches Zentrum mit Magistrale und zentralem Punkt in der historischen Mitte Berlins zu errichten. Vgl. Bruno Flierl: Der zentrale Ort in Berlin. In: Ders.: *Gebaute DDR. Über Stadtplaner, Architekten und Macht.* Berlin: Verlag für Bauwesen 1998, S. 121–171.

> sie gerne wohnen, wenn sie am zentralen Platz ausgehen?‘ Und das ist hier ein idealer Standort, ist nicht ganz unmittelbar, so dass man ‚ein Katzensprung‘ sagen könnte, aber sieben Minuten Gehweg ist auch nicht so weit weg und deswegen hat das gepasst.

Über eine logische Verknüpfung einer Ursache (dem Wunsch, am zentralen Platz auszugehen) und ihrer Folgerung (der Entscheidung, an besagter Stelle eine Immobilie zu errichten), ordnet der Makler eine kausale Beziehung an. Dass die Ursache und ihre Schlussfolgerung umgekehrt wirken, verdeckt diese Erzählstruktur. Erst wird der Wunsch benannt, daraufhin die Lage des Ortes angeführt. Mit dieser narrativen Chronologie erzeugt der Makler das Bild einer in sich stimmigen, kohärenten Erzählung. Die Schlussfolgerung, von einer räumlichen Vorliebe auf eine potenzielle Immobilie zu schließen, ist an die Adressaten dieser Geschichte gerichtet: mögliche Käuferinnen und Käufer, die sich für ein Apartment in zentraler Lage interessieren.
Der Künstler hingegen zielt nicht auf Kohärenz, sondern auf Brüche. Er wählt die unmittelbare Umgebung aus, um die Lage des Skulpturenparks Berlin_Zentrum zu beschreiben. Diese kennzeichnet er mit einer sechs- bis achtstöckigen Wohn- und Bürohausbebauung. Zusätzlich betont er die unmittelbare Nähe zweier Sozialbauprojekte in Mitte und Kreuzberg, die den Skulpturenpark „einpferchten“ und jeweils von beiden Seiten an die Mauer gebaut wurden. Diese Bebauung sei typisch für eine ehemalige Grenzlage, um die Vorzüge des politischen Systems darzustellen:

> Ich habe dieses Gebiet immer nur von der Kreuzberger Seite aus wahrgenommen, eingepfercht zwischen zwei großen Sozialbauprojekten aus den Siebziger Jahren, von beiden Seiten direkt an die Mauer gebaut, um das jeweilige System in gutes Licht zu rücken.

Der Makler erwähnt die Sozialbauten nicht. Die Auswahlmechanismen lassen sich klar am Inneneinband des Werbeprospektes des Bauträgers illustrieren. Dort ist eine schwarz grundierte Straßenkarte abgebildet.
Dieser Ausschnitt zeigt eine deutlich räumliche Orientierung in Richtung Zentrum. Die Fläche der zu verkaufenden Apartments auf dem Skulpturenpark Berlin_Zentrum liegt im unteren Kartenabschnitt. Die unmittelbare räumliche Umgebung bleibt dort unbeschriftet. Während die Umgebung zum Skulpturenpark

Berlin_Zentrum leer wirkt, fällt der Blick auf die in helleren Farben gehaltenen Beschriftungen am zentralen Platz. Auf die Nachfrage, warum er die Sozialbauten in seiner Erzählung ausschließe, antwortet der Makler folgendermaßen:

> Na stellen Sie sich mal vor, Sie investieren dreihunderttausend, vierhunderttausend, fünfhunderttausend, vielleicht noch mehr und wollen ein Apartment kaufen und rechts und links neben dem Objekt steht sozialer Wohnungsbau, was ästhetisch dann auch dementsprechend aussieht. Das würde Sie abschrecken. Die Mischung muss natürlich ein gewisses Verhältnis haben. Es muss annehmbar sein für den Käufer, damit sie überhaupt kaufen wollen. Also hier in Mitte kriegt man das einigermaßen hin.

Gut zwei Minuten Fußweg vom Areal entfernt liegt eine achtspurige Verkehrsachse, die von Plattenbauten gesäumt wird. Um den zentralen Platz zu erreichen, muss diese stark befahrene Schnellstraße überquert werden. Doch sie bleibt in den Narrationen ausgeklammert. Räumliche Referenzen sind die teilweise erst konzipierten, teilweise schon realisierten Bauprojekte im ehemaligen Grenzstreifen, welche den Skulpturenpark Berlin_Zentrum nach und nach bedecken, um die ehemalige Brache mit geschlossener Blockrandbebauung[35] zu füllen:

> Alle anderen zukünftigen Projekte, die hier in der Gegend entstehen werden, werden so aussehen. Dementsprechend kann man auch die Gegend vorhersehen. Man kann eine gewisse Vision bekommen, wie die Gegend in fünf bis sieben Jahren aussehen wird.

Der Skulpturenpark bleibt ein Ort mit einem ephemeren, nicht kontinuierlichen Gedächtnismandat. „Die Mauergeschichte hat sich verloren" – über eine palimpsesthafte Überlagerung am Skulpturenpark Berlin_Zentrum sind Künstler und Makler im Einklang. Die Materialität eines Ortes von Begrenzung wird an dieser Stelle nicht dauerhaft konserviert, sondern kommt sequenzhaft während der Ausstellungsreihen (Februar 2006–Februar 2010) an die Oberfläche. Zeitliche Dauer determiniert die Wechselwirkung von Materialität und Gedächtnis. Dass die Neubauten auf dem Mauerstreifen

35 Die Senatsverwaltung für Stadtentwicklung und Umwelt veröffentlicht 1999 das Planwerk Innenstadt, das eine Reurbanisierung und Revitalisierung vorsah. Städtebauliche Leitlinie hierfür war die geschlossene Blockbebauung. Vgl. Senatsverwaltung für Stadtentwicklung und Umwelt: Planwerk Innenstadt 1999. http://www.stadtentwicklung.berlin.de/planen/planwerke/de/planwerk_innenstadt/ (Zugriff am 03.08.2015).

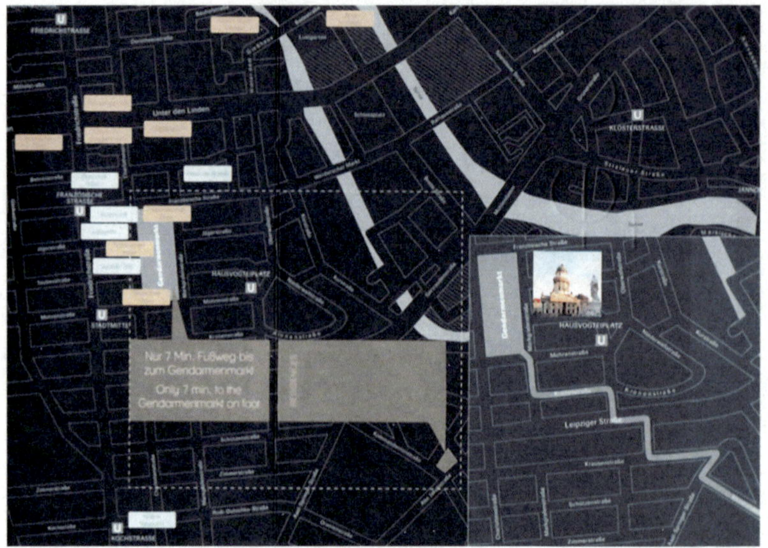

Abb. 24: Plan mit Standortbezeichnung des Musterpavillons und dem zentralen Platz.

entstanden sind, ist für die Standortwahl der Kunden in der Einschätzung des Maklers nicht relevant.

> Wenn man den Kunden sagt, sie kaufen historischen Boden, ich glaube, das juckt die meisten nicht. Vielleicht spricht uns mal ein Kunde darauf an, ob das jetzt der ehemalige Mauerstreifen ist. Aber ich hatte noch nie einen Kunden, der ausgerechnet hier wohnen will, weil es nämlich dieser ehemalige Mauerstreifen ist. Die finden das vielleicht mal toll, das zu wissen, dass sie hier ehemaligen Mauerstreifen sozusagen kaufen, aber das spielt für die Entscheidung keinerlei Rolle.

Die Bedeutungen der historischen Schichten eines Ortes werden kontinuierlich sozial ausgehandelt. Am Skulpturenpark Berlin_Zentrum haben künstlerische Installationen die Vergangenheit des Ortes zitiert. Vergangenheit ist das Substrat für aktive Gestaltungspraktiken und bestimmt palimpsesthaft die räumliche Wahrnehmung.

„Mit Ausnahme von ein paar Baustellen,[36] die in jüngster Vergangenheit begonnen wurden, hat sich der Skulpturenpark seit seiner

36 1995 wird ein Gebäude auf dem Areal errichtet, in dessen oberer Etage KUNSTrePUBLIK eine Gästewohnung mietete, die sie den eingeladenen Künstlerinnen und Künstlern während ihrer Gastaufenthalte als Residenz zur Verfügung stellte.

Eröffnung vor vier Jahren nicht verändert."[37] Diese Stabilität suggerierende Aussage findet sich in der Einleitung zum Katalog *Skulpturenpark Berlin_Zentrum*. Sie charakterisiert eine Momentaufnahme, als der Skulpturenpark noch als eine brachliegende, innerstädtische Fläche zu lesen war. Ein Rückblick auf verschiedene historische Schichten und ihre Nutzungsmodelle zeigt die Dynamik von urbanem Wandel. Die Nutzung als Wohnraum ist ein wiederkehrendes Muster, das politische Konstellationen im 20. Jahrhundert unterbrochen haben.

Während der Weimarer Republik war das Gelände mit Wohnhäusern dicht bebaut. Mit den Bomben des Zweiten Weltkrieges entstanden Lücken in der Architektur der nationalsozialistischen Hauptstadt. In der DDR war der Ort Teil der innerstädtischen Grenze, ein militärisches Sperrgebiet. Nach der Wiedervereinigung erfuhr er eine kurze Nutzung als Parkplatz und Müllhalde. Dann gestalten die Künstler den Ort, indem sie historische Schichten neu interpretieren und Materialität und Gedächtnis aufeinander beziehen. Mit der Bebauung des Grenzstreifens ab 2011 schließt sich der Zyklus der Zwischennutzung und das Gelände wird zum Wohngebiet.[38]

Nicht die Rückführung in einen dicht bebauten Stadtraum, sondern die Nutzung dieses Raumes von einer speziellen sozialen Gruppe steht für KUNSTrePUBLIK zur Diskussion. Kritisiert wird die homogene Sozialstruktur der in der Entstehung begriffenen Nachbarschaft.[39] Mindestens vierzig Prozent der Interessenten für die zu veräußernden Apartments sind dem Makler zufolge internationale Kunden, die örtliche Immobilienpreise mit „anderen europäischen Hauptstädten" oder „internationalen Städten wie New York, Shanghai und Moskau" vergleichen. Die anderen vierzig Prozent stammen aus deutschen Großstädten wie „München, Frankfurt, Hamburg, Düsseldorf". Nur zwanzig Prozent sind seinen Angaben zufolge aus Berlin. Ein Spannungsfeld kann hier beschrieben werden, das zwischen lokalen und globalen Handlungsmustern

37 KUNSTrePUBLIK (Hrsg.): *Skulpturenpark Berlin_Zentrum*, S. 11.

38 Siehe zur bebilderten Schilderung der lokalen Nutzungskonzepte ebd., S. 15–20.

39 So definiert Louis Wirth Heterogenität neben der Einwohnerzahl und der Besiedlungsdichte als eines der drei Kriterien für ein soziologisches Begriffsverständnis von Stadt, vgl. Louis Wirth: Urbanism as a Way of Life. In: *The American Journal of Sociology* 40,1 (1938), S. 1–24, hier S. 10.

anzusiedeln ist. Verdeutlicht wird dieser Aspekt über die Materialität der zu verkaufenden Wohneinheiten.
Der Musterpavillon zeigt eine mögliche Inneneinrichtung des Apartments, die vereinheitlicht ist. Das vorgefertigte Design ist am „sehr guten Geschmack“ des Bauträgers angelehnt. Damit sind die Kunden, laut Makler, zufrieden. Wenn andere Materialien gewünscht werden, können diese optional dazubestellt werden. Materialität ist im Preis schon enthalten.

> Aktuell bieten wir eine Basis-Ausstattung inklusiv an. Und die Kunden können Elemente optional dazubestellen, beziehungsweise in der Qualität ändern: Türen, Küche, Kamin, Anlage, Einbauschränke, begehbarer Kleiderschrank.

Diese Konzeption der vereinheitlichten Innenausstattung wird modifiziert. Der Abverkauf der einzelnen Apartments läuft ab 2007 schleppend an. Eine erste Erklärung findet der Makler im zu hoch angesetzten Grundpreis. Die im Hochpreissegment angesiedelten Wohneinheiten fielen aus dem Raster vieler Internet-Suchanfragen heraus. Mit ihrer Kenntnis des lokalen Immobilienmarktes überzeugt das Team im Modellpavillon den Bauträger von einem Strategiewechsel. Ab 2011 wird der Grundpreis niedriger angesetzt, mit der Möglichkeit, individuell über „qualitative Materialien“ oder „optionale Zusatzelemente“ aufzustocken. Erst diese Anpassung bringt mehr Interessenten.

> Vor dem 1. April 2011 hatten wir *all inclusive.* Wir haben Abstand genommen zu dem Komplex und haben uns dem Berliner und deutschen Markt angepasst.

Einen zweiten Einflussfaktor auf den Abverkauf der Apartments sieht der Makler an die Bewegungen globaler Finanzmärkte gekoppelt. Anfang 2012 sind laut Auskunft knapp die Hälfte der siebzig Wohneinheiten in verschiedenen Größenskalen verkauft. Die globale Finanzkrise im September 2008 habe die Verkaufszahlen stagnieren lassen, während die Schuldenkrise von 2011 einen gegenteiligen Effekt gehabt hätte, so der Makler: Immobilien waren als Anlageobjekte wieder gefragt:

> Die erste Welle, die Finanzkrise, die hat uns schon geärgert und das Leben schwer gemacht. Die Schuldenkrise hatte genau einen gegenteiligen Effekt. Sie hat uns Antrieb gegeben. Also das, was die erste Welle an Bremsverhalten hatte, hatte die zweite Welle an Anschub. Ich habe die erste Welle gehasst und die zweite Welle geliebt!

Es gibt nur wenige Situationen, in denen Makler und Künstler miteinander gesprochen haben. Die Künstler kritisieren den Verkauf von Luxusimmobilien in der Ausstellungsreihe „Wunderland" (Juli 2009–Februar 2010), der Makler empfindet die künstlerischen Installationen als Provokation:

> Sie tun einen auf nett und sind mit ihren Aktionen provokativ. Sie stellen da verbrannte Autos genau gegenüber von unserem Eingangsbereich, um uns einfach nur Steine in den Weg zu stellen, um uns da im Vertrieb zu behindern. Anders kann ich mir das nicht erklären.

Der Makler spricht über sechs ausgebrannte Fahrzeuge, die der Verein am Rande der Ausstellungsfläche platzierte, um „rivalisierende Lebenswelten" aufzuzeigen. Es gehe „um nichts weniger als die soziale und kulturelle Vorherrschaft".[40] Der Künstler spricht im Interview nicht über ausgebrannte Autos, erwähnt in diesem Zusammenhang allerdings die Installation „Whisper" – flüsternde Lautsprecher, die in Büschen und Bäumen im Rahmen der Ausstellungsreihe „Landreform" (Juni–Dezember 2008) versteckt waren und den Raum mit einer Collage wispernder Stimmen beschallten.[41]

> Der Lautsprecher gegenüber dem Musterpavillon hat auch dazu geführt, dass der Makler sich beschwert hat, dass mögliche Kunden Angst hätten, dass Autos angezündet werden, da gab es durchweg Reaktionen drauf. Allerdings war das auch der Lautsprecher, der am längsten hielt. Der flüsterte da wirklich zwei Monate lang.

Während die Initiatoren des Skulpturenparks Berlin_Zentrum die Materialität des Musterpavillons durchaus zum Gegenstand ihrer künstlerischen Arbeit machten, verweigert der Makler einen Kommentar zum Skulpturenpark Berlin_Zentrum: „Ich weiß gar nicht, was ich dazu sagen soll." KUNSTrePUBLIK rekurrierte auf bestimmte symbolische Strategien, um den Raum anzueignen, mit denen ich mich im folgenden Abschnitt näher beschäftigen werde.

40 KUNSTrePUBLIK (Hrsg.): *Skulpturenpark Berlin_Zentrum*, S. 207.

41 Philip Horst: „Whisper" (Juni–Dezember 2008). In: Ebd., S. 164–167.

6.2 Aneignung als Raumstrategie

Eine Strategie ist nach Michel de Certeau als Versuch zu verstehen, die Kräfteverhältnisse im Raum zu berechnen oder zu manipulieren. Er sieht dabei den zu eigen gemachten Ort als eine notwendige Voraussetzung: „Sie setzt einen Ort voraus, der als etwas Eigenes beschrieben werden kann und somit als Basis für die Organisierung von Beziehungen […] dienen kann.“[42] Die Wahl von Namen ordnet Sinnstrukturen zu, die in verschiedenen historischen Epochen und ihren politischen Rahmungen unterschiedliche Bedeutungszuschreibungen erhalten. Namen sind Orientierungsmerkmale und bringen Bilder hervor, die unsere Wahrnehmung beeinflussen. Einen Ort zu benennen, birgt die Möglichkeit, die Beziehung zwischen gespeichertem Wissen und unmittelbarer, räumlicher Erfahrung über Brüche oder Kohärenz zu beschreiben.

KUNSTrePUBLIK hat den Ort über den Namen „Skulpturenpark Berlin_Zentrum“ und soziale Praktiken zu eigen gemacht. Dabei ist die Namenswahl als intendierter Erwartungsbruch zu verstehen. Eine erste Erklärungsebene bieten die Konnotationen der Begriffe „Skulptur“ und „Park“. Susanne Schröder fragt, ob der Skulpturenpark als ein „schöner Ort“ verstanden werden könne.[43] Um die Rezeption des Ortes herauszuarbeiten, beziehe ich mich auf Zeitungsartikel, die im Jahr 2008 den Ort beleuchteten. Die fünfte Berlin Biennale für Zeitgenössische Kunst kürte das Areal zu einem ihrer drei Hauptstandorte. Der Skulpturenpark Berlin_Zentrum war laut Nippe ein „Kontrastort“[44] zu den etablierten Ausstellungsräumen der Neuen Nationalgalerie und des KW Institute for Contemporary Art; lokale und überregionale Printmedien bewerteten die Raumwirkung übereinstimmend negativ. Die *Basler Zeitung* vom 7. April 2008 beschreibt den Skulpturenpark als „schmutzige Brache“. Die *Berliner Morgenpost* vom 4. April 2008 stellt fest, der Skulpturenpark Berlin_Zentrum sei ein „schrecklicher Ort“, der „vergrast, vermüllt, trostlos“ sei.[45] Die Journalisten störten sich

42 De Certeau: *Kunst des Handelns*, S. 87.

43 Schröder: Was ist ein Skulpturenpark?, S. 214–215.

44 Nippe: *Kunst baut Stadt*, S. 82.

45 Alexander Marzahn: Im Schatten der großen Mauer. In: *Basler Zeitung*, 07.04.2008; Gabriela Walde: Sozialistische Tristesse. In: *Berliner Morgenpost*, 04.04.2008, http://www.morgenpost.de/printarchiv/kultur/article171650/Sozialistische-Tristesse.html (Zugriff am 08.02.2015).

an Gestrüpp, Sand und Bauschutt, die keine ‚Assoziationen von Schönheit' zuließen.

Der Name erzeugte Brüche mit den Erwartungen einer mit Skulpturen bestückten, großzügig angelegten bepflanzten Parkanlage. Diese Diskrepanz beschreibt Schröder als eine Aufwertungsstrategie.[46] Ich verstehe die Benennung als eine Aneignungsstrategie. Der Ort wird als Skulpturenpark Berlin_Zentrum im Sinne de Certeaus symbolisch zu eigen gemacht. Der Künstler erklärt die Raumstrategie mit den Worten: „Auch in der Betitelung des Geländes Skulpturenpark Berlin_Zentrum schaffen wir natürlich ein Bild, das sich aber nicht erfüllt." Die Künstler haben die Eigentümer über die Standorte einzelner Skulpturen informiert. Sie pachteten Parzellen, um dort Skulpturen aufstellen zu lassen. Die Aneignung des gesamten großflächigen fünf Hektar umfassenden Geländes ist jedoch eine symbolische Handlung. So wurde mehrfach betont, der Skulpturenpark Berlin_Zentrum sei eine „Behauptung" oder eine „Idee".[47] Diese Positionierung verweist klar auf die von Lefebvre hervorgehobenen Merkmale der Räume von Repräsentation: Diese werden gelebt und gesprochen.[48]

Auch der Bauträger ist bemüht, den Ort symbolisch zu markieren. Konträr zur Position von KUNSTrePUBLIK ist diese Raumstrategie an positiven Assoziationen orientiert. Der Bauträger wählt beispielsweise mediterrane Namen, um die einzelnen Apartmenteinheiten zu benennen; auch der Werbeprospekt stellt heraus, dass die „ganze Stadt" wie „kaum eine Metropole Europas" in ihrer Baukunst „so stark von Italien" geprägt sei. Beispielhaft aufgezählt werden „reich dekorierte Fassaden, knatternde Vespas und viele Espresso-Bars", die mit den zu verkaufenden Wohneinheiten „italienischer Lebensart" im Einklang ständen. Der Bauträger setzt die zu verkaufenden Apartments mit einem mediterranen Lebensgefühl in Verbindung. Die hier gewählte Verknüpfung zielt nicht auf Brüche, sondern auf die Verschmelzung der Materialität der Immobilie mit ihrer räumlichen Umgebung.

Beide Gesprächspartner prägen Raum auf symbolischer Ebene. Sie benutzen Namen als Singgeber, um den Ort mit Interpretationen zu

46 Vgl. Schröder: Was ist ein Skulpturenpark?, S. 219.

47 Vgl. auch KUNSTrePUBLIK (Hrsg.): *Skulpturenpark Berlin_Zentrum*, S. 11.

48 Vgl. Lefebvre: *La Production de l'Espace*, S. 52.

Abb. 25: Entwurf des Apartmenthauses auf der Außenwand des Musterpavillons.

belegen. In ihren Zielen jedoch verschieden, adressiert KUNSTrePUBLIK mit der Namenswahl Brüche, während die Prospekte des Bauträgers in einer harmonisierenden Sprache gehalten sind:

> Leben, lieben und genießen. Das ist italienische Lebenskunst! Nicht nur die großen Momente zu feiern, sondern auch die kleinen Augenblicke zu genießen. Den feinen Milchschaum auf ihrem Cappuccino. Den Duft einer Sommernacht. Oder einen Moment perfekter Harmonie. Mit anderen Worten: das Gefühl, lebendig zu sein. Mitten in einer der aufregendsten Metropolen der Welt. Mitten in Berlin.[49]

Zu Beginn des sechsten Kapitels stellte ich die Frage nach den sozialen Gruppen, die am Ort interagieren. Der Skulpturenpark Berlin_Zentrum, „eingezwängt zwischen Bürokomplexen und Plattenbauten",[50] ist das Gründungsprojekt der fünf Künstler; sie prägten den Raum maßgeblich während der Ausstellungsreihen (Februar 2006–Februar 2010). Über den Musterpavillon trat der Bauträger in Erscheinung. Beide Parteien richteten ihr Interesse auf eine innerstädtische Brachfläche, die vormals Teil des

49 Aus dem Werbeprospekt.

50 Walde: Sozialistische Tristesse.

innerstädtischen Grenzstreifens war. Inwiefern sind weitere soziale Gruppen auf dem Gelände legitimiert? Am Skulpturenpark Berlin_Zentrum gibt es wenige Berührungspunkte mit zivilgesellschaftlichen oder politischen Akteuren. Der Verein hat sich über Stiftungsgelder oder Bundesmittel finanziert; „nie kam das Geld aus Berlin“, so der Künstler. Nur eine Ausnahme gibt es, in der kommunale Akteure in Erscheinung getreten sind.

Der südliche Block des Skulpturenparks Berlin_Zentrum war nur teilweise umzäunt. Dort war geplant, im Rahmen der Ausstellungsreihe „Spekulationen“ (November 2007–März 2008), eine sieben Meter hohe Hundeskulptur aufzustellen, die auf die „parkähnliche Nutzung“ des Areals verweisen sollte.[51] Als der Verein einen Bauantrag stellen wollte, hörten sie von einem Gutachterverfahren, das vom Stadtplanungsamt Berlin-Mitte für dieses Areal ausgeschrieben worden war.[52] Ein Bebauungsplan sollte erstellt werden, der innerstädtisches Wohnen in Berlin-Mitte konzeptualisierte. Der Verein „schleuste“ sich in dieses Gutachterverfahren „ein“: Neben vier Architekturbüros bekam KUNSTrePUBLIK eine Einladung, die Fläche weiterzuentwickeln und einen Bebauungsplan zu entwerfen. Die Künstler stellten einen Anhänger auf, den sie als Runden Tisch verstanden, darum bemüht, Fachleute, Anwohnerinnen und Anwohner im Austausch zusammenzubringen.[53] Ausgangspunkt ihrer Überlegungen war, den Planungsprozess transparent zu halten, um eine heterogene Bewohnerstruktur zu schaffen: „Die Leerstellen einer Stadt werden als Entwicklungsraum für alle Stadtbewohner verstanden.“[54] Der Verein konzipierte den Anhänger als einen Treffpunkt, um die Raumvorstellungen verschiedener Akteure zu diskutieren. Sie entwickelten ein Nachbarschaftsradio und präsentierten dem Stadtplanungsamt schließlich den Entwurf einer „kritische[n] Gedankenskizze“[55]. Dieser Vorschlag wurde abgelehnt, „ihrer Meinung nach können wir auch einen Entwurf machen, ohne die Einwohner miteinzubeziehen“, so der Künstler. Über das ausgeschriebene Gutachterverfahren, das schließlich ein Entwurf für

51 Vgl. auch S. 123, Anm. 23.

52 Vgl. KUNSTrePUBLIK (Hrsg.): *Skulpturenpark Berlin_Zentrum*, S. 143–147.

53 Vgl. ebd., S. 146; siehe auch S. 202, Abb. 35.

54 Ebd., S. 143.

55 Ebd., S. 146.

Townhouses gewonnen hat, gibt es eine „ganz starke Berührung" zwischen dem Verein und der kommunalen Verwaltung.
Der Makler erwähnt noch eine weitere soziale Gruppe, die das Gelände nutzte: Hundebesitzerinnen und -besitzer mit ihren vierbeinigen Begleitern. Hätte er einen Hund, würde er gleichermaßen die Brache mit Wildwuchs nutzen, so der Makler:

> Neben dem Park gibt es die große Grünfläche. Die hat auch ihren Reiz. Wenn ich jetzt einen Hund hätte, würde ich lieber dort wandern gehen als im Park nebenan, weil es einfach wildgewachsen ist. Man findet da einige Tiere, die sich sehr gerne da aufhalten und das hat so ein bisschen was von, ich sag mal Wildnischarakter. Und da fühlen sich Tiere besonders wohl. Und so etwas im Herzen einer Hauptstadt zu haben ist schon etwas Besonderes. Also ich würde da mit meinem Hund spazieren gehen. Das wird sich aber auch ändern.

Hinblickend auf die Ausgangsfrage nach der Wechselwirkung von Materialität und Gedächtnis können diese Akteure jedoch vernachlässigt werden, weil sie den Ort nicht gemeinschaftlich gestalterisch prägen.[56]
Am Skulpturenpark Berlin_Zentrum sind Gedächtnis und Materialität ephemer verknüpft. Die am Ort dicht konzentrierten Überlagerungen von historischen Schichten werden in verschiedenen Ausstellungsreihen aufeinander bezogen und neu interpretiert. Arbeiten wie „Turn It One More Time" und „New Borders" betonen die palimpsesthafte Beschaffenheit des Ortes, indem sie Formensprache aus der Vergangenheit zitieren und räumlich kontextualisierten. Das Raumkonzept des Skulpturenparks beabsichtigt, Brüche zwischen der Namenswahl und der Wahrnehmung einer nahezu leerstehenden, innerstädtischen Brache herzustellen. Die Künstler formten ein Kollektiv und machten sich den Ort zu eigen, indem sie ein großflächiges Areal benannten und räumlich gestalteten. Diese Raumstrategie bleibt auf symbolischer Ebene verhaftet, KUNSTrePUBLIK kommunizierte mit den Eigentümern der Parzellen nur über fragmentarische Nutzung.

56 Es wäre zu diskutieren, ob Hundehalter eine leerstehende Brache mit Naturwuchs nicht auch ‚gestalterisch prägen', indem sie die Tiere dort freilaufen lassen. Allerdings treten die Hundehalter nicht als Gemeinschaft auf – der fehlende Zusammenschluss rückt diese Position für die Frage nach einer Wechselwirkung von Materialität und Gedächtnis an den Rand.

7.
Orte der Folter
„Wir sind wenige, die herauskamen“

Die argentinische Militärdiktatur, die von 1976 bis 1983 an der Macht war, errichtete über das Land verteilt ein Netz von Orten, um entführte politische Gegner illegal gefangen zu halten. Diese Orte waren keine regulären Gefängnisse, sondern geheime Haftzentren.[1] Ein besonderes Merkmal ihrer intendierten Geheimhaltung war die Verschmelzung mit der räumlichen Umgebung. Teilweise mitten in urbanen Wohngebieten gelegen,[2] wurden Orte in Besitz genommen, die sich nahtlos in das Gewebe der Stadt einfügten und geringe Aufmerksamkeit erregten. Ihre Nutzung durch Angehörige von Polizei und Armee blieb vielerorts auf kurze Zeiträume beschränkt.

1 In der spanischsprachigen Forschungsliteratur finden mehrere Benennungen ihre Anwendung, die mit der Betrachterperspektive der Autorinnen und Autoren variieren. Guglielmucci schreibt über geheime Haft,- Folter- und Vernichtungslager, Vezzetti benennt argentinische Konzentrationszentren, Dürr verweist auf Folter- und Mordzentren. Ich spreche im Anschluss an Memoria Abierta von geheimen Haftzentren. Vgl. Ana Guglielmucci: Das ehemalige geheime Haft-, Folter- und Vernichtungslager El Olimpo. In: Birle / Gryglewski / Schindel (Hrsg.): *Urbane Erinnerungskulturen im Dialog*, S. 154–159; Vezzetti: *Pasado y Presente*, S. 175; Christian Dürr: Operación Masacre. In: *Konkret* 9 (2013), S. 25–27, hier S. 26; Memoria Abierta: *Memorias en la Ciudad*, S. VII.

2 Zur Diskussion des Nachbarschaftsaspektes, siehe Valeria Durán: La Vecindad del Horror. Pasado y Presente en el Entorno de los (Ex)Centros Clandestinos de Detención. In: Dies. / Huffschmid (Hrsg.): *Topografías Conflictivas*, S. 293–304; Maria Mendizábal / Maria José Méndez / Joan Portos / Ariel Korzin / Isabel Cerruti / Marcelo Lopez: El Afuera de un Centro Clandestino de Detención: Las Memorias de los Vecinos del Olimpo. In: Ebd., S. 305–318.

Urbane Infrastruktur wurde modifiziert und zweckentfremdet. Die Nichtregierungsorganisation Memoria Abierta[3] zählt 38 solcher geheimen Haftzentren innerhalb der Capital Federal Buenos Aires auf; zu den genauen Zahlen besteht Uneinigkeit.[4]
Dieses Kapitel stellt die Prozesse ihrer materiellen Restitution exemplarisch an den zwei Haftzentren El Atlético und El Olimpo vor. Die Fallbeispiele zeigen, dass ein Zusammenschluss, eine Kollektivierung subjektiver Erinnerungen ein konstituierender Faktor für eine Wechselwirkung von Gedächtnis und Materialität ist.
Um den besonderen Charakter der Haftzentren als Orte von Folter zu definieren, können Judith Butlers Gedanken über die normative Einbindung von Folterpraktiken in einen spezifisch politischen Rahmen weiterführen. Die planmäßige Entführung politischer Oppositioneller, die schon ab 1974 begonnen hatte,[5] fand im argentinischen Kontext nach dem erfolgreichen Militärputsch am 24. März 1976 unterstützende institutionelle Rahmenbedingungen. Butler weist auf die selektive Rahmung von Gewalthandlungen innerhalb eines politischen Systems hin. Diese Rahmen oder „epistemologischen Raster" befänden Leben für lebenswürdig oder nicht und wären politisch mitbestimmt.[6] Der Körper werde hier zum Werkzeug politischer Instrumentalisierung. Butler fordert ein neues Verständnis des Körpers, gekennzeichnet durch dessen „Gefährdung, Schutzlosigkeit, Verletzlichkeit, wechselseitige Abhängigkeit,

3 Memoria Abierta, eine im Jahr 1999 gegründete Vereinigung verschiedener Menschenrechtsorganisationen, verwaltet ein umfangreiches Archiv mündlicher Quellen von Überlebenden, das die systematische Kennzeichnung geheimer Haftzentren einen entscheidenden Schritt weiterbrachte. Siehe Memoria Abierta: *Memorias en la Ciudad.*

4 Die unter der Regierung von Präsident Raúl Alfonsín (1983–1989) eingesetzte nationale Kommission CONADEP, die während der Diktatur verübte Menschenrechtsverletzungen im Bericht *Nunca más* veröffentlichte, zählt 340 Haftzentren in ganz Argentinien auf. Rund drei Dekaden später wird diese Zahl auf 520 nach oben korrigiert. Vgl. Emilio Crenzel: *La Historia Política del Nunca Más. La Memoria de las Desaparaciones en Argentina.* Buenos Aires: Siglo Veintiuno 2008; Durán: La Vecindad del Horror, S. 296.

5 Siehe hierzu Frontalini und Caiati zum Mythos des ‚Schmutzigen Krieges', Daniel Frontalini / María Caiati: *El Mito de la Guerra Sucia.* Buenos Aires: CELS 1984; siehe auch Hugo Vezzetti zur Theorie der „Zwei Dämonen": *Pasado y Presente*, S. 121–145.

6 Butler: *Raster des Krieges*, S. 9.

Exponiertsein, körperliche Integrität".[7] Im Akt der Folter manifestiert sich das Missachten körperlicher Unversehrtheit.
Die illegalen Freiheitsberaubungen richteten sich gegen Oppositionelle, Gewerkschaftlerinnen und Gewerkschaftler oder Intellektuelle. Die staatliche Verfolgung wurde vor dem Diskurs der „Zwei Dämonen" gerechtfertigt. Eingebunden in die polarisierenden Begrifflichkeiten des Kalten Krieges, justierte sich das militante politische Lager in Argentinien der 1970er Jahre konfrontativ zwischen linken[8] und rechten[9] radikalisierten Gruppierungen. Der Staat übernahm dabei die Rolle einer Ordnungsmacht, um terroristische und subversive Strukturen zu bekämpfen. Diese Sichtweise besetzte den Gegner als marxistischen Feind, der als Bedrohung der inneren Sicherheit, als Gefährdung für das Staatsmonopol deklariert wurde.
An den geheimen Haftzentren Atlético und Olimpo kristallisieren sich traumatische Erlebnisse[10] von Individuen. Aleida Assmann betont den Aspekt unerzählter Geschichte als besonderes Merkmal von Orten, die mit Traumata verbunden sind.[11] Ihr zufolge herrscht an traumatischen Orten Stille. Diese Orte besäßen eine „Geschichte, die nicht erzählbar ist"; sie ließen sich vergleichen mit einer „Wunde, die nicht vernarben will".[12] Das unterscheide sie von Orten, die im Sinne einer „affirmativen Sinnbildung" vereinnahmt werden könnten.[13] Der traumatische Ort nach Assmann hat die nationalsozialistischen Konzentrationslager als Beispiel, die auch im argentinischen Sprachgebrauch wiederholt auftauchen. Exemplarisch hierfür ist die Verwendung des Begriffs „Campo de Concentración", der auf den argentinischen Kontext übertragen wurde. Dieserart wird der

7 Ebd., S. 10.

8 Zur Gruppierung der Montoneros, die aus dem linken Flügel der peronistischen Bewegung hervorging, vgl. Richard Gillespie: *Soldados de Perón. Los Montoneros.* Buenos Aires: Grijaldo 1987; Juan Gasparini: *Montoneros. Final de Cuenta.* Buenos Aires: De la Campana 1999; Carlos Altamirano: *Peronismo y Cultura de Izquierda.* Buenos Aires: Siglo Veintiuno 2011.

9 Zur paramilitärische Gruppierung der Alianza Anticomunista Argentina, siehe Ignacio González Janzen: *La Triple-A.* Buenos Aires: Contrapunto 1986.

10 Im Sinne Butlers steht der Verweis auf traumatische Orte für negative Erinnerungen an soziale Handlungen, die persönliche Integrität bedrohen, verletzen oder missachten, vgl. Butler: *Raster des Krieges*, S. 21.

11 Assmann: Erinnnerungsorte und Gedächtnislandschaften, S. 19.

12 Ebd.

13 Ebd., S. 18.

mobile, zirkulierende Charakter von Konzepten erkennbar, die aus dem einen soziokulturellen historischen Kontext entnommen und neu eingeordnet werden. Die Bezeichnung „Campo de Concentración“ wird in Anlehnung an den systematischen Massenmord der Nationalsozialisten an Juden, Sinti und Roma und politisch Verfolgten genutzt. Überlebende der argentinischen geheimen Haftzentren wie beispielsweise die Politikwissenschaftlerin Pilar Calveiro nutzen die Assoziationsebene des Campo de Concentración für eine systematische Annäherung an die Logiken der argentinischen Zentren.[14] Im empirischen Datenmaterial tauchte der Ausdruck „Campo de Concentración“ immer dann auf, wenn die Rede auf schmerzhafte Erinnerungen an die Haftbedingungen kam. Hugo Vezzetti erklärt die begriffliche Übertragung mit der systematischen Vernichtung politischer Gegner durch den Militärstaat.[15] Der Autor unterscheidet aber beide Kontexte in Bezug auf bürokratische und technische Prozesse.[16] Im Phänomen der gemeinsamen Nutzung des Begriffs „Campo de Concentración“ durch Betroffene und Stadtplaner zeigt sich eine Übereinstimmung der Bedeutungsräume. Die Perspektive der Opfer dominiert den sprachlichen Diskurs. Die Wechselbeziehung von Gedächtnis und Materialität konstituierte sich als Prozess von unten nach oben, initiiert von Menschenrechtsorganisationen, nachbarschaftlichen Initiativen und Betroffenen.

7.1 El Atlético

Eingeschriebene Erinnerungen

Zum Zeitpunkt seiner Entführung im Juli 1977 besuchte Miguel die Abschlussklasse der Sekundarstufe in Buenos Aires. Er war seinen Schilderungen zufolge politisch aktiv.[17] Sie verbanden ihm die

14 So kann der Titel ihres Buches, in dem sie ihre Gefangenschaft beschreibt, übersetzt werden mit „Macht und Verschwinden. Die Konzentrationslager in Argentinien“, vgl. Pilar Calveiro: *Poder y Desaparación. Los Campos de Concentración en Argentina.* Buenos Aires: Colihue 1998.

15 Vezzetti: *Pasado y Presente*, S. 123.

16 Ebd., S. 154–155.

17 Miguel nutzt den Ausdruck der Militancia. Der Begriff der Militanz ist im Spanischen schwächer konnotiert. So betont Miguel in unserem Gespräch sein Wissen über den Zusammenhang seiner politischen Aktivitäten mit seiner Entführung: „Es war kein Zufall, dass ich um die Ecke gegangen bin und sie haben mich zufällig mitgenommen, nein, ich war politisch militant und wusste, was ich

Augen und brachten den Schüler in einem motorisierten Fahrzeug an einen ihm unbekannten Ort. Dort blieb er über mehrere Monate in einer kleinen Zelle interniert, wurde gequält und gefoltert, eingeschlossen in einem „Ort ohne Auswege"[18]. Nach 91 Tagen Gefangenschaft gaben sie ihm die Freiheit zurück. Er hatte den Ort seiner illegalen Haft nicht gesehen. Doch Miguels Erinnerungen finden andere Kanäle der Rekonstruktion. Henri Lefebvre schreibt zum Verhältnis von Körper und Raum über Prozesse der Einschreibung: „Im Körper selbst deuten die aufeinanderfolgenden Schichten der Sinne (vom Riechen bis zum Sehen) die Schichten des sozialen Raumes und deren Verbindungen an."[19] Wenn der Körper sozialen Raum reproduziert, so ist der Körper ein Speicher.

El Atlético, der Ort seiner Gefangenschaft, wurde von Februar bis Dezember 1977 als geheimes Haftzentrum genutzt. In den Kellerräumen eines dreistöckigen Gebäudes der Bundespolizei für Logistik und Materialbeschaffung auf einer Hauptverkehrsstraße in der Nähe des Flusses Río de la Plata im Viertel San Telmo untergebracht, mussten die Zelltrakte dem infrastrukturellen Ausbau der städtischen Schnellstraße 25 de Mayo weichen. Das logistische Gebäude der Bundespolizei wurde 1978 abgerissen. Vorher wurden die politischen Gefangenen des Atlético ‚verlegt', erst in das geheime Haftzentrum außerhalb der Hauptstadtgrenzen, El Banco, danach in das innerstädtische Haftzentrum El Olimpo gebracht.

Nach seiner Freilassung musste Miguel realisieren, dass ein Teil seiner Familie nach Europa emigriert war. Er entscheidet sich dennoch dafür, in Buenos Aires zu bleiben. Indem er erst verschwand, dann aber wieder auftauchte, erweckte er Fragen nach seinem Verbleib. Man wollte von ihm wissen, wo genau er denn gefangen gehalten worden sei. Seine Freunde fragten nach dem Ort seiner Internierung. Miguel konnte diese Frage nicht beantworten. Die fehlende Ortsbindung seiner Erinnerungen quälte ihn. Er sagt über El Atlético, den Ort seiner dreimonatigen Haft: „Ein Ort ist seltsam, von dem Du nicht weißt, wo er liegt, ein Ort, der keine Erklärungen

gemacht habe." Zur Analyse der militanten revolutionären Bewegungen, siehe Martín Caparrós / Eduardo Anguita: *La Voluntad. Una Historia de la Militancia Revolucionaria en la Argentina.* Buenos Aires: Norma 1998.

18 Die wörtlichen Anführungszeichen beziehen sich auf unser Interview vom 30. April 2010.

19 Zit. n. Schmid: *Stadt, Raum und Gesellschaft*, S. 213.

hat." Dieser unerklärbare Ort ist klar definiert als traumatischer Ort im Sinne Aleida Assmanns.[20] Ein Ort, der in den Erinnerungen dauerhafte Spuren einprägt, räumlich aber unmarkiert bleibt. Ein Ort, über den zu sprechen bei anderen Sprachlosigkeit und Stille hervorruft. Auch Pilar Calveiro schildert ihre Wahrnehmung der Haftbedingungen als eine andere Dimension, als eine abgetrennte Welt mit anderen Logiken.[21]

So begann Miguel noch während der Militärdiktatur mit der Suche des geheimen Haftzentrums, nur gestützt auf eine Rekonstruktion seiner Eindrücke. Er spazierte durch die Stadt, er lief die nummerierten Straßenblöcke ab und versuchte dabei, sich räumlich zu erinnern. Miguels Spaziergänge fokussierten das Ziel, den verborgenen Ort seiner Haft zu lokalisieren. Seine Intention bleibt unter dem Mantel der alltäglichen Praxis des Spazierengehens kaschiert. Ein erster Anhaltspunkt seiner Suche ist die Straßenecke, an der er freigelassen wurde. Von dieser Kreuzung ausgehend lief er durch die Stadt, um mental Gebäude zu markieren:

> Ich bin von dem Ort auf der Straße, wo sie mich freiließen, losgegangen und spazierte in Richtung des Stadions immer geradeaus, in die Richtung vom Fluss. Ich schaute die öffentlichen Gebäude an, die zur Polizei oder zur Armee gehören könnten mit den Merkmalen oder der Größe, wie ich mir das Gebäude vorstellte. So ging ich spazieren und markierte die Gebäude, Krankenhäuser, Polizeistationen auf meinem Weg.

Miguels räumliche Orientierungsmerkmale waren einzelne Fragmente aus den Erinnerungen an seine Inhaftierung. Dass die Zellen in einem Kellergewölbe gelegen haben mussten, realisierte er, als er einmal seine Zelle verlässt und mehrere Tage die Folgen der körperlichen Misshandlungen „in einer Art Krankenstation" im selben Gebäude auskurierte. Obwohl Miguel Folter in keiner Weise direkt angesprochen hat, gibt er hier eine indirekte Referenz auf Gewalthandlungen, denen er ausgesetzt war. Von der Krankenstation aus konnte Miguel die Gehsteige der Straße erblicken und daraus schlussfolgern, dass er in einem Untergeschoss festgehalten wurde.

20 Assmann: Erinnnerungsorte und Gedächtnislandschaften, S. 18.

21 Zit. n. Vezzetti: *Pasado y Presente*, S. 181.

> Dort gab es ein Fenster, das auf die Höhe der Straße zeigte, also waren wir im Keller. Und ganz oben gab es eine Luftzufuhr nach außen und man konnte viele alte Gebäude sehen, die einen Keller haben.

Auch die bauliche Umgebung diente der räumlichen Orientierung. Das Gebäude war Teil eines Straßenzugs, in dem „viele alte Gebäude" dominierten. So hatte Miguel einen weiteren räumlichen Bezugspunkt für seine Suche. Auch seine Hände tragen zur Rekonstruktion bei. Über alltägliche Praktiken wie Essen und Toilettengänge konnte Miguel Schlussfolgerungen ziehen. Seine Hände haben die Textur von Gegenständen ertastet:

> Auf dem Griff vom Löffel, da war das Wappen der Polizei eingraviert. Auf allen Löffeln, mit denen wir gegessen haben. Es gab auch einen Mülleimer, auf dem Policía geschrieben stand, ein hoher Mülleimer, der in den Toiletten stand.

Über Geräusche des städtischen Außenraums, die bis zu seiner Zelle dringen, konnte er ein nahe gelegenes Fußballstadion ausmachen. Fußballfangesänge waren für Miguel klar als solche identifizierbar. Auch haben die Wärter in den geheimen Haftzentren Radio gehört. Zwischen einem Spielabpfiff im Radio und einem anschwellenden Geräuschpegel auf den Straßen lag eine sehr kurze Zeitspanne, ein weiteres Indiz für Miguels Suche.

> Manchmal konnten wir eine Fußballpartie hören. Wenn Boca[22] gewonnen hatte, war in einem sehr kurzen Zeitraum, nachdem das Spiel im Radio abgepfiffen wurde, auf der Straße das Geräusch der feiernden Fans zu hören.

Eingeschriebene Erinnerungen leiten Miguels Suche. Um sich im Raum zu orientieren, um den Ort seiner Qualen zu lokalisieren, nimmt er Bezug auf ein Wissen, das im Körper gespeichert war. Indem er die Stadt zu Fuß abläuft zeichnet er ein Bild eines städtischen Textes.[23] Miguels Fußwege bilden ein Geflecht sich kreuzender Beschriftungen. Seine Spaziergänge sind jedoch auf ein konkretes Ziel hin ausgerichtet. Sie waren nicht willkürlich, sondern von der Suche nach dem geheimen Haftzentrum bestimmt. Miguels Gehpraktiken sind bis zu einem definierten Moment regelmäßig. Dann findet er den Ort wieder.

22 Boca Juniors, ein Fußballverein in Buenos Aires.

23 De Certeau: *Die Kunst des Handelns*, S. 182.

> Auf der einen Seite war meine Suche konkret, aber es definitiv zu finden, ist zufällig. Vielleicht hätte ich es gefunden und hätte mehr Zeit gebraucht, aber es war so, dass ich daran vorbeigegangen bin und dass ich stehenbleibe, um genau dort auf einen Bus zu warten. Und genau dann sehe ich den Abriss des Gebäudes und sehe, wie die Begrenzungen der Zellen erscheinen. Genau so, wie ich sie mir vorgestellt habe! Also, ich weiß nicht, ob ich es gefunden hätte.

Miguel ist wieder einmal durch die Straßen spaziert. Müde von seiner Suche, wartet er auf den Bus, der ihn zurückbringen soll. In just demselben Moment ist er Zeuge von Abrissarbeiten auf der gegenüberliegenden Straßenseite. Die Fundamente des Gebäudes waren bereits abgerissen und geben den Blick frei auf die Kellerräume: In der Anordnung der Zellbegrenzungen sieht Miguel seine Vorstellung der materiellen Konstellationen im Haftzentrum El Atlético bestätigt. Dann steigt er in den Bus.

Spuren

Miguels Geschichte seiner Suche veranschaulicht die Notwendigkeit, Erinnerungen an die Materialität von Orten rückzubinden. Auf der anderen Seite zeigt die Narrative, dass eine Frage nach der Wechselbeziehung von Gedächtnis und Materialität immer im Kontext politischer Machtverhältnisse gedacht werden muss.

Das Gebäude wurde abgerissen. Die Zerstörung des Straßenzuges, der Miguel zufällig beiwohnte, war auf stadtplanerische Modifikationen der Militärregierung zurückzuführen. Der Abriss des Gebäudes der Bundespolizei, das in seinen Kellerräumen in den Monaten des Jahres 1977 ein geheimes Haftzentrum verborgen hatte, war nur ein kleiner Baustein eines systematischen Plans eines gesellschaftlichen Umbaus. Im Zuge des sogenannten Prozesses der nationalen Umstrukturierung[24] strebte die Militärdiktatur weitgreifende sozialräumliche Veränderungen an. So wollte die Junta die architektonische Vision einer Ciudad Blanca (Weißen Stadt) realisieren. Eine leicht zu kontrollierende und zu überwachende Stadtarchitektur sollte entstehen. Die Ciudad Blanca war geplant als ein

24 Der Proceso de Reorganización Nacional (Prozess der Nationalen Umstrukturierung) sollte eine tiefgreifende soziale und politische Rekonstruktion von Staat und Institutionen umfassen. Eine wichtige Säule war die Liberalisierung der Wirtschaft. Vgl. Vezzetti: *Pasado y Presente*, S. 55.

„ordentlicher, sauberer Raum".[25] Für den Bau einer Stadtautobahn siedelte der Planungsstab um die städtische Baukommission die Bewohnerinnen und Bewohner von prekären Vierteln ohne Anbindung an öffentliche Elektrizitäts- und Wassernetze an den Außenrändern der Hauptstadt in soziale Wohnbauprojekte außerhalb der Stadtautobahn um.[26]

Das Gebäude der Bundespolizei, in dem Miguel gefangen gehalten wurde, wich 1977 dem Ausbau von fünfzehn Kilometern Stadtautobahn. In dem Moment, als die Schaufeln der Abrissbagger die Kellerräume freilegten, wartet Miguel auf gegenüberliegender Seite von seinem Spaziergang erschöpft auf einen Bus, der ihn nach Hause bringen soll. Noch immer erstaunt, rekonstruiert er im Gespräch das kurze Zeitfenster, das ihm ermöglichte, den Ort zu sehen.

> Nachdem ich ein Jahr spazieren war, bin ich an ein Gebäude gekommen, das sie zerstört hatten, um der Stadtautobahn Platz zu schaffen. Ich bin angekommen, als der Abriss schon beendet war. Und der Abriss hat mir erlaubt, den Keller zu sehen. Sonst weiß ich vielleicht nicht, ob ich es identifiziert hätte. Das war ein komischer Zufall. Ich habe eine Antwort gesucht. Und ich habe verstanden, dass keiner sie mir geben konnte. Dass ich den Ort finden musste und gut. Und dann habe ich mich auf die Suche gemacht und habe den Ort gefunden. Ich habe etwas mehr als ein Jahr gebraucht, um ihn zu lokalisieren, aber gut, ich habe ihn lokalisiert.

Miguels Schilderungen illustrieren die Bedeutung von Materialität für Erinnerungen. Vergangenheit ist ortsgebunden.[27] Ohne die Möglichkeit einer Lokalisierung von Erinnerungen bleiben diese „ohne Erklärungen", ortlos.

Dass Miguel den Ort seiner Haft entdeckt und identifiziert hat, kann er nicht mit seiner sozialen Umgebung teilen. Als zufälliger Zeuge

25 Diese Zitate basieren auf den Gesprächen mit dem Stadtsoziologen am 1. Mai 2010 und der Philosophin am 13. April 2010. Siehe auch Adrian Gorelik: *La Grilla y el Parque. Espacio Público y Cultura Urbana en Buenos Aires.* Bernal: Universidad Nacional de Quilmes 2010.

26 Bewohnerinnen und Bewohner des prekären Viertels Ciudad Oculta (Dunkle Stadt) wurden in den Wohnblock Piedrabuena (Guter Stein) im Bezirk Villa Lugano zwangsumgesiedelt, der während der Militärdiktatur 1977 entsteht. Piedrabuena hat einen mit Rampen und Treppen gestalteten Innenhof, durch den mittig eine Straße durchführt, sowie dreizehnstöckige Wohntürme, auf denen Wassertanks platziert sind. Vgl. S. 204, Abb. 39–40.

27 Vgl. Massey: Places and Their Past, S. 189.

einer kurzen Phase von Sichtbarkeit im Jahr 1978 bleiben Miguel im politischen Kontext der Militärdiktatur ‚die Hände gebunden'. Er muss die visuellen Eindrücke der freigelegten Zellabgrenzungen im Gedächtnis speichern, ohne sie materiell zu binden. Zu fotografieren erscheint Miguel zu jenem Zeitpunkt unmöglich. Auf Nachfrage schildert er den psychologischen Druck eines Überlebenden, der auf ihm lastete und ihn davon Abstand nehmen ließ, aufzufallen und die Aufmerksamkeit der anderen auf sich zu lenken:

> Nein, in dieser Zeit konnte man keine Fotos machen. Es war auch nicht so zugänglich, es gab noch kein Handy, um Fotos zu machen und es hatte auch noch nicht jeder einen Fotoapparat und die Wahrheit war, dass ich Angst hatte, mich dahinzustellen mit einer Fotokamera, ich hätte mich bewacht gefühlt, obwohl sie mich nicht bewacht haben aber gut, ich habe noch den psychologischen Druck gespürt.

Miguels Wahrnehmung bleibt ohne materielle Rücksicherung. Hier zeigt sich besonders deutlich der fragile, nicht dauerhafte Charakter individueller Erinnerungen. Die zuvor noch sichtbare Materialität der Fundamente der Zellabgrenzungen wurde von Erde bedeckt. Eine mehrspurige, hochgelegte Stadtautobahn bestimmte das Bild der Stadt und verbarg die Reste des geheimen Haftzentrums El Atlético aufs Neue.

Miguel muss zwanzig Jahre warten, bis die Kellerräume des geheimen Haftzentrums freigelegt wurden. Er berichtet von Zweifeln an seinen Erzählungen. Er galt als „dieser Verrückte", davon überzeugt, den Ort seiner Gefangenschaft zu kennen. Doch konkrete Beweise, außer seinen Worten, hatte er keine.

Eine erste legitimierende Instanz seiner Erinnerungen ist das Stadtarchiv. Der Abgleich seiner räumlichen Erinnerungen mit Bauplänen des Gebäudes der Bundespolizei bestätigt seine Version der verschütteten Folterkeller. Der Zugang zum Archiv und die Nutzung der Baupläne erfolgte erst nach dem Übergang in die Demokratie.[28] Miguel hat spezifisch räumliche Merkmale wie mittig in den Gängen positionierte Kellersäulen beschrieben, die auch in den Grundrissplänen eingezeichnet waren:

28 Die Historikerin Sabine Arnold beschreibt die Regulierungsmechanismen politischer totalitärer Systeme auf Archive mit dem Begriff des okkupierten Gedächtnisses, vgl. Sabine Arnold: *Stalingrad im sowjetischen Gedächtnis. Kriegserinnerung und Geschichtsbild im totalitären Staat.* Bochum: Projekt 1998.

Abb. 26
Ausgrabungen der Kellerfundamente des ehemaligen Haftzentrums El Atlético.

Ich erinnerte mich an ein Detail. Das war ja kein normales Gebäude. Das war ein öffentliches Gebäude in Händen der Polizei mit einem Keller, in dem es all diese Zellen und Folterräume gab, die ich beschrieben habe, die Säulen, an die wir uns erinnerten, an denen wir uns gestoßen haben, als wie wenn Säulen im Weg gewesen wären, und wir schauten auf die Pläne und die Säulen waren dort genau eingezeichnet.

Dieses Zitat verweist auf einen weiteren Aspekt der sozialen Dimension von Gedächtnis. Miguel spricht am Ende seiner Aussage „an die wir uns erinnerten" von mehreren Personen. Indem Erinnerungen geteilt werden, verlieren sie ihren willkürlichen Charakter. Der Verein Encuentro por la Memoria, hervorgegangen aus einer nachbarschaftlichen Bürgerinitiative, bot eine gemeinsame Plattform. Die Gruppe von Überlebenden, Angehörigen, Nachbarinnen und Nachbarn suchte den zugeschütteten Ort unter der städtischen Autobahn in regelmäßigen Abständen auf, um dort zu mahnen und Position zu beziehen.

Wir sind wenige, die aus diesen Orten herauskamen, nicht nur physisch, sondern auch psychisch. Denn obwohl ich noch immer von dieser Geschichte bestimmt werde, wollte ich das Schweigen und das Vergessen vermeiden,

> die keine Lösung sind. Ich habe immer bevorzugt, darüber zu reden, einen öffentlichen Diskurs zu suchen.

Über diese ortsgebundenen Gedächtnispraktiken, die sich gegen das Vergessen und die Stille richteten, wurde ein Stadtratsvertreter auf die Gruppe aufmerksam.[29] Er machte den Vorschlag, einen Gedenkstein zu errichten, was mehrheitlich abgelehnt wurde. Statt symbolisch zu erinnern, forderte der Verein eine materielle Rekonstruktion des Ortes. Die gegenständlichen Spuren sollten an die urbane Oberfläche zurückgebracht werden, die Überlagerungen nachgezeichnet werden, um den Ort zu markieren. Materialität steht hier als Pfeiler von Gedächtnis. Sie komplementiert die Forderung der Überlebenden, Gedächtnis am Ort archäologisch herauszuarbeiten. Die palimpsesthafte Überlagung im urbanen Raum war ein nicht akzeptabler Zustand, wie Miguel klarmacht: „Nein, hier muss gegraben werden! Hier gibt es Reste, hier gibt es materielle Reste des Gebäudes!“

Bis zum Jahr 2002 verhindern die Eigentumsverhältnisse die Freisetzung des Folterkellers. Wiederum liegt eine Erklärung in stadtplanerischen Entscheidungen während der Militärdiktatur begründet. Um den Bau der Stadtautobahn zu finanzieren, erhält ein spanisches Konsortium die Nutzungsrechte an der Stadtautobahn und den darunter liegenden Grundstücken. Die Gebühren sollten über einen Zeitraum von zwanzig Jahren eine Refinanzierung der Investitionen sicherstellen. Nutzungsanfragen für bestimmte Abschnitte unter der Stadtautobahn hatten an die Firma gerichtet zu werden. Die Anfragen von Encuentro por la Memoria blieben unbeantwortet. 1997 läuft der zwanzigjährige Pachtvertrag zwischen der Stadt Buenos Aires und der Investorengruppe aus.

Am 13. April 2002 finden erste Ausgrabungen statt. Die Kellerräume werden freigelegt, zahlreiche in der Erde aufgefundene Gegenstände werden katalogisiert. Miguel betont den besonderen Charakter dieses Ortes unter einer Schnellstraße: „Wir sind der einzige Ort unterhalb einer Autobahn in der Stadt, der nichtkommerziellen Interessen verpflichtet ist.“

Um der Wechselwirkung von Materialität und Gedächtnis nachzuspüren, steht die Restitution des geheimen Haftzentrums El

29 Vgl. hierzu ausführlich D’Agostino: Club Atlético.

Abb. 27: Gegenstände mit Zuordnung der einzelnen Zellen.

Atlético an erster Stelle. Das Fallbeispiel veranschaulicht, unter welchen Bedingungen die Wechselwirkung von Gedächtnis und Materialität von politischen Rahmenbedingungen bestimmt wird. Die Narrationen Miguels lassen einen stark räumlichen Bezug erkennen: Ohne eine Verortung seiner Erinnerungen sind jene fragil und werden verinnerlicht, nicht nach außen kommuniziert. Erst der Zusammenschluss sozialer Akteure ermöglicht es, Spuren in Materialität einzuschreiben. In gemeinschaftlichen Praktiken am Ort kann die öffentliche Aufmerksamkeit für die Freilegung und Bewahrung als Gedächtnisort gewonnen werden.

Die Überlebenden und die Verschwundenen

Das von Miguel manifestierte Bedürfnis, das geheime Haftzentrum zu finden und zu markieren, muss in Zusammenhang mit der systematischen Entführung und Ermordung von Personen während der Militärdiktatur gebracht werden.[30] Einen Ort zu lokalisieren, war für viele Angehörigen der Entführten unmöglich. Ihre Partnerinnen

30 Recherchen von Memoria Abierta zufolge waren 21 Prozent der Verschwundenen Schülerinnen, Schüler oder Studierende, vgl. Memoria Abierta: *Memorias en la Ciudad*, S. 68.

und Partner, Kinder, Geschwister oder Eltern ‚verschwanden'.[31] Miguel konzentriert das Verhältnis von Überlebenden und Verschwundenen auf die prägnante Frage nach einem Ort der gemeinsamen Gefangenschaft:

> Ich glaube, dass viele von uns, die überlebt haben oder diese Erfahrung gemacht haben, herauskommen mussten und eine Antwort auf die vielen Fragen finden mussten, die nicht nur sie uns stellten, sondern die wir uns auch selbst stellten. Eine von diesen war: Wo bist du gewesen? Wo sind sie gewesen? Wo sind sie? Wir hatten wenigstens eine Erklärung.

Miguel spricht hier im Plural und erklärt darüber die zu eigen gemachten Gesichtspunkte und angenommenen Interessen der Gemeinschaft der Überlebenden. Er charakterisiert eine gemeinsame Haltung erstens über einen aktiven öffentlichen Diskurs des ‚Herauskommen-müssens'. Eine zweite Ebene, die er anspricht, betrifft die geheimen Haftlager. Viele der dort Gefangenen kamen nicht frei, sondern wurden ermordet. Während der ersten demokratischen Regierung Raúl Alfonsíns von 1983 bis 1989 sollte eine nationale Kommission über den Verbleib der Verschwundenen aufklären. Ihr Bericht mit dem Titel *Nunca Más* dokumentiert circa 8.900 Fälle von Entführungen. Die Nummer ist später zunehmend nach oben korrigiert worden, Menschenrechtsorganisationen berufen sich auf die rhetorische Ziffer von 30.000.[32] Allerdings kann die Kommission den Verbleib der Verschwundenen nicht aufklären.

Die Figur des Überlebenden steht nach der politischen Zäsur eher am Rand medialer Aufmerksamkeit. Miguel erzählt hierzu eine Anekdote. Er habe im Jahr 1987 Kontakt zu einem ausländischen Filmproduzenten gehabt, der einen Dokumentarfilm plante. Der Produzent stellte seinem Regisseur die Gruppe der Überlebenden um Miguel mit den Worten vor: „Schau mal, ich habe lebendige Verschwundene gefunden! Und nicht nur einen, sondern gleich mehrere!" Das Erstaunen des Produzenten spiegelt die marginale Position der Überlebenden im öffentlichen Diskurs wider. Miguel vergleicht die Überlebenden mit „Ausnahmen". Sie hätten einem repressiven staatlichen System gedient, um Terror zu verbreiten.

31 Siehe auch den Beitrag zum „Verschwindenlassen", Estela Schindel: Verschwindenlassen. In: *Gewalt. Ein interdisziplinäres Handbuch*, hrsg. v. Christian Gudehus / Michaela Christ. Stuttgart: Metzler 2013, S. 170–176.

32 Dank an Estela Schindel für diese Anmerkung.

Man wusste, dass sie gefoltert worden sind, und so generierte ihr erneutes Auftauchen Angst. Miguel macht wiederholt deutlich, dass die geheimen Haftzentren Orte ohne Kontroll- und Überwachungsinstanzen darstellten.

> Man ist nicht in ein Gefängnis gegangen, um einen Prozess zu erwarten. Man konnte das Leben verlieren oder diese schrecklich schlimmen Momente erleben. Das war Teil vom Schema von Leben und Tod und genau wir waren die Ausnahmen. Ich habe dir gesagt, dass wir wenige waren, die aus diesen Orten herauskamen, nicht nur physisch, sondern auch psychisch. Terror und Angst, meine Familie, meine Freunde, wenn ich auch nicht das Leben verloren habe, wenn ich nicht verschwunden war, war es klar, dass ich gefoltert wurde.

Miguel bezeichnet hier die Qualen seiner Folter über eine doppelte Wertung: die „schrecklich schlimmen Momente" der Folter fanden öffentlich keinen Widerhall, sondern riefen Stille hervor. Dass Personen aus den Haftzentren wieder freikamen, weckte auf der anderen Seite auch Hoffnung. Es nährte die Hoffnung der Angehörigen, dass die Entführten noch am Leben waren. So wurden die Überlebenden zum Instrument der Militärdiktatur, wie Miguel hervorhebt:

> Wir waren ein wenig die Instrumente dieses Projektes, nicht? Das heißt, indem wir wiederaufgetaucht sind, haben wir eine gewisse Möglichkeit bestätigt: Gut, es gibt lebendige Verschwundene, die neunzig Tage danach auftauchen, ein Jahr später, zwei Jahre später. ‚Sie sind versteckt! Eines Tages werden sie freigelassen werden!' Die Figur des Verschwundenen, die Figur des Aufgetauchten erschafft eine gewisse Stille, eine gewisse Gelähmtheit, eine gewisse Angst.

Erst die öffentliche Aussage eines ehemaligen Militärpiloten, der Fall Scilingo, bringt eine massive mediale Resonanz. Der Pilot berichtet am 9. März 1995 vor laufenden Fernsehkameras über die Praktiken regelmäßig stattfindender Todesflüge. Die Entführten wurden mit einer Injektion betäubt. Sie wurden in Militärflugzeuge gelegt, um sie schließlich über dem offenen Ozean[33] aus

33 Um die besondere Rolle des Flusses als kollektives Grab für die Verbrechen der Militärdiktatur zu betonen, wurde der Gedenkort Parque de la Memoria am Ufer des Río de la Plata errichtet. Zu den Schwierigkeiten der Planung vor dem Hintergrund der Amnestie, siehe u. a. Graciela Silvestri: Memoria y Monumento. In: *Punto de Vista* 64 (1999), S. 42–44; Inès Vasquez: ¿Parque Justicia? In: *Ramona. Revista de Artes Visuales* 9,10 (2000/2001), S. 8; Hugo Vezzetti: Mahnmale des Staatsterrorismus in Buenos Aires. Politik und Repräsentation. In: Birle / Gryglewski / Schindel (Hrsg.): *Urbane Erinnerungskulturen im Dialog*, S. 89–101; Andreas Huyssen: El Parque de la Memoria. Una Glosa desde Lejos. In: *Punto de Vista* 68

der Ladeluke hinauszuwerfen. Das Geständnis des Militärpiloten positioniert die Täterperspektive in die öffentliche Wahrnehmung.[34] Viele der ‚Verschwundenen' sind auf diese Weise ermordet worden. Indem die Entführten in das Wasser geworfen wurden, verschwanden ihre Körper. So charakterisiert Estela Schindel den Río de la Plata als Ort des Vergessens. Sie schreibt: „Der Fluss hat keine Orte, er bietet keine Materialität, er ist der perfekte Ort, um Verbrechen zu verstecken."[35] Die Amnestiegesetze von 1986 und 1987 werden unter der folgenden Regierungsperiode von Carlos Menem von 1989 bis 1999 nicht angetastet. Staatlich legitimierte Straflosigkeit bestimmt auch unter dem zweiten Präsidenten nach dem Übergang in die Demokratie den politischen Kontext in Argentinien.

7.2 El Olimpo

Ein Großteil der Entführten aus dem Keller des Club Atlético wurde nach kurzer Gefangenschaft im Haftzentrum El Banco außerhalb der Hauptstadt in das geheime Haftzentrum El Olimpo verlegt. El Olimpo liegt im Viertel La Floresta in Buenos Aires inmitten eines innerstädtischen Wohngebietes. Die ehemalige Lagerhalle für Eisenbahnschienen und Omnibusse kommt 1976 in Besitz der Bundespolizei, die dort eine Abteilung für Kraftfahrzeuge aufbaut. Die Halle funktioniert zwischen August 1978 und Februar 1979 als Ort illegaler Haft und Folter.

Warum wird El Olimpo nach nur sechsmonatiger Nutzung als geheimes Haftzentrum bereits im Februar 1979 geschlossen? Die Nichtregierungsorganisation Memoria Abierta vermutet, dass die bevorstehende Ankunft der Interamerikanischen Menschenrechtskommission die Militärregierung eine derartige Maßnahme hat ergreifen lassen. Die Vereinten Nationen schickten 1979 eine

(2000), S. 25–28; ders: *Urban Palimpsests and the Politics of Memory*, S. 94–109 (Kap. 6: „Memory Sites in an Expanded Field: The Memory Park in Buenos Aires").

34 Mit dem Schuldgeständnis des Piloten, der von einem spanischen Gericht zu 63 Jahren Haft verurteilt wurde, erstarkt ein gegensätzlicher Diskurs über die Rolle der Verschwundenen als politisch militante Akteure. Vgl. Kaleck: Die ‚Koalition gegen die Straflosigkeit', S. 264; Caparrós/ Anguita: *La Voluntad*.

35 Estela Schindel: Las Aguas y el Olvido. Los Ríos Como Topografías en Conflicto. In: Durán / Huffschmid (Hrsg.): *Topografías Conflictivas*, S. 389–406, hier S. 395.

Abb. 28: Blick in die ehemalige Lagerhalle für Eisenbahnschienen und Omnibusse El Olimpo.

Gruppe von Beobachtern nach Argentinien, um dem Vorwurf von Menschenrechtsverletzungen durch die Militärdiktatur nachzugehen. Gestützt auf Aussagen von Überlebenden im Exil, sollte die Existenz geheimer Haft- und Folterzentren überprüft werden. Obwohl sie den Besuch im Monat Mai ankündigte, kommt die Kommission erst im September 1979 nach Argentinien. Besagte dreimonatige Zwischenspanne, so Claudia Feld, wurde dazu genutzt, die Haftzentren umzubauen.[36] Feld stützt ihre Analyse auf einen Vergleich mündlicher Erzählungen mit räumlichen Modifikationen. 1979 prägt der politische Rahmen der Militärdiktatur die Umformung von Materialität. Nachdem die Gesandten der Interamerikanischen Menschenrechtskommission einige Haftzentren inspiziert hatten, fanden sie die räumlichen Beschreibungen letztendlich nicht bestätigt. Prägnante architektonische Konstruktionen, die erinnert und protokolliert wurden, waren entweder abgerissen

36 Claudia Feld: Las Capas Memoriales del Testimonio. Un Análisis Sobre los Vínculos Entre Espacio y Relatos Testimoniales en el Casino de Oficiales de la ESMA. In: Ebd., S. 335–365, hier S. 345.

Abb. 29
Asphaltschicht mit orangefarbener Nachzeichnung der Zellbegrenzungen, darunter freigelegte Zellwandfundamente im ehemaligen Haftzentrum El Olimpo.

oder umgebaut worden.[37] Die Häftlinge wurden temporär verlegt.[38] El Olimpo, wo nach Aussagen von Überlebenden bereits die Türen des abgerissen El Atlético eingebaut worden waren, fand eine Rücknutzung als Lagerhalle.[39] Der Ort blieb unter Verwaltung des Innenministeriums.

In den 1990er Jahren werden in der Lagerhalle des Olimpo Fahrzeuge überprüft und registriert. Initiiert von nachbarschaftlichen Initiativen, gelingt es erst am 4. Oktober 2004, das geheime Haftzentrum El Olimpo als ‚historischen Ort' zu proklamieren und einen Auszug Vornutzer zu forcieren. Die Kompetenzübertragung der nationalen auf die föderale Ebene war zweckgebunden an die Konzeption einer Gedenkstätte an die staatlichen Verbrechen und zur Förderung von Menschenrechten und demokratischer Werte.[40]

37 Im größten geheimen Haftzentrum der Hauptstadt ESMA, die Mechanikerschule der Marine, wurde beispielsweise der Aufzug und eine Treppe verdeckt.

38 Während des Aufenthaltes der Interamerikanischen Menschenrechtskommission wurden die Häftlinge auf die Insel El Silencio im Flussdelta des Río de la Plata verlegt. Auch dort funktionierte ein geheimes Haftzentrum. Vgl. Horacio Verbitsky: *El Silencio*. Buenos Aires: Sudamericana 2005.

39 Vgl. Memoria Abierta: *Memorias en la Ciudad*, S. 216.

40 Siehe zur Restitution des Ortes u. a. Memoria Abierta: *Memorias en la Ciudad*, S. 215–219; Estela Schindel: Erinnerungsorte in Buenos Aires. In: Dies. / Birle / Gryglewski (Hrsg.): *Urbane Erinnerungskulturen im Dialog*, S. 73–88, hier S. 81–82.

Das ehemalige geheime Haftzentrum El Olimpo hatte wechselnde Eigentumsverhältnisse, die ihren Niederschlag in räumlichen Transformationen fanden. Am Beispiel des zweiten geheimen Folter- und Haftzentrums ist die Wechselbeziehung von Gedächtnis und Materialität dokumentierbar. Die Bundespolizei hat die Abdrücke der abgetragenen Zellwände mit einer Schicht Asphalt überdeckt. Erst die Übertragung an die autonome Stadt Buenos Aires 2004 eröffnet die Möglichkeit der materiellen Spurensicherung. Unter dem „angeordneten Geordneten" sollte die vergessene, aber in der Oberfläche eingeschriebene Vergangenheit aufgedeckt werden.[41] So zeugen Holzrahmungen von einer geschichteten materiellen Textur, von Stadt als Palimpsest. Das zweite Beispiel stellt die Perspektive eines Angehörigen vor. Ricardo hat seinen Cousin während der Militärdiktatur verloren. Er gibt Führungen durch das ehemalige Haftzentrum El Olimpo und schildert die Bedeutung des Ortes.[42]

Materialität als Anker

El Olimpo besteht im Jahr 2010 aus einer Bibliothek, einer Werkstatt für Bildende Künste und einem kleinen Dokumentationszentrum. Ricardo ist Mitglied der Arbeits- und Konsensgruppe für die Wiedergewinnung der Erinnerung des ehemaligen Haft-, Folter- und Vernichtungszentrums El Olimpo[43]. Auf die Frage nach der Bedeutung des Ortes sagt er, El Olimpo wäre als Gegenkultur zum Tod zu sehen. Im Mittelpunkt der lokalen Aktivitäten stände eine Politik von Gedächtnis, Wahrheit und Gerechtigkeit. So bestimme der Vorsatz, Leben zu schaffen. Um dieses Ziel zu verwirklichen, benötige es viel Wille und freiwilliges Engagement. Die Materialität des ehemaligen Haftzentrums El Olimpo habe eine wichtige soziale Funktion für Gedächtnis. Sie gilt Ricardo als Verbindungsglied für die Familien der Verschwundenen: „Dieser Ort ist der letzte Ort, wo sie lebendig waren!"

41 Vgl. Foucault: *Vom Licht des Krieges zur Geburt der Geschichte*, S. 19, siehe auch Einleitung, S. 12.

42 Die Zitate stammen aus unserem Interview vom 29. April 2010.

43 Equipo de Trabajo del Programa de Restitución del Ex-CCD El Olimpo, Übersetzung nach Guglielmucci: Das ehemalige geheime Haft-, Folter- und Vernichtungslager El Olimpo, S. 154.

Die argentinischen Haftzentren bilden einen Anker für Gedächtnis. Die Verschwundenen haben in den meisten Fällen weder Gräber noch eine Liegestelle, da ihre Körper zumeist im Wasser versunken sind. So ist der Gegenständlichkeit der geheimen Haftzentren eine zusätzliche Bedeutungsebene eingeschrieben: Jene Orte symbolisieren nicht allein staatlich angeordnete Repressalien und Folter; sie ermöglichen eine Verortung der Verschwundenen und setzen einen Bezug zum Toten-Gedenken.

Eine in der deutschen Forschungsliteratur vielfach auftretende Unterscheidung von Opfer- oder Täterorten[44] kann nicht auf den argentinischen Kontext der geheimen Haftzentren übertragen werden. Der argentinische Psychologe Hugo Vezzetti versteht unter Berufung auf Marcelo Brodsky die argentinischen Haftzentren als „Mahnmale“, an denen „die Familien ihr Recht auf Trauer und Gedenken ausüben dürfen“.[45] Die Art und Weise, wie den Verschwundenen gedacht wird, weicht jedoch lokal stark voneinander ab. Das Gedächtnis an die Verschwundenen als Opfer oder als revolutionäre Kämpfer ist ein Punkt von Aushandlungen.

Im restituierten Haftzentrum El Olimpo dominiert die Perspektive der Betroffenen. Zu Beginn einer Führung zeigt die Arbeitsgruppe einen Film, der über Aktivitäten am Ort informiert. Mit getragener Musik untermalt, blendet der Film Bilder der verschwundenen Brüder und Schwestern, Väter und Mütter ein. Das Gedenken an die Toten ist am Anfang der Führung zentral platziert. Die materielle Ausstattung des Informationszentrums und die Worte des Angehörigen verweisen auf dasselbe Phänomen: An den Wänden hängen zwei Bilder des argentinischen Helfers der kubanischen Revolution, Ernesto Rafael Guevara de la Serna. Das global zirkulierende Konterfei des „Che“ im Hintergrund, begründet Ricardo

44 Im deutschen Kontext häufig diskutiert an Orten des Nationalsozialismus wie der Topographie des Terrors, das ehemalige SS-Hauptquartier als Täter-Ort oder das Berliner Denkmal für die Ermordeten Juden Europas als Mahnmal. Zu Orten des Realsozialismus, die weniger mit einer Täter-/Opfer-Klassifizierung in Verbindung gebracht werden, siehe Annette Kaminsky (Hrsg.): *Orte des Erinnerns. Gedenkzeichen, Gedenkstätten und Museen zur Diktatur in SBZ und DDR*. Leipzig: Forum 2004; Robert-Havemann-Gesellschaft (Hrsg.): *Orte der SED-Herrschaft Berlin*; dies. (Hrsg.): *Orte der Friedlichen Revolution Berlin*.

45 Marcelo Brodsky: Génesis y Evolución de una Idea. In: *Ramona. Revista de Artes Visuales* 9/10 (2000/2001), S. 6–7, zit. n. Vezzetti: Mahnmale des Staatsterrorismus in Buenos Aires, S. 93.

das Wirken am Ort mit der marxistischen Narrative des revolutionären Kampfes:

> Die meisten von uns, die hier sind, haben dem Ort gegenüber eine Verpflichtung, die in vielen Fällen affektiv ist, denn mit uns arbeiten ehemalige Überlebende und in vielen Fällen haben wir Angehörige, die in dieser Grube gefangen waren. Und es gibt eine Verpflichtung, dass dieser Ort sich über verschiedene Regierungen hinweg halte, über verschiedene Färbungen von Regierungen. Man kann behaupten, dass es nicht mehr passieren soll und um kommenden Generationen zeigen zu können, dass wir ein Beispiel des Kampfes haben. Das sind die Kombattanten hier, einige überlebten, andere wurden ermordet. Dieses Beispiel muss uns Kraft geben, um für ein Projekt eines gerechteren Landes kämpfen zu können, ein schöneres Land.

Er verweist hier auf die affektive Bedeutung des Ortes für die Angehörigen. Indem er die Verschwundenen als „kämpfende Kombattanten" bezeichnet, spricht er die Rolle der politischen Militanz an. Die Verschwundenen sollen nicht als passive Opfer einer Militärdiktatur, sondern als aktiv handelnde Individuen Eingang ins Gedächtnis finden. Den instabilen Charakter der Regierungen, den mein Interviewpartner mit „verschiedenen Färbungen" anspricht, hat Schindel als wichtigen Erklärungsansatz betont. Auf ihre Frage, warum im argentinischen Kontext Materialität und ihre Sicherung eine derart große Rolle spielen, führt sie die schnell wechselnden sozialen Bedingungen an. In einem Land mit Erfahrungen von politischer Instabilität ständen die geheimen Haftzentren als materielle Gegenpole für längere Dauer.[46] Angehörige, Überlebende und nachbarschaftliche Initiativen bestätigen die Wirkung der Gegenständlichkeit der geheimen Haftzentren auf Gedächtnis. Die Formen jedoch, in denen Gedächtnis auf Materialität wirkt, sind heterogen. Die gemeinschaftlichen Standpunkte variieren, wie der folgende Abschnitt am Beispiel einer Mutter eines Verschwundenen aufzeigt.

46 Vgl. Estela Schindel: Steine, Plätze und Performance. Aktive Erinnerungen in Buenos Aires. In: Dies. / Birle / Gryglewski (Hrsg.): *Urbane Erinnerungskulturen im Dialog*, S. 291–302, hier S. 302.

Die Kinder der Verschwundenen

Die Chilenin Buscarita[47] folgt 1975 ihrem Sohn José nach Buenos Aires, der nach einem Zugunfall Beinprothesen benötigte. Im Studium lernte Buscaritas Sohn José über politische Aktivitäten seine spätere Gefährtin Gertrudis kennen. Sie bekommen eine gemeinsame Tochter. Die beiden Studenten werden am 28. November 1978 zusammen mit ihrem Kind entführt und in das geheime Haftzentrum El Olimpo verschleppt. José und Gertrudis sind bis heute verschwunden.[48]

Vierzehn Frauen versammeln sich am 30. April 1977 vor dem Regierungsgebäude der Militärregierung und machen das Verschwinden ihrer Kinder publik. „Wir marschierten vereint durch den Schmerz um das abwesende Kind", so eine der teilnehmenden Mütter in ihren Reflektionen.[49] Die Madres de Plaza de Mayo haben sich jede Woche donnerstags auf dem Platz der Mairevolution getroffen. Die Regelmäßigkeit ihrer Proteste führte vom Schmerz zum Kampf zum aktiven Widerstand, so Enriqueta Maroni.[50] Ein symbolisches Zeichen ihrer Zusammengehörigkeit sind weiße Kopftücher. Schindel erklärt den Gebrauch der Tücher mit einer Pilgerreise der Madres zu einem Wallfahrtsort, der Kathedrale von Luján im Jahr 1979. Hier wählten die Mütter weiße Kopftücher, um sich in der Menge gegenseitig erkennen zu können.[51] Alsbald zeigten die vormals weißen Tücher die eingestickten Namen ihrer verschwundenen Kinder.[52]

Vezzetti fasst die Forderungen der Mütter über drei Merkmale zusammen. Mit dem Ruf nach Wahrheit (Reclamo por la Verdad)

47 Buscarita gibt am 7. April 2010 ein Interview. Siehe auch Ali Qassim: Broken Bonds. Interview. Buscarita Roa and Claudia Poblete. In: *The Guardian*, 03.08. 2007. http://www.theguardian.com/lifeandstyle/2007/aug/04/familyandrelationships.family2 (Zugriff am 18.06.2015).

48 Vgl. auch Memoria Abierta: *Memorias en la Ciudad*, S. 218.

49 Enriqueta Maroni: Die Erinnerungsarbeit der Madres de Plaza de Mayo. In: Birle / Gryglewski / Schindel (Hrsg.): *Urbane Erinnerungskulturen im Dialog*, S. 303–308, hier S. 304.

50 Maroni: Die Erinnerungsarbeit der Madres de Plaza de Mayo, S. 304.

51 Vgl. Schindel: Steine, Plätze und Performance, S. 293.

52 Auch die Praktiken der Vergegenwärtigung der verschwundenen Kinder variieren mit den Jahren. Um den Abwesenden eine Stimme zu verleihen, proklamierten die Madres während der Demonstrationen beispielsweise die Namen ihrer Kinder und antworteten mit dem gemeinsamen Ausruf *¡Presente!* (*¡Anwesend!*).

verlangen sie Rechenschaft über den Verbleib ihrer Kinder. Mit der Forderung nach Gerechtigkeit (Demanda de Justicia) kritisieren sie eine staatlich legitimierte Straffreiheit, die in den Amnestiegesetzen ihren Ausdruck fand. Die dritte Forderung (Imperativo de Memoria) richtet sich gegen das staatlich verordnete Vergessen.[53] Auch die Militärdiktatur hat ihre Spuren verwischt. So berichtet Miguel, der als Schüler entführt wurde, dass seine Schulakte nicht mehr aufzufinden war, sein Name im Jahrgangsverzeichnis nicht mehr auftaucht.

Erst während der Kirchner-Regierungen (seit 2003) beginnt die Phase einer langsamen Annäherung zwischen den Menschenrechtsgruppierungen und der Regierung. Die Entschuldigung des damaligen Präsidenten Néstor Kirchner am Tag des Militärputsches 2004, als er im Namen des Staates für die begangenen Verbrechen um Verzeihung bat, bedeutet einen Bruch mit der Vergangenheitspolitik der vorangegangen Regierungen. Buscarita erklärt den ‚symbolischen Kniefall' mit einem Verweis auf die Biografie Kirchners. So war dieser Mitglied der peronistischen Jugendbewegung und suchte als erster Staatsvertreter den Dialog mit den Madres de Plaza de Mayo:

> Wir sind der Kirchner Regierung dankbar, denn mit ihr hat alles mit den Menschenrechten begonnen. Er war der Initiator. Als er Präsident wurde, war er derjenige, der die Forderungen der Großmütter, der Angehörigen, der Mütter berücksichtigte. Er war derjenige, der uns zugehört hat. Er war auch ein Begleiter unserer Kinder. Er gehörte auch zu dieser, wie heißt nur dieses Wort, zu dieser Lebensphase. Er hat auch an dieser Geschichte teilgenommen.

Indem Buscarita dem ehemaligen Präsidenten bescheinigt, „auch an dieser Geschichte teilgenommen" zu haben, verweist sie auf das geteilte Erfahrungswissen einer sozial definierten Gruppe, der Generation. Doch neben der Suche nach dem verschwundenen Sohn war da noch der ungeklärte Verbleib der Enkeltochter. Buscarita in der Rolle der Mutter sucht ihren Sohn, die Großmutter Buscarita suchte ihre Enkelin. Mit dieser Situation war Buscarita nicht allein. Sie schließt sich mit anderen Großmüttern zusammen,

53 Vezzetti: *Pasado y Presente*, S. 21–22. Zurückzuführen bis in die Antike, bestand die Damnatio Memoriae in einem offiziellen Verbot des Andenkens an Personen. Es stand teilweise unter Strafe, Namen öffentlich auszusprechen. Auch wurden sämtliche materielle Speicher wie Münzen, Chroniken oder Bilder von den Spuren der betroffenen Person bereinigt.

die sich in der Asociación Civil Abuelas de Plaza de Mayo organisieren. Buscarita betont im Gespräch wiederholt, dass es innerhalb der Organisation zwischen den Müttern und den Großmüttern keine Trennung gegeben habe. Die Suche der Großmütter sei anderen Zielen untergeordnet:

> Wir haben als Mütter und Angehörige begonnen. Und in einem Augenblick sagten wir uns, wieviele von uns haben verlorene Enkel, da sie sich die schwangeren Töchter genommen haben. Und daraufhin haben sich die Großmütter gebildet. Wir alle zum Beispiel waren die Mütter. Von dort hat sich eine Gruppe herausgebildet, die Großmütter. Es gab keine Trennung. Es gab nur, wie soll ich das sagen? Die Mütter suchen ihre Kinder weiter, die Großmütter suchen die Enkel, denn viele sind in den geheimen Folterzentren geboren worden.

In der Erklärung Buscaritas können wir das Verhältnis der Einzelnen zu pluralen Gruppengedächtnissen aufschlüsseln. Der individuelle Standpunkt ist über variable Zuordnungen charakterisiert. So überlappen sich die Interessen und Gesichtspunkte der Mütter mit denen der Großmütter einerseits, unterscheiden sich aber andererseits über die Fixpunkte der konkreten Suche.
In der nationalen juristischen Aufarbeitung der Militärdiktatur ist die Klage Buscaritas der Präzedenzfall. Die Madres de Plaza de Mayo erhielten Hinweise aus der Bevölkerung zum möglichen Verbleib von Buscaritas Enkelin. So initiiert Buscarita am 20. April 1998 einen Strafprozess gegen die Entführer der zum Zeitpunkt ihres Verschwindens achtmonatigen Nichte. Claudia Poblete, das Kind von José und Gertrudis, wächst in einer Militärfamilie ohne Wissen über ihre Wurzeln unter anderem Namen auf.[54] Ihre verwandtschaftliche Beziehung zu Buscarita wird über einen genetischen Test festgestellt.[55] Die Entscheidung im Fall Poblete

54 Vgl. zum systematischen Raub der Kinder der Entführten, die im Militärkrankenhaus zur Welt kamen und die als scheinbar biologische oder adoptierte Kinder von Militärfamilien aufgezogen wurden, Memoria Abierta: *Memorias en la Ciudad*, S. 77–79.

55 In *Las Abuelas y la Genetica* schildern die Großmütter den langwierigen Weg der Implementierung der genetischen Tests in ihre Suche. Ihre Webseite listet 116 Fälle erfolgreicher Identifizierungen der entführten Enkelinnen und Enkel auf. Die Kinder der Verschwundenen erscheinen als politische Akteure unter dem Akronym HIJOS, einem Kürzel der anfänglichen Buchstaben der Wortfolge „Kinder für die Identität und die Gerechtigkeit gegen das Vergessen und Schweigen". Vgl. Abuelas de Plaza de Mayo. http://www.abuelas.org.ar (Zugriff

entwickelt sich zum Maßstab in der argentinischen Vergangenheitsaufarbeitung. Buscaritas Klage, die vom Centro de Estudios Legales y Sociales (CELS) unterstützt wurde, führt zur Aussetzung der Amnestiegesetze.[56]

Das Beispiel Buscaritas zeigt auf, dass Gedächtnis sozial konstituiert ist. Individuen teilen dabei die Standpunkte verschiedener sozialer Gruppen, die entweder über gemeinsame Positionen definiert sind oder aber voneinander abweichen und in Konkurrenz treten. Buscarita teilt ihren Schmerz über das Verschwinden ihres Sohnes mit den Madres de Plaza de Mayo. Sie kämpfte um eine Aufklärung der Herkunft ihrer Enkelin Claudia Poblete mit den Abuelas de Plaza de Mayo. Für Buscarita sind die inhaltlichen Gesichtspunkte beider Gruppierungen im Einklang. Abschließend möchte ich den Fokus auf den Strafprozess gegen die Wärter in den geheimen Haftzentren Atlético, Banco und Olimpo lenken, der von November 2009 bis Dezember 2010 in Buenos Aires stattgefunden hat.

7.3 Der ABO-Strafprozess

Hinsichtlich der juristischen Vergangenheitsaufarbeitung der argentinischen Militärdiktatur können drei Phasen unterschieden werden. Das erste Gerichtsverfahren findet unter der demokratischen Regierung Alfonsíns von April bis Dezember 1985 statt. Vor Gericht stehen die jeweiligen Kommandeure von Heer, Marine und Luftwaffe sowie die Anführer der linksgerichteten Gruppierungen Montoneros und ERP[57], die zu langjährigen Haftstrafen verurteilt werden. Auf dieses Verfahren wird Bezug genommen als Juicio a las Juntas. Die verurteilten Militärs kommen in der

am 06.08.2015); dies.: *Las Abuelas y la Genética. El Aporte de la Ciencia en la Búsqueda de los Chicos Desaparecidos*. http://www.abuelas.org.ar/material/libros/Libro-Genetica.pdf (Zugriff am 18.06.2015). Siehe zu den Erinnerungspraktiken aus vergleichender Perspektive für den lateinamerikanischen Kontext Olga Burkert: Todos Somos Hijos de una Misma Historia. H.I.J.O.S. en Argentina y México. In: Durán / Huffschmid (Hrsg.): *Topografías Conflictivas*, S. 407–424.

56 Siehe auch den Artikel von Horacio Verbitsky in der Sonderbeilage der Tageszeitung *Página/12*, Verbitsky: El Fallo Que Anuló la Obediencia Debida y el Punto Final. In: *Página/12*, 12.03.2001. http://www.pagina12.com.ar/2001/01-03/01-03-12/fallo.htm (Zugriff am 08.05.2013); Memoria Abierta: *Memorias en la Ciudad*, S. 218.

57 Revolutionäre Armee des Volkes.

darauf folgenden Regierungsperiode Carlos Menems wieder frei. Die Amnestiegesetze verhindern weitere Strafprozesse. Die zweite Phase der Straffreiheit bis zum Jahr 2005 gibt Raum für die sogenannten Wahrheitsprozesse. Die Juicios por la Verdad werden in der Landeshauptstadt der Provinz Buenos Aires eröffnet und führen ab April 1998 zu Anhörungen von Überlebenden, Militär und Polizei, ohne dass jedoch Haftstrafen ausgesprochen werden.[58] Ausnahmen in der Amnestiegesetzgebung sind Fälle von Kindesentführung und Eigentumsdelikte, die Kaleck als „Lücken" bezeichnet.[59] Ab 2005, als der Oberste Gerichtshof die Aufhebung von Schlusspunktgesetz und Befehlsnotstandgesetz bestätigt, steht die Strafverfolgung unter nationaler Gerichtsbarkeit. Die Unvereinbarkeit des gesetzgebenden Rahmens mit den Forderungen von Gerechtigkeit, Wahrheit und Gedächtnis der Menschenrechtsorganisationen, welche die zweite Phase prägt, wird in der dritten Phase beseitigt. Dass die Strafprozesse unter nationale Gerichtsbarkeit fallen, ist auf die Klage Buscaritas und der Madres de Plaza de Mayo zurückzuführen, wie Buscarita erinnert:

> Die Prozesse haben erst seit kurzem begonnen. Dank Präsident Kirchner haben sie begonnen, 23 Mörder zu verurteilen. Mit meinem Fall, mit dem Fall Poblete, wurden die Amnestiegesetze ausgesetzt. Denn ich habe einen Prozess gegen die Entführer meiner Enkelin geführt. Und der Richter, unter dessen Vorsitz dieser Fall stattfand, hat darum gebeten, die Schlusspunkt- und Befehlsnotstandsgesetze zu stürzen. Ab diesem Punkt konnte mit der Strafverfolgung begonnen werden.

Im Kontext eines Strafprozesses steht die wechselseitige Beeinflussung von Gedächtnis und Materialität unter besonderer Aufmerksamkeit. Der Strafprozess um die Wärter in den geheimen Haftzentren El Atlético, El Banco und El Olimpo, kurz ABO-Prozess, findet vom 24. November 2009 bis zum 21. Dezember 2010 statt. Sechzehn der siebzehn angeklagten Personen erhalten langjährige Haftstrafen.[60] Der Überlebende Daniel wird am

58 Auch Miguel gibt während der Juicios a las Juntas seine Erinnerungen an die Haftbedingungen im geheimen Haftzentrum El Atlético zu Protokoll.

59 Kaleck: Die ‚Koalition gegen die Straflosigkeit', S. 263.

60 Detaillierte Informationen zum Prozess finden sich in der Dezemberausgabe von 2010 der Zeitung *Diario de la Memoria*, die vom Instituto Espacio para la Memoria herausgegeben wird. Siehe Instituto Espacio para la Memoria (Hrsg.): Atlético–Banco–Olimpo. La Hora de la Justicia. In: *Diario de la Memoria* 12 (2010).

Montag, dem 3. Mai 2010, im sechsten Stock des Gerichtsgebäudes Comodoro Py in den Zeugenstand gebeten. Am Beispiel der Zeugenaussage im ABO-Prozess zeigt sich die Problematik einer Rekonstruktion räumlicher Erinnerungen im Kontext gruppenspezifischer Modifikationen.

Daniels Zeugenaussage

Daniel berichtet in seiner eidesstattlichen Erklärung, am 25. November 1977 entführt worden zu sein. Er war in allen drei Haftzentren gefangen. Als die Strafverteidiger ihn darum bitten, die Unterschiede zwischen den Haftzentren zu erläutern, hebt Daniel die Gemeinsamkeiten von El Atlético, El Olimpo und El Banco hervor. Die geheimen Haftzentren stünden für eine „gleiche Methodologie"; sie seien Ausdruck eines „systematischen Plans" mit den „Aufgaben der Entführung, Folter und Investigation". Die Aufgaben der Wärter erklärt Daniel mit drei Verantwortlichkeiten: zu entführen, zu foltern und weitere Namen herauszubekommen. In dieser Hinsicht trennt Daniel zwischen den ausführenden Personen und einem System staatlich angeordneter Repression:

> Für mich war die Grausamkeit nicht an verschiedene Personen gebunden. Einige waren mehr, andere waren weniger sadistisch. Für mich ist die Grausamkeit Teil einer Methodologie.

Daniel erläutert die im System eingespeiste Methodologie genauer, als er über die Umstände seiner Gefangenschaft spricht. Er schildert einen doppelten Prozess des Auslöschens, der einerseits auf die physische Dimension des Körpers, andererseits auf die psychische Dimension, die Gefangenen unterzuordnen, bezogen ist. Das Ergebnis dieser „Struktur", die das Unterwerfen des Anderen konzipierte, ist eine „verstummte Seele": „Um uns die Seele zu nehmen, um uns alles zu nehmen", seien die geheimen Haftzentren nicht verschieden gewesen, sondern miteinander vergleichbar.

Im Gerichtssaal hat Daniel Schwierigkeiten, die Wärter den drei verschiedenen Haftzentren zuzuordnen. Die Rückbindung der Folterer an die drei Internierungszentren gestaltet sich über den

http://www.institutomemoria.org.ar/media/publi/diario/diarioABO2010.pdf (Zugriff am 23.05.2013). Von über hundert Aussagen, die vor Gericht aufgenommen wurden, stammen die wörtlichen Zitate aus einem Mitschnitt der Verhandlung am Montag, dem 3. Mai 2010.

zeitlichen Abstand der Rekonstruktion schwierig. Daniel antwortet auf die Frage nach einer personenbezogener Erinnerung im geheimen Haftzentrum El Atlético, dass sich ihm einige mit dem Olimpo vermischten. Nicht nur die Zuordnung der Wärter an die jeweiligen Orte erscheint aus gegenwärtiger Perspektive im Gerichtssaal unscharf, auch die Materialität der Haftzentren ist nicht an einen einzelnen, beständigen Ort gebunden. So tauchen Gegenstände des einen Ortes am anderen Ort wieder auf:

> Eine Sache, die mir aufgefallen ist, war, dass die Türen vom Olimpo dieselben waren wie im Atlético, wovon ich abgeleitet habe, dass sie uns zum Banco transportiert haben, um Zeit zu haben, diesen anderen Ort zu errichten, den ich nachher als Olimpo identifiziert habe.

Dieses Zitat verweist auf die enge Verknüpfung von Vergangenheit und Gegenwart. Daniels Aussage macht die Herausforderung deutlich, ein mündlich vorgetragenes Zeugnis zu geben. Waren „dieselben Türen" vom Olimpo eine Wahrnehmung des geschilderten Momentes in der Vergangenheit? Oder stammt dieses Wissen aus der sozialen Interaktion mit anderen Überlebenden? Mit dem Impetus der plötzlichen Wahrnehmung einer „Sache, die mir aufgefallen ist", erweckt Daniel den Anschein, er habe die Türen während der illegalen Inhaftierung im Haftzentrum Olimpo als materielle Ausstattung des ersten Haftzentrums El Atlético identifiziert. Indem er diese Tatsache mit dem Wechsel zu einem anderen Ort in der Aussage, „wovon ich abgeleitet habe", verknüpft, bildet der Überlebende eine Kette von Kausalitäten. Hieran zeigt sich, dass Vergangenheit aus der Gegenwart rekonstruiert wird.[61] Dass man das Gebäude der Bundespolizei abgerissen hat und im Zuge dessen die Türen ausgebaut wurden; diese Erkenntnis scheint vielmehr ein Produkt des akkumulierten Wissens der Gegenwart. Vergangenheit und Gegenwart sind miteinander verwoben, so dass man sie nicht mehr unterscheiden kann.[62]

Erinnerungen in zeitlichen Sequenzen zu ordnen, ist in der räumlichen Umgebung des Gerichtsaals eine große Herausforderung. Daniel präsentiert Informationen in Form einer kausalen Kette, um

61 Vgl. Halbwachs: *Das Gedächtnis und seine sozialen Bedingungen*, S. 129.
62 Vgl. ebd., S. 130.

Kohärenz zu produzieren. Hiermit nähern wir uns der Problematik von Bewertungen der Aussagen von Augenzeugen.[63]

Primo Levi, selbst ein Überlebender des nationalsozialistischen Konzentrationslagers, betont die Bedeutung von Informationen aus erster Hand. „Brennende Erinnerungen“ müssten nach außen getragen werden, und zwar über den schriftlichen Bericht.[64] Im Nachwort zur Neuausgabe von *Ist das ein Mensch?* weist Levi auf Stille hin. Diese Stille versteht er nicht wie Miguel als Sprachlosigkeit seiner Mitmenschen, sondern als eine individuelle Unmöglichkeit, sich auszudrücken. Was er niemandem zu sagen vermöge, könne er nur schriftlich festhalten.[65]

Ein letztes Beispiel, um das gegenseitige Durchdringen von individuellem Wissen und Gruppengedächtnissen zu veranschaulichen, ist der Einstieg Daniels in seine Erzählung. Mit diesen Worten beginnt er seine Aussage vor Gericht:

> Ich wurde am 25. November 1977 entführt. Ich wurde an den Händen gefesselt, in einem geschlossenen Lastwagen transportiert und zu einem Ort gebracht. Dieses war, die Entführung war im Krankenhaus [Name] im [Stadtteil] bis zu einem Ort, der wie ein Keller war und später habe ich ihn als El Atlético identifiziert.

Die hier vorgebrachten Beschreibungen, dass der Ort „wie ein Keller war“ und dass er ihn später als geheimes Haftzentrum El Atlético identifiziert habe, schließt an ein Wissen an, das nicht an die unmittelbare Erfahrung gekoppelt ist, wie die Schilderungen Miguels bestätigen.

Die Argumentation der Staatsanwaltschaft ist an dieser Linie ausgerichtet. Teile der Zeugenaussage basierten nicht auf individueller Erfahrung, sondern auf Recherchen einer Gruppe, so das Plädoyer der Staatsanwältin. Die Informationsquelle sei nicht persönlich akkumuliertes Wissen und Erfahrung gewesen, sondern habe sich mit Informationen aus zweiter Hand vermischt. Die Staatsanwältin argumentiert, dass zwischen individuellen und gemeinschaftlichen Erinnerungen keine klare Trennung zu erkennen sei.

63 Die kultur- und sozialwissenschaftliche Gedächtnisforschung rekurriert auf den Begriff „Primärerfahrung“ im Sinne subjektiver Erfahrung. Vgl. Hans Günter Hockerts: Zugänge zur Zeitgeschichte: Primärerfahrung, Erinnerungskultur, Geschichtswissenschaft. In: *Politik und Zeitgeschichte* 28 (2001), S. 15–30.

64 Primo Levi: *Ist das ein Mensch?* Überarb. 3. Aufl. München: dtv 2012, S. 167.

65 Ebd.

Auf diese Weise problematisiert sie Überlagerungen und wechselseitige Beeinflussung von individuellen und gruppenspezifischen Erinnerungen. Es ist schwierig, im Moment der Zeugenaussage vor Gericht die Übergänge zwischen beiden Erinnerungsmodi zu rekonstruieren. Persönliche Erfahrungen und Erlebnisse werden in sozialer Interaktion gefestigt, stabilisiert oder modifiziert. Die Übergänge von Erinnerungen zu Gedächtnis können schlecht rekonstruiert werden.

Im personenbezogenen Strafprozess, der Individuen auf der einen Seite befragt und Individuen auf der anderen Seite verurteilt, erscheint die Kollektivierung von Erfahrung problematisch. Über die wiederholte Nachfrage, wie dieser oder jener angesprochene Aspekt denn mit seiner eigenen Erfahrung zu verbinden wäre, hat die Staatsanwaltschaft Daniels Unsicherheit verstärkt.

Erschwerend kommt hinzu, dass Polizei und Militär während ihres Umgangs mit den Gefangenen innerhalb der geheimen Haftzentren ihre gesellschaftlich legitimierten Namen verborgen haben. Die Wärter trugen Spitznamen. Sie etablierten eine Trennung zwischen ihrer gesellschaftlichen Rolle (‚außen') und ihren Funktionen in den geheimen Haftzentren (‚innen'). Diese Spitznamen führt das *Diario de la Memoria* an, das Bilder der siebzehn Angeklagten und darunter ihre Spitznamen veröffentlicht.[66] Auch Daniel zählt die an seiner Entführung beteiligten Personen mit ihren Spitznamen auf:

> An der Entführung nahmen teil, ich nenne die Spitznamen, denn von einigen weiß ich die Vornamen, von anderen nicht: El Padre, el Turco Julián, Raúl, […], einige habe ich erinnert.

Die Nachfrage der Verteidigung, diese Namen mit partikulären Situationen zu verbinden und die darin vorkommenden Personen zu beschreiben, verneint Daniel. Die Rekonstruktion von Vergangenheit konnte – wie es auch Halbwachs formuliert – nur näherungsweise geschehen.[67]

Das Ende der dreistündigen Anhörung bildet ein Moment höchster Spannung. Daniel wird dazu aufgefordert, Portrait-Bilder zu betrachten, die er den Wärtern namentlich zuordnen soll. Der Einsatz von Bildern als Informationsquelle stellt im Gerichtssaal in Buenos Aires die abschließend prüfende Instanz der Verifikation

66 Vgl. Instituto Espacio para la Memoria (Hrsg.): Atlético–Banco–Olimpo, S. 9.
67 Vgl. Halbwachs: *Das Gedächtnis und seine sozialen Bedingungen*, S. 132.

von Erinnerungen dar. Die Abbildungen sollen den Wahrheitsgehalt der Zeugenaussage ermitteln.[68] Die Bilder im Gerichtssaal in Buenos Aires sind jedoch keine Beweise für Misshandlungen und Folter der Überlebenden, sie dienen vielmehr der Identifizierung der Täter.

Daniel wird gebeten, eine schwarzweiß bedruckte Folie zu betrachten, die auf einem Lichtbildprojektor ausgelegt ist und in einer Projektion an der Gerichtssaalwand erscheint. Der unterhalb des rechten Bildrandes abgedruckte Name wird mit einem losen Papierblatt verdeckt. Daniel muss die Portraitbilder identifizieren und mit seinen Erzählungen verbinden. Es liegt im Charakter des Bildmediums begründet, dass die personengerichtete Identifizierung für den Zeugen mit hohem psychologischem Druck verbunden ist. Die Wahrnehmung einer unter dem Aspekt von Gedächtnis herausfordernden Situation kann über die Beschaffenheit des materiellen Trägers in drei Punkten begründet werden. Erstens, Bilder stellen punktuelle Einzelmomente dar, wie Judith Butler mit Bezug auf Susan Sontag anmerkt. Sontags Argumente, dass „Fotografie von sich aus keine Interpretation liefern kann", da „Überschriften und schriftliche Analysen [...] das vereinzelte und punktuelle Bild ergänzen"[69], finden im Gerichtssaal eine praxisbezogene Anwendung. Der Zeuge Daniel muss selbst die erklärende Ebene liefern, indem er die Bilder Personen und Spitznamen zuordnet. Zweitens, fotografisch abgebildete Gesichter zeigen Menschen in einem spezifischen Alter ihres Lebens, so Sontag.[70] Je nachdem, wann die Bilder aufgenommen worden sind, weichen sie stark vom Erscheinungsbild der Angeklagten im Gerichtssaal ab. Diese zeitlichen Momentaufnahmen erschweren die Identifizierung auf zusätzliche Art und Weise. Auch sind die Gesichter nicht immer deutlich erkennbar. So werden beispielsweise Uniformierte mit einer Kopfbedeckung auf die Wände projiziert. Drittens, auch die technische Ausstattung spielt eine Rolle. Es gibt keine Bildbearbeitung hinsichtlich von Größe und Auflösung. Daniel muss nahezu winzige Passbilder in schlechter Auflösung bestimmen. Trotzdem benennt er einige Angeklagte namentlich. Ein Bild bleibt ohne Zuordnung. Als Daniel den Gerichtssaal verlässt, ist ihm die Anstrengung

68 Judith Butler betont, dass Erzählungen zwar die Kraft haben, zu mobilisieren, als Beweise jedoch Bilder benötigt werden. Vgl. dies.: *Raster des Krieges*, S. 70.

69 Ebd., S. 67.

70 Susan Sontag: *On Photography*. New York: Picador 1977, S. 70.

der vorangegangenen Stunden nicht anzusehen. Miguel, der im Zuschauerraum neben mir Platz genommen hatte, erinnert sich an seine Empfindungen nach seiner Zeugenaussage während der Wahrheitsprozesse 1998: „Danach war ich nicht erleichtert, sondern von einer großen Leere erfüllt!"

Von den siebzehn Angeklagten werden sechzehn Personen zu mehrjährigen Haftstrafen verurteilt. Ein Angeklagter wird freigesprochen. Die zuständige Richterin erläutert dieses Vorgehen im *Diario de la Memoria* mit der Unschuldsvermutung im Sinne des Angeklagten:

> Zeugen und gesammeltes Beweismaterial waren nicht ausreichend vorhanden für die Gewissheit, die ein Urteil benötigt. Sie reichten aus, um eine Idee zu bekommen, dass diese Person für die Taten verantwortlich sein könnte, die ihm vorgeworfen werden, aber nicht mit der notwendigen Sicherheit, die gewiss sein muss und mit den anderen vergleichbar. Es gilt die Norm der Unschuldsvermutung im Sinne des Angeklagten.[71]

Die Überlebenden, Angehörigen, Nachbarinnen und Nachbarn, Mütter und Großmütter haben über verschiedene Praktiken Gedächtnis etabliert. Sie sind vereint im Wunsch, die Abwesenden kollektiv aus dem Vergessen herauszuführen. Über die Materialität der geheimen Haftzentren können soziale Akteure gebündelt und zusammengebracht werden. Verschiedene Wahrnehmungen und Interpretationen von Vergangenheit konkurrieren miteinander, wie die Deutung der Verschwundenen als Opfer oder Kombattanten aufzeigt. Die Narrative der revolutionären Kämpferinnen und Kämpfer dominiert räumlich über den passiven Opferdiskurs und symbolisiert die Vielheit von Gedächtnisformen. Am Beispiel der argentinischen Haftzentren lässt sich eine wechselseitige Wirkung von Materialität und Gedächtnis bestätigen. Die traumatischen Erinnerungen an Internierung und Folter bringen Miguel dazu, den Ort seiner Haft zu suchen; er verfolgte das Ziel, Erinnerung an Materialität rückzubinden. Die Kollektivierung im Sinne eines Zusammenschlusses ist ausschlaggebend für die Durchsetzung materieller Veränderungen. Zudem braucht Gedächtnis einen Ort, um sich bündeln zu können. Die Kollektivierung von Erinnerungen, die Bildung einer Gemeinschaft mit gleichen Zielen ermöglicht es, Spuren in Materialität einzuschreiben.

71 Instituto Espacio para la Memoria (Hrsg.): Atlético–Banco–Olimpo, S. 11 (Übers. d. Autorin).

8.
Orte der Begrenzung „Bitte nicht in meinem Garten“

Im letzten Fallbeispiel kommen wir wieder auf die Berliner Mauer zurück und fokussieren einen Ort, der im kulturellen Gedächtnis als Erinnerungsort etabliert wurde: die Gedenkstätte Berliner Mauer an der Bernauer Straße. An dieser Straße zementieren sich sechzig Jahre Stadtentwicklung und die Teilung Berlins symbolisch im Raum. Dort reißen Abrissbagger im Juni 1990 die ersten Lücken in die Grenzanlagen. Dort sprengt die DDR 1985 die Versöhnungskirche, um den Ausbau der Grenzanlagen zu forcieren. Dort kommt es in den Wochen nach Mauerbau 1961 zu zahlreichen Fensterfluchten aus den unteren Stockwerken der Häuser an der Bernauer Straße.[1] Die Bernauer Straße ist ein Ort, an dem politische Systeme im dicht besiedelten urbanen Raum aufeinanderprallten. Diese Situation hat Auswirkung auf die Raumwahrnehmung ihrer Bewohner, wie der Pfarrersohn feststellt. Er lebt bis 1961, dem Jahr des Mauerbaus und der Zwangsumsiedlung seiner Familie, in der Versöhnungsgemeinde an der Bernauer Straße:

1 Die Häuser gehörten zu Ost-Berlin, deren Hauseingänge zeigten aber in den französischen Sektor West-Berlins. Um die in den Tagen nach dem Mauerbau massiv zunehmende Anzahl von Fluchtversuchen einzudämmen, wurden die Fenster der Grenzhäuser zugemauert. Die Anwohner mussten im September 1961 ihre Wohnungen zwangsweise verlassen. Die Häuser stehen bis Mitte der 1960er Jahre im Grenzstreifen, bevor sie gesprengt werden. Ein materieller Rest bleibt ihre mit der Spitzhacke abgetragene Fassade, die bis 1980 als Grenzmauer an der Bernauer Straße Weiterverwendung findet.

> Also ich bin politisch hellwach gewesen einfach, da komm ich auf die Bernauer Straße, diese Schicksalsstraße für uns, in der ich von 1950 bis 1961 gelebt habe und da meine Frau kennengelernt habe damals. Das ist ja eine Straße gewesen, an der die Fronten Ost und West und die ideologischen Kriegsfronten aufeinanderstießen und da konnten sie einfach nicht die Augen und Ohren verschließen, das mussten sie mitkriegen.

Diese besondere Stelle der Verdichtung ist für einige wenige Akteure bereits Anfang der 1990er ein prägnanter Erinnerungsort an die Teilung der Stadt. Der Runde Tisch machte den Vorschlag, dort eine Mauergedenkstätte zu errichten. Die Direktoren des Museums für Deutsche Geschichte und des Deutschen Historischen Museums[2] unterstützten in einem gemeinsamen Schreiben im Frühjahr 1990 die Idee. Bedingt durch das kurze Zeitfenster zum Mauerfall, ist eine Gedenkstätten-Initiative jedoch nicht von breitem politischen Konsens getragen.[3] Das dreiteilige Ensemble von Denkmal, Dokumentationszentrum und Kapelle entsteht zwischen 1997 und 1999. Von den anfänglichen Schritten, als ehrenamtlicher Verein mit projektgebundener Finanzierung zu arbeiten, erfolgt eine langsame Institutionalisierung, die schließlich im Weisungsauftrag der Bundesregierung und der Gründung einer landeseigenen Stiftung Berliner Mauer mündet. Mit der Summe von 27 Millionen Euro von Bund und Land sollte ein „Memorialort neuer Prägung" entstehen.[4] Fast anderthalb Kilometer ehemaliger Grenzstreifen gehören zum erweiterten Bereich der Außenausstellung. Dieses Kapitel knüpft zeitlich an diesen Prozess der Erweiterung an und dokumentiert unmittelbar in der Gegenwart stattfindende soziale Interaktionen um Materialität und Gedächtnis.

8.1 Die Lücke in der Mauer

Die Grenzmauer 75 als das letztproduzierte Mauersegment prägt das Bild der Berliner Mauer. Die glatte Wand aus Fertigteilelementen mit der Abwasserrohrauflage, die ab 1975 serienmäßig hergestellt und eine weniger martialische Außenwirkung sowie „ein der

2 Das Deutsche Historische Museum West und das Museum für deutsche Geschichte Ost wurden kurze Zeit nebeneinander geführt, bevor das Museum Ost schließen musste. Vgl. Von Beyme: *Kulturpolitik und nationale Identität*, S. 102–103.

3 Für eine detaillierte Schilderung des Entstehungsprozesses des Gedenkstätten-Ensembles, siehe bspw. Ladd: *The Ghosts of Berlin*, S. 33–37; Knischewski / Spittler: Remembering the Berlin Wall; Schlusche: *Gedenkstätte Berliner Mauer*, S. 7–10; Frank: *Der Mauer um die Wette gedenken*, S. 204–211.

4 Klausmeier: Ein Memorialort neuer Prägung.

Hauptstadt der DDR angemessenes Erscheinungsbild" intendierte, bestimmte den ostwärts gerichteten Blick bis 1990: ein im Stadtbild zementiertes Betonband, das als „längste Open-Air Galerie" ein „ästhetisches Eigenleben" zu führen schien.[5]
Nach dem Mauerfall bleibt diese Grenzmauer an der Bernauer Straße stehen, zurückzuführen auf das besondere Engagement des Pfarrers der Versöhnungsgemeinde, der aus Angst vor den Werkzeugen der „Mauerspechte"[6] eine selbst angefertigte, weiß-blaue Denkmalplakette unterhalb der Rohrauflage befestigte.[7] Ein längeres Stück der Grenzmauer steht auf dem Friedhof der Sophiengemeinde. Die Gemeinde hatte 1965 diesen Abschnitt für den pioniertechnischen Ausbau der Grenzanlagen zur Verfügung stellen müssen.[8] Nachdem die Soldaten zwischen den Grabsteinen patrouillierend den Grenzstreifen gesichert haben, sollte jener Friedhofsabschnitt 1966 eingeebnet werden. Man hob die Särge aus und deplatzierte sie auf ausgewählte Friedhöfe in Ost-Berlin. Einige Jahre nach der Wiedervereinigung kann die Gemeinde nach dem Mauergrundstücksgesetz von 1996 ihre juristischen Ansprüche geltend machen und das Grenzgrundstück restituieren.[9]

Die Akteure

Nur ein Jahr später, 1997, entsteht die Lücke in der Grenzmauer 75. Abrissbagger entfernen 32 Betonelemente, um sie im Grenzstreifen wieder aufzustellen. Es kommt nicht zur materiellen Vernichtung

5 Leo Schmidt: Architektur und Botschaft der ‚Mauer' 1961–89. In: Deutsches Nationalkomitee für Denkmalschutz (Hrsg.): *Die Berliner Mauer*, S. 54–69, hier S. 65.

6 Umgangssprachliche Bezeichnung für Personen, die Graffiti aus der westwärts gerichteten Grenzmauer 75 herausklopften.

7 Vgl. Florian Fuchs: Der Grenzschützer. In: *Süddeutsche Zeitung*, 13./14./15.08.2011, S. 6–7.

8 Zur Frage der Enteignung existieren widersprüchliche Angaben meiner Interviewpartnerinnen und -partner. Die Gedenkstättenmitarbeiterin berichtet von Geldzahlungen an die Gemeinde. Der Verhandlungsführer spricht über die Zusicherung eines Entschädigungsbetrages, der aber laut damals zuständigem Gemeindepfarrer niemals ausgezahlt worden wäre. Der Architekt nutzt die Umschreibung eines Zwangsverkaufs, da die Gemeinde gezwungen worden wäre, einen Geländeabschnitt an die DDR zu verkaufen.

9 Artikel 2, Absatz 1 des Mauergrundstücksgesetzes (MauerG) vom 15.07.1996 berechtigte ehemalige Eigentümer oder ihre Rechtsnachfolger, frühere, dann bundeseigene Mauer- oder Grenzgrundstücke zu 25 Prozent des Verkehrswertes zurückzuerwerben. Vgl. § 2 MauerG Erwerb Mauergrundstücksgesetz. http://www.buzer.de/gesetz/1156/a16440.htm (Zugriff am 05.08.2015).

der Mauersegmente. Sie rückten als Fragmente in den räumlichen Hintergrund. Der Grund für die Auswahl und die Umplatzierung der unter Denkmalschutz[10] stehenden Mauer hatte einen klaren Vergangenheitsbezug.

„Die Mauer lastet auf Gräbern", so der Gemeindepfarrer. Die Mauer hätte das Totengedenken missachtet, partikulär die Erinnerung an zwei Massengräber von 1943 und 1945, in denen zivile Bombenopfer aus der unmittelbaren Nachbarschaft beigesetzt worden sind. Ob diese Kollektivgräber auch umgebettet wurden, wie fotografisch für die Särge festgehalten, war zu diesem Zeitpunkt unklar. Die Gedenkstättenmitarbeiterin schildert die Schwierigkeiten, die kollektive Grabstätte zu lokalisieren:

> Daraufhin hat die Gemeinde, vor allen Dingen der Pfarrer, mit Unterstützung von Mitgliedern des Gemeindekirchenrates dann noch vor Baubeginn der Gedenkstätte 1997 im Frühjahr Segmente aus der Grenzmauer herausnehmen lassen, und zwar genau an den Stellen, darum gab es einen großen Streit, wo Massengräber aus dem Zweiten Weltkrieg liegen sollen. Es gab auch großen Streit darüber, ob das wirklich so ist oder ob diese Massengräber bei der Exhumierung nicht zerstört worden sind.

Lokale Printmedien kommentieren die Lücke,[11] bevor sie in Vergessenheit gerät. Mit der Entscheidung, die fragmentierte Grenzmauer in die erweiterte Gedenkstätte Berliner Mauer aufzunehmen, kommt die Lücke als Interessensgegenstand zurück in das mediale Rampenlicht.

Überregionale Printmedien berichten, die Lücke verhindere die sinnliche Wahrnehmung der Schrecken des Grenzsystems. Eine Marktanalyse der Berliner Tourismus GmbH habe laut *Süddeutscher Zeitung* ergeben, dass Touristen über die wenigen Überreste der

10 Denkmalschutz ist Ländersache. So stellte der Ost-Berliner Magistrat den Mauerabschnitt am 2. Oktober 1990 als Baudenkmal unter Denkmalschutz. Den Abriss bewilligte der Bezirk. Vgl. Kaminsky (Hrsg.): *Orte des Erinnerns*, S. 81.

11 Vgl. Ulrich Paul: Der frühere Grenzstreifen wird mit System zerlöchert. Wie die Sophiengemeinde das Land Berlin austrickst. In: *Berliner Zeitung*, 28.04.1997. http://www.berliner-zeitung.de/archiv/wie-die-sophiengemeinde-das-land-berlin-austrickst-der-fruehere-grenzstreifen-wird-mit-system-zerloechert,10810590,9268848.html (Zugriff am 13.02.2015); Jörn Hasselmann: Keine Beweise für Massengräber unter der alten Grenzmauer. In: *Der Tagesspiegel*, 24.04.1997. http://www.tagesspiegel.de/berlin/keine-beweise-fuer-massengraeber-unter-der-alten-grenzmauer/10132.html (Zugriff am 13.02.2015).

Originalmauer in Berlin enttäuscht seien.[12] In einem breiten parteilichen Konsens argumentiert die Politik für eine Schließung der Lücke. Emotionale Argumente wie die vom Bundesbeauftragten für Kultur und Medien hervorgehobene „brutale Tiefenstaffelung", mit Hilfe einer intakten Mauer nachfühlbar machen zu können, um „Geschichte lebendig" zu präsentieren, bestimmen die Diskussion.[13] Laut Verhandlungsführer sollten die Journalistinnen ihre Artikel dahingehend ausrichten, dass die Lücke in der Mauer zu schließen sei; sie hätten „große Stücke in die Zeitung zu setzen, wie wichtig die Mauerschließung ist an der Stelle."

Zwei Interessen stehen hier gegenüber. Die Gemeinde nimmt Bezug auf die Raumnutzung vor der Umbettung. Sie stellt das Liegerecht ziviler Kriegsopfer über das Interesse an einem intakten Verlauf der Grenzmauer. Die Gedenkstättenmitarbeiter verweisen hingegen auf den Denkmalschutz, den die Gemeinde mit der Deplatzierung der Mauerstücke missachtet hat. So zieht der Architekt eine Parallele zu allgemeinen Praktiken „wild gewordener Eigentümer":

> Deswegen hat die Gemeinde, um ihren Willen unmissverständlich zum Ausdruck zu bringen, 1997 mit dem Abriss dieser Mauer begonnen. Und die Lücke in der Mauer auf dem Gelände jenseits der Stahlwandfläche, sag' ich jetzt mal etwas salopp, die hat sie quasi als ihr Eigentum betrachtet und hat gesagt: So, die Mauer ist Geschichte, weg damit, wir wollen davon nichts mehr haben, das ist ein Friedhof, da sind alte Gräber drin, und die Mauer lastet auf den Gräbern. So war ungefähr die Philosophie, weg damit. Und deswegen hat sie mit dem Abriss begonnen. Das war übrigens ungesetzlich, denn es gab ja, vom Magistrat von Ost-Berlin bereits ausgesprochen, einen Denkmalschutz für diesen Abschnitt der Berliner Mauer. Das heißt, die Kirchengemeinde hat etwas getan, was manchmal, ich sag das jetzt mal so, wild gewordene Eigentümer häufig tun, die den Denkmalschutz für ein Gebäude, was ihnen ein Dorn im Auge ist, auf ihrem Grundstück nicht respektieren.

Die Akteure folgen drei argumentativen Linien. Die Gemeinde hat Abriss und Umplatzierung zu verantworten. Nachdem sie den Teilabschnitt des Friedhofs erfolgreich restituiert hatte, wurden 32 Segmente der Grenzmauer entfernt. Die Gemeinde manifestierte ihre

12 Vgl. Evelyn Roll: Neunzehn Meter Erinnerung. In: *Süddeutsche Zeitung*, 02.03.2009, S. 3.

13 Vgl. Constanze von Bullion: Mut zur Lücke. Entscheidung im Streit um die Rekonstruktion eines Teilstücks der Berliner Mauer. In: *Süddeutsche Zeitung*, 04.03.2009, S. 6.

Vergangenheitsdeutung über eine Wirkung auf Materialität. Vertreter der Gedenkstätte hingegen argumentieren im Sinne eines kollektiven Anspruchs auf ein Baudenkmal. Die eine Seite bewertet die Mauer als störend, die andere Seite deutet sie als Gemeininteresse. Eine dritte Linie bringen Journalistinnen als Multiplikatorinnen herein. Sie zitieren politische Verantwortliche mit emotionalen Argumenten. Die „Unüberwindbarkeit" des Grenzsystems sei über eine Lückenschließung zu rekonstruieren und damit in der Gegenwart erlebbar zu machen.[14] Diese Position im Sinne einer affektiven Annäherung wird von der Gedenkstätte nicht vertreten.[15]

Die Hintergründe

Die Polarisierung der Positionen liegt im Entstehungsprozess der Gedenkstätte begründet. Im Jahre 1993 schließen der Berliner Senat und die Gemeinde einen Vertrag. Das Dokument baut auf drei Punkten auf: Erstens, in dem an die Bernauer Straße grenzenden Areal soll ein Teil der Grenzanlagen erhalten werden. Zweitens, ein Denkmal ist zu errichten, das drittens gleichermaßen die Friedhofsnutzung garantieren müsse. Dieser Vertrag war dahingehend konzipiert, einen Konsens zwischen Toten- und Mauergedenken herbeizuführen. Die Gewinner des ausgeschriebenen Wettbewerbs realisierten die Punkte 1 und 2, indem sie den in seinem Erscheinungsbild nach Mauerfall konservierten Abschnitt gestaffelter Grenzanlagen mit einer rostbraunen, 7 Meter hohen Stahlwand einrahmten. Die Vorgaben der Rückführung zum Friedhofsgelände, die in Punkt 3 angesprochen waren, wurden nicht berücksichtigt – „das sollten eben die Leute danach regeln", so die Gedenkstättenmitarbeiterin. Der dritte Punkt des Vertrages zwischen Berliner Senat und Gemeinde blieb ungelöst.

Das Beispiel der Lücke an der Berliner Mauer erfüllt die Kriterien für einen Interessenskonflikt. Mindestens zwei Interessensparteien treffen aufeinander. Die Auseinandersetzung zur Lücke offenbart soziale Interaktionen innerhalb eines gemeinsamen Referenzrahmens. Gemeinde und Gedenkstätte teilen ein gemeinsames Begriffsverständnis von Authentizität, das sich an der Gegenständlichkeit eines historischen Originals orientiert, nicht an den

14 Roll: Neunzehn Meter Erinnerung; Von Bullion: Mut zur Lücke.

15 Siehe auch Frank: *Der Mauer um die Wette gedenken*, S. 219–223.

Erwartungen der Besucherinnen und Besucher.[16] So berichtet der Verhandlungsleiter vom Wunsch des Kanzleramtes, die Mauerlücke zu schließen.[17] Sie hätten gefordert, die Grenzmauer 75 zu verputzen, da die herausragenden rostigen Eisenstäbe „komisch aussähen", so der Verhandlungsleiter. Besagte Tendenz des künstlichen Wiederaufbaus, die Sybille Frank als „möglichst originaltreue Reproduktion" bezeichnet,[18] lehnen sowohl Gemeinde wie auch Gedenkstätte einheitlich ab.

An dieser Stelle ist eine erweiterte Konfliktdefinition notwendig. Etymologisch fußt der Konfliktbegriff auf dem lateinischen „confligere", das mit „zusammentreffen" oder auch „kämpfen" übersetzt werden kann. Der lateinische Begriff enthält beide Dimensionen, die friedliche, aber auch die feindliche Zusammenkunft. Der amerikanische Soziologe Lewis Coser formuliert ein positives Konfliktverständnis, indem er Konflikte als Stabilitätsfaktoren für soziale Beziehungen bestimmt. Konflikte besitzen eine integrative Funktion und ermöglichen Identifizierungen nach innen sowie Abgrenzungen nach außen.[19] Coser benennt in Anlehnung an Georg Simmels Aufsatz zum Streit[20] den konstitutiven Wert von Konflikten für soziale Beziehungen und bringt diesen Gedanken mit der Chicago School zusammen.[21]

Konflikte um Vergangenheitsinterpretationen besitzen das Potenzial, eine Gruppe nach innen zu stärken. Coser setzt den gemeinsamen Konsensrahmen als eine notwendige Voraussetzung für

16 Vgl. zum verschieden ausgelegten Authentizitäts-Begriff die Zusammenfassung bei Frank: *Der Mauer um die Wette gedenken*, S. 259–274; siehe auch John Tunbridge / Gregory Ashworth: *Dissonant Heritage. The Management of the Past as a Resource in Conflict.* New York / Brisbane: Chichester 1996.

17 Der Direktor schildert im Interview am 3. September 2014, der Konflikt um die Mauerlücke sei ein ‚Papppferd' für die Schlacht um seine Stelle gewesen – die erfolgreiche Durchführung und Umsetzung der Erweiterung der Gedenkstätte Berliner Mauer wäre abhängig von der Zusage der Gemeinde gewesen, das Friedhofsgrundstück räumlich nutzen zu können.

18 Frank: *Der Mauer um die Wette gedenken*, S. 282.

19 Lewis Coser: *The Functions of Social Conflict.* New York: Free Press 1956, S. 75, 115.

20 Erstmals erschienen als „Der Streit" im Jahr 1908 in *Soziologie. Untersuchungen über die Formen der Vergesellschaftung*, hrsg. v. Otthein Rammstedt. Frankfurt am Main: Suhrkamp 1992, S. 186–255.

21 Vgl. Robert Ezra Park / Ernest Watson Burgess: *Introduction to the Science of Society.* Chicago: University of Chicago Press 1921.

ein positives Konfliktverständnis fest. Er unterscheidet zwischen Konflikten über Grundprinzipien sozialer Beziehungen einerseits und über Ziele, Werte und Interessen innerhalb eines gemeinsamen Rahmens andererseits.[22] Der Konflikt um die Lücke in der Grenzmauer 75 verhandelt keine sozialen Grundprinzipien, sondern kreist um voneinander abweichende Bedeutungszuschreibungen verschiedener Interessensgruppen, die auf der symbolischen Ebene anzusiedeln sind.

Problematisch erscheint allerdings, wie Coser das Individuum zur Gruppe positioniert. Er trennt zwischen Einzelinteressen und Akteuren, die Gemeinschaften repräsentieren.[23] Dabei generiert der Autor starre soziale Kategorien. Er vernachlässigt den Ansatz flexibler individueller Bezugsrahmen, die sich mit den Inhalten verschiedener Gruppen und ihrer Gedächtnisse konstituieren, wie ihn Halbwachs vertreten hat.[24] Die Deutungen der Gruppe beeinflussen die Werte- und Bedeutungsstrukturen der Individuen und dementsprechend kann der Einzelne nicht im singulären Bezug auf soziale Gruppen gedacht werden, wie das Beispiel des Verhandlungsleiters[25] aufzeigt. So engagierte sich mein Interviewpartner im Friedhofsausschuss des Gemeindekirchenrates. Im Zuge der Verhandlungen um die Erweiterung der Gedenkstätte übernahm er den Vorsitz für den Grenzstreifenausschuss, der speziell für die Verhandlungen mit der Gedenkstätte gebildet wurde. Da er als Journalist bereits früh Interesse am Mauerdenkmalschutz zeigte und die Protagonisten auf beiden Seiten gut kannte, sprach ihn der Gemeindepfarrer im Jahr 2005 darauf an, ob er den Vorsitz übernehmen würde. Der Verhandlungsführer vertritt die Position der Gemeinde seit 2010 auch im Beirat der Stiftung Berliner Mauer.

Konflikte können tradierte Normen hinterfragen, stabilisieren oder aufbrechen. Wenn wir den Konfliktbegriff mit einem konstruktivistisch relationalen Raumverständnis[26] nach Martina Löw verbinden, erhalten wir den Begriff „Raumkonflikte". Raumkonflikte

22 Coser: *The Functions of Social Conflict*, S. 73–74.

23 Ebd., S. 113.

24 Vgl. Maurice Halbwachs: *Das Gedächtnis und seine sozialen Bedingungen*. Berlin: Luchterhand 1966, S. 200.

25 Das Interview findet am 17. August 2011 statt.

26 Vgl. Löw: *Raumsoziologie*.

implizieren multiple Bedeutungsräume, die einen Ort durchwirken. Was geschieht mit der Lücke im Zuge der Verhandlungen um die Erweiterung der Gedenkstätte? Welche Akteure können ihre Position durchsetzen?

Der Kompromiss

Die Neubeschreibung und Nutzung des ehemaligen Friedhofareals in der erweiterten Gedenkstätte ist dem Totengedenken gewidmet. Mit dem dort aufgestellten Fenster des Gedenkens bekommen diejenigen Personen einen gemeinschaftlichen Ort, die in den Grenzanlagen des Berliner Todesstreifens ihr Leben verloren haben.[27] Somit bestimmt das Totengedenken räumliche Konfigurationen. Die Neubeschreibung zum Gedenken an die Todesopfer der Berliner Mauer zeugt wiederum von einem gemeinsamen Referenzrahmen, der den Grenzstreifen als ehemaligen Friedhof umdeutet. In Bezug auf die Mauerfragmente einigen sich die Konfliktparteien in der Formensprache. Die Lücke wird mit einer Reihe rostbrauner Eisenstäbe gefüllt.

An die Originalhöhe der Grenzmauer 75 angelehnt, führen die Eisenstäbe die Linie des Mauerverlaufs im Areal der erweiterten Gedenkstätte fort. Seit 2010 bilden die Stelen eine Begrenzung, die in Abhängigkeit des Betrachterstandortes sowohl durchlässig als auch geschlossen sein kann: der frontale Blick auf das Arrangement offenbart die regelmäßigen Lücken zwischen den Cortenstahl-Stelen. Betrachtet man den „Eisernen Vorhang" jedoch aus seitlicher Perspektive, so verschwinden die Abstände und es dominiert der Eindruck einer undurchlässigen Mauer. So freute sich letztendlich der Pastor über ein „befriedetes Areal" und die *Süddeutsche Zeitung* lobt, ein „Erinnerungsort von Weltrang" werde in der Bernauer Straße präsentiert, dessen Streitwert verblasse.[28]

27 Siehe die Recherchen von Hans-Hermann Hertle und Maria Nooke zu den Todesopfern an der Berliner Mauer, die 136 Personen identifizieren. Vgl. Hans-Hermann Hertle / Maria Nooke: *Die Todesopfer an der Berliner Mauer 1961–1989*. Berlin: Links 2009. Neuste Recherchen der Gedenkstätte Berliner Mauer aus dem Jahr 2013 haben zwei weitere männliche Personen namentlich identifiziert, die 1970 und 1981 im Grenzbereich der Spree ertrunken sind. Somit ist der aktuelle Forschungsstand zu den Todesopfern an der Berliner Mauer 2013 auf 138 dokumentierte Fälle gestiegen.

28 Ein Jahr zuvor kommentiert die *Süddeutsche Zeitung* noch bissig die „missglückte, weil viel zu harmlose" Gedenkstätte: „Berlin hat ein Erbe von Weltrang verspielt, und dass das passieren konnte, liegt nicht nur am Zorn der ersten Stunden, in

Abb. 30: Mit Stelen gefüllte Lücke in der Grenzmauer 75, die Originalsegmente und das Fenster des Gedenkens im Hintergrund.

Wenn der Streit um die Lücke nun mit Lefebvre analysiert wird,[29] stellt sich die Frage nach den Gründen für die starke Position der Gemeinde. Die Eigentumsverhältnisse sind in Zeitungsberichten falsch dargestellt. Dort heißt es, die Stiftung habe das Gelände gekauft.[30] Der Verhandlungsführer erläutert die vertraglichen Details mit einer Nutzungsbindung an eine Gedenkstätte Berliner Mauer:

> Das ist, glaube ich, eine schwer zu definierende Mischform. Es ist als Gedenkstätte zur Verfügung gestellt, solange dort eine Gedenkstätte betrieben wird. Sollte sich der Senat irgendwann überlegen, die Gedenkstätte aufzuheben,

denen die Stadtbewohner ihre verhasste Mauer abgerissen haben. Es ist vor allem ein bleibendes Verdienst der Krämerseelen im Berliner Senat, die nie ein eigenes, überzeugendes Konzept für die Relikte der Geschichte entwickelt haben. [...] Folgerichtig zeigt man sich jetzt erleichtert, dass es in Berlin auch in Zukunft keinen Ort geben soll, an dem die Schrecken der Mauer wieder lebendig werden können". (Constanze von Bullion: Berlin verpasst eine Chance. In: *Süddeutsche Zeitung*, 04.03.2009, S. 4, vgl. auch dies.: Todeszone ohne Schrecken. In: *Süddeutsche Zeitung*, 20.05.2010, S. 5.)

29 Vgl. Lefebvre: *La Production de l'Espace*.

30 Vgl. Von Bullion: Berlin verpasst eine Chance.

> fällt das Terrain zurück an den Friedhof, das ist die Vereinbarung. Um es sozusagen in gewisser Weise in Zukunft auf jeden Fall als Friedhofsterrain entwickelt zu wissen.

Die hier angesprochene „Mischform“ widerlegt die Behauptung der *Süddeutschen Zeitung*, die Gemeinde wolle das Areal verkaufen.[31] Die Gemeinde hat ihren Eigentumstitel niemals abgegeben, was Architekt und Gedenkstättenmitarbeiterin bestätigen. Aus der Position der Grundstückseigentümerin hatte sie ein überzeugendes Argument anzubringen: Wenn die Lücke mit den originalen Mauerstücken geschlossen worden wäre, wäre der gemeinsame Referenzrahmen in Gefahr, sprich eine Nutzung des rückübertragenen Friedhofsabschnittes im Rahmen der Erweiterung der Gedenkstätte Berliner Mauer. Die Gemeinde wirkte auf Materialität, da sie erstens aus der Position einer Grundstückseigentümerin verhandelte und zweitens aus einem gemeinschaftlichen Zusammenschluss heraus klar ihre Forderungen kommunizierte. Als ein Kompromiss mit der Gemeinde gefunden wird, gilt es, eine weitere Interessenspartei einzubinden: die Nachbarinnen und Nachbarn.

8.2 Der Postenweg

Ist es das Ziel von Erinnerungsorten, räumlich konzentrierte soziale Gemeinschaften zu bilden und zu stützen? Lokal verortete soziale Gruppen wie eine Nachbarschaft[32] sind für Gedenkstätten von großer Bedeutung. Interaktive Bürgerversammlungen oder Diskussionsforen begleiten die einzelnen Phasen der Erweiterung, um Prozesse der Entscheidungsfindung transparent darzustellen.[33] Doch auch die weiteren Verhandlungen weisen Konfliktpotenzial auf.

Der Verhandlungsführer klagt über die kaufmännische Sichtweise der Friedhofsverwaltung, die keinen Sinn darin sähe, warum gerade so eine Gedenkstätte wichtig wäre und gut tue, sondern vielmehr

31 Vgl. Von Bullion: Mut zur Lücke.

32 Vgl. Blokland: Bricks, Mortar, Memories.

33 Beispiele hierfür sind die interaktive Bürgerveranstaltung „Erweiterung der Gedenkstätte Berliner Mauer an der Bernauer Straße“ vom 5. September 2006, bei der die Anwesenden ihre Präferenzen zur Gestaltung des Areals hinsichtlich des Charakters der Gedenkstätte, der Bebauung und der Gestaltung des Postenweges mittels einer elektronischen Umfrage kommunizieren konnten, bzw. das Diskussionsforum „Verbindungen schaffen“ am 29. September 2010.

„Touristenschwärme auf dem Friedhof" befürchtete, die „Schaden anrichten könnten". Die ablehnende Haltung der Friedhofsverwaltung verdeutlicht er an einem Beispiel. Es gebe ein Tor, das den Friedhof mit dem Gedenkareal verbindet. Mit Dienstschluss der Friedhofsmitarbeiter stehe dieses Tor nicht mehr offen, sondern werde verschlossen. Wobei es doch dem Verhandlungsführer zufolge über die Nutzung als Gedenkstätte ein „richtiges Totengedenken" gebe und dort kein „Komposthaufen" mehr aufzufinden sei. Damit spielt er auf die 1990er Jahre an, als die Friedhofsverwaltung das ehemalige Grenzgelände als Müll- und Kompostlager nutzte. In der Gegenwart nun ist es dem Architekten zufolge ein Ziel, über das Lokale hinaus wahrgenommen zu werden.

> Die Mauer war ja nicht nur ein Betonbrocken, sondern die Mauer hat ja etwas bedeutet. Die war sozusagen die Zäsur zwischen Ost und West und zwar nicht nur innerhalb Berlins, sondern innerhalb Deutschlands, innerhalb Europas, und wenn man so will, innerhalb der ganzen Welt. Das versuchen wir ja darzustellen.

Sybille Frank bezeichnet dieses Modell der Übermittlung von Vergangenheit als Ansatz, mit historischen Quellen die Vergangenheit zu verstehen.[34] Dass diese Darstellungsebene nicht immer kompatibel mit den Vorstellungen und Interessen sozialer Gruppen ist, hat das Beispiel um die Mauerlücke aufzeigen sollen. Auf der anderen Seite stellen Aushandlungen um Gedächtnis und Materialität im positiven Konflikt-Verständnis von Coser[35] immer eine Möglichkeit des Zusammentreffens dar. Dass divergierende Bedeutungszuschreibungen in Verhandlungen kommuniziert, zusammengeführt und in Verträgen reguliert werden, setzt eine eindeutige Positionierung der Gruppe im Feld voraus.

Enteignung als Raumstrategie

Mechanismen der Enteignung verweisen auf einen Zusammenhang mit Eigentum an einer beweglichen oder unbeweglichen Sache. Das Eigene wird vor dem Hintergrund eines dem

34 Vgl. Frank: *Der Mauer um die Wette gedenken*, S. 219; siehe auch David Lowenthal: ‚History' und ‚Heritage': Widerstreitende und konvergente Formen der Vergangenheitsbetrachtung. In: Rosemarie Beier (Hrsg.): *Geschichtskultur in der Zweiten Moderne*. Frankfurt am Main: Campus 2000, S. 71–94.

35 Vgl. Coser: *The Functions of Social Conflict*, S. 19.

Allgemeinwohl dienenden, gesellschaftlichen Interesses entzogen. Als stadtplanerisches Instrument ist Enteignung ein klarer Indikator für die Kombination von Wissen und Macht, die Lefebvre den Repräsentationen des Raumes zuschreibt.[36] Im Mittelpunkt der Veranstaltung „Verbindungen schaffen" am 29. September 2010[37] stehen die Chancen und die Risiken einer geplanten Erweiterung der Gedenkstätte Berliner Mauer. Man wolle „Vergangenheit und Zukunft verbinden", „die Bezirke Wedding und Mitte zusammenführen", so die Moderatorin in ihren einführenden Worten zur Veranstaltung. Der Architekt erläutert den Anspruch auf eine weitere Bedeutungszuschreibung:

> Wir wollen den Raum als Verbindungsraum. Früher war das ein Raum der Aggression, der Konfrontation, und wir wollen ihn in sein Gegenteil, in einen befriedeten Raum, in einen Raum der Begegnung, einen Verbindungsraum verwandeln. Das ist unsere Intention.

Die Diskussion kreist um den bereits in den 1990ern bebauten Standort. Der ehemalige Grenzstreifen ist in den Abschnitten C und D keine freie Fläche, sondern bebaut. Das Raumkonzept der Mauergedenkstätte sieht vor, in diesen Abschnitten einen fünf Meter breiten Streifen um den Postenweg[38] zu markieren, der laut Architekt einen „grünen Ort der Begegnung" darstellen solle. Der Postenweg steht nicht unter Denkmalschutz. Er ist über die benannte Wohnbebauung unterbrochen. An seiner statt liegen nun private Gärten. In den Plänen der Gedenkstätte ist der Postenweg ein räumliches Verbindungselement zwischen den verschiedenen thematischen Abschnitten, der wiederherzustellen ist. Nicht alle Eigentümerinnen und Eigentümer der Grundstücke sind mit der Nachzeichnung des Postenweges einverstanden. Der ‚eigene Ort', in den meisten Fällen ein Teil des Gartens, sollte einer gemeinschaftlichen Nutzung im Sinne von Gedächtnis weichen. Die Stiftung Berliner Mauer und politische Verantwortliche von Bezirk und Land wollen die Materialität des Postenweges wiederherstellen,

36 Siehe auch Abschnitt „Spuren", S. 146–151.

37 Sämtliche wörtliche Zitate stammen aus meinen Aufzeichnungen der Veranstaltung „Verbindungen schaffen" am 29. September 2010.

38 Der Postenweg ist ein asphaltierter Weg innerhalb des Grenzstreifens, der von den Grenzsoldaten zur Patrouille genutzt wurde. Siehe auch die Erläuterungen zum Postenweg in Kap. 3.1: „Fallauswahl", S. 39–40, Abb. 1.

Anwohnerinnen und Anwohner argumentieren dagegen. Beide Parteien müssen sich mit dem Enteignungs-Begriff in der Debatte auseinandersetzen.

Instrumentalisierung von Vergangenheit

Dass Befürworter und Gegner der geplanten Maßnahmen über „Zwangsenteignung" gesprochen haben, muss in Zusammenhang mit den historischen Transformationen des Grenzstreifens gedacht werden. Rückübertragungen nach dem Mauergesetz von 1996 sind unterschiedlich schnell erfolgt. Die Nachzeichnung des Postenweges steht in direktem Konflikt zu den Ansprüchen auf eine private Nutzung der in einigen Fällen erst einige Jahre zuvor rückübertragenen Grundstücke. Eine Anwohnerin bringt auf der Veranstaltung „Verbindungen schaffen" beispielsweise vor, dass sie ihren Garten erst vor zehn Jahren hatte restituieren können. Sie schließt ihre Ausführungen mit der Frage, ob ein Zwang dahingehend bestünde, den Garten der Gedenkstätte zur Verfügung zu stellen. Ihr zufolge sei an den Gartengrundstücken die Nachzeichnung des Postenweges zu unterbrechen. Der Architekt bewertet die Ausgangslage der Verhandlungen mit „schwierig", betont aber, dass es in den meisten Fällen bereits zur Einigung gekommen sei. Diesen Umstand kommentiert ein Bewohner eines Mehrgenerationenhauses auf der Veranstaltung mit der Behauptung, dass bereits ein Drittel der Gärten „enteignet" sei. Auch lokale Printmedien berichten von den Befürchtungen der Anlieger, sie könnten ‚ein zweites Mal' enteignet werden.[39]

In den Wortbeiträgen der Anwohnerinnen und Anwohner dominiert der Enteignungsdiskurs als Schreckensszenario der Zukunft. Der Architekt erzählt eine Geschichte, um die Hintergründe der Verhandlungen zu erläutern:

> Die Eigentümer haben vor ein paar Jahren erst ihr Gelände gekriegt, manche schon vor zehn, fünfzehn Jahren, manche aber auch erst vor ein paar Jahren,

39 Vgl. Rolf Lautenschläger: Anwohner mauern gegen Gedenkstätte. In: *taz*, 14.09.2010, S. 21; Marten Hahn: Anwohner sollen Teil ihres Gartens für die Erinnerungslandschaft auf dem Mauerstreifen hergeben: Streit um den Postenweg. In: *Berliner Zeitung*, 02.09.2010. http://www.berliner-zeitung.de/archiv/anwohner-sollen-teile-ihres-gartens-fuer-die-erinnerungslandschaft-auf-dem-mauerstreifen-hergeben-streit-um-den-postenweg,10810590,10740000.html (Zugriff am 24.02.2014).

> und jetzt klopfen wir an deren Tür und fragen erneut, ‚lieber Eigentümer, reprivatisiert der du bist, jetzt gibt es hier die Absicht, eine Mauergedenkstätte zu machen, wir würden gerne dein Grundstück dafür nutzen'.

Diese Narration rekurriert auf eine Selbstbeschreibung als Bittsteller. Mit der geschilderten Situation, an den Türen der Eigentümer zu klopfen, werden Mechanismen der Macht verdeckt, denn eine Kontaktaufnahme zwischen der administrativen und der zivilgesellschaftlichen Ebene erfolgte nicht auf diesem Wege. Wer setzte die Aufgabe um, die Grundstücke anzukaufen und zu veräußern? Das Bundesland setzte hierfür eine in diesem Sinne zuständige Institution ein: den Liegenschaftsfond des Landes Berlin. Über die personalisierte Narration in der Aussage des Architekten „jetzt klopfen *wir* an deren Tür" entsteht die Vorstellung, es bestehe ein direkter Dialog zwischen den Planern und den Anliegern. Die Stiftung Berliner Mauer hat jedoch einen Geschäftsbesorgungsvertrag aufgesetzt, in dem sie den Liegenschaftsfond beauftragt, die Grundstücke im ehemaligen Mauerstreifen zu erwerben. Diese Institution oder ihre Bevollmächtigten sind auf der Veranstaltung „Verbindungen schaffen" am 29. September 2010 nicht vertreten. Auf Nachfrage erklärt der Architekt, dass die für die Verhandlungen zuständige Person öffentlich nicht in Erscheinung trete. Die Selbstbeschreibung, die in den Worten des Architekten eine direkte Kommunikationsebene andeutet, versteckte die Machtstrukturen. Die Akteure des Liegenschaftsfonds bleiben im Hintergrund.
Dennoch ist zu klären, unter welchen Bedingungen ein mögliches Enteignungsszenario durchgeführt werden könnte, unter der Voraussetzung, es käme zu keiner finanziellen Einigung. Der Architekt beantwortet die Frage nach Zwang dahingehend, dass die Eigentümer durchaus gezwungen werden können, ihre Grundstücke freizugeben, jedoch nicht entschädigungslos. In diesem monetären Detail liege der Unterschied einer Enteignung im politischen Kontext der Gegenwart und einer Enteignung im politischen Kontext der Vergangenheit. Zu enteignen in der Gegenwart bedeute, dass ein Entschädigungsbetrag ausgezahlt werde:

> Enteignung im deutschen Rechtssystem bedeutet ja nicht entschädigungslose Wegnahme, sondern bedeutet, der Eigentümer ist zwar nicht bereit, das herzugeben, er muss es hergeben, er wird dazu gezwungen, es herzugeben, aber nicht entschädigungslos.

Die ausgezahlte Summe basiert dem Architekten zufolge auf einer „gütlichen Verhandlung rechtsstaatlicher Werteermittlung“, wobei die Grundstücke vor dem Hintergrund ihrer „innerstädtischen Lage“ bewertet würden. Der Architekt kritisiert die Argumentationslinie der Gegenseite, Enteignung zu instrumentalisieren, denn die Intention eines erweiterten Gedenkstättenareals sei bereits als „politische Absicht“ in den Kaufverträgen der Mauergrundstücke festgeschrieben worden. Die Verhandlungen basierten „auf Grundgesetz und Bodenrecht“ und wären nicht mit den Enteignungspraktiken der Vergangenheit vergleichbar; sie hätten „nichts, null und nichts mit dem zu tun, was die DDR damals gemacht hat,“ so der Architekt. Allerdings ist im Fall des an die Bernauer Straße grenzenden Friedhofsabschnittes auch die Rede von einer Entschädigungssumme. Drei Gesprächspartner haben behauptet, dass die Gemeinde zwangsverkaufen musste.[40] Den Unterschied zwischen einem Entschädigungsbetrag in der Vergangenheit und in der Gegenwart sieht der Architekt in der „fairen Ermittlung“ des Kaufpreises, die im politischen System der DDR praktisch nicht möglich gewesen sei.

Die Anwohner haben zwei Argumentationsstrategien verfolgt. Das erste Muster, das herausgearbeitet werden kann, ist das Prinzip Einzelinteresse vor Gesamtinteresse. Man habe Angst vor Touristenmassen, die den Postenweg nutzen werden. Die Nachbarn fürchteten eine „Touristenflut“, die einen Verlust von Privatsphäre nach sich zöge, weswegen ein Diskussionsteilnehmer während der Veranstaltung „Verbindungen schaffen“ ausruft, eine zwei Meter hohe Einfriedungsmauer um sein Grundstück errichten zu wollen. Die Erweiterung brächte zudem infrastrukturelle Nachteile, so gebe es vor der Haustür ein erhöhtes Verkehrsaufkommen und man habe „Angst um seine Kinder“. Auch klagt ein Wortführer über die exponierte Lage der Wohnhäuser inmitten einer Gedenklandschaft. Ein mit künstlichen Lichtquellen markierter Postenweg könnte das Schlafzimmer erleuchten und den Schlaf stören. Die hier aufgezählten Punkte lassen sich als Individualinteressen verstehen.

Das zweite Argumentationsmuster ist auf symbolischer Ebene anzusiedeln und rekurriert auf die lokalen, palimpsesthaften Überlagerungen. Eine Diskussionsteilnehmerin von „Verbindungen schaffen“ sieht im Postenweg kein räumliches Verbindungselement,

40 Vgl. S. 173, Anm. 8.

vielmehr einen „Gedenkpfad für die Grenztruppen-Veteranen". Da der Kolonnenweg in der Vergangenheit von Grenzsoldaten genutzt wurde, sei er in der Gegenwart als ‚Grenzer-Gedenkort' zu verstehen. Indem die Anwohnerin den Postenweg als Täter-Ort klassifiziert, überträgt sie eine Bedeutungsebene der Vergangenheit auf die Gegenwart. Sie bewertet die Materialität des Postenweges als Ort der Begrenzung. Der Postenweg sei kein Ort für plurale Gedächtnisformen, sondern sei von einer bestimmten sozialen Gruppe, den „Grenztruppen-Veteranen", angeeignet und mit Bedeutung versehen worden. Auch die lokale Tageszeitung unterstützt diesen Standpunkt mit der Ankündigung, ein rekonstruierter Postenweg ermögliche, „auf den Spuren der DDR-Grenzer [zu] wandeln".[41]

Der Architekt bezeichnet diese Diskussion hingegen als widersprüchlich. Im Sinne einer Nimby-Bewegung[42] wehren sich die Anwohner gegen einen Ausbau des Postenweges auf ihren Grundstücksanteilen. Sie fordern ihm zufolge die „Ruhe der Vorstadt", profitierten aber gleichzeitig von den Vorzügen einer innerstädtischen Lage: „Wir sind hier nicht in der Gartenvorstadt, wir sind hier mitten in der Stadt." Auch der Architekt spricht hier über ein Merkmal der Vergangenheit. Während die Wohnlage am Grenzstreifen der Berliner Mauer bis 1989 mit peripher umschrieben werden kann, ist sie seit Aufhebung der innerstädtischen Teilung zentral. Die hiermit verknüpften Privilegien wie Ruhe und wenig Durchgangsverkehr können in der Gegenwart nicht mehr aufrecht gehalten werden. Die Nachbarn fordern einen Effekt der Grenzlagen auf die unmittelbare Nachbarschaft, der in der Vergangenheit

41 Ralf Schönball: Der Postenweg. Zweite Enteignung an der Bernauer Straße. In: *Der Tagesspiegel*, 01.09.2010. http://www.tagesspiegel.de/berlin/zweite-enteignung-an-der-bernauer-strasse/1916840.html (Zugriff am 24.02.2014).

42 Englischsprachiges Kürzel für die Buchstabenfolge „Not In My Back Yard". Die Nimby-Bewegung entsteht Ende der 1980er in den USA, als lokale Initiativen gegen die Ansiedlung infrastruktureller Projekte in der unmittelbaren Nachbarschaft mobilisieren. Für einen Überblick zu Landnutzungskonflikten aus soziologischer Perspektive, siehe bspw. Robert Lake: Rethinking NIMBY. In: *Journal of the American Planning Association* 59 (1993), S. 87–93; Mark Wexler: A Sociological Framing of the Nimby (Not-In-My-Backyard) Syndrome. In: *International Review of Modern Sociology* 26,1 (1996), S. 91–110; Michael Dear: Understanding the NIMBY and LULU Phenomena: Reassessing our Knowledge Base and Informing Future Research. In: *Journal of Planning Literature* 21,3 (2007), S. 255–266.

Abb. 31: Postenweg und Gartenzaun.

anzusiedeln ist und mit räumlichen Transformationen nicht mehr in Einklang steht.

In der Argumentationslinie der politischen Verantwortlichen symbolisiert die Nachzeichnung des Postenweges eine ökonomische Aufwertung von städtischem Raum. Über den Ausbau einer erweiterten Gedenkstätte Berliner Mauer werde der Mauer-Grenzstreifen nicht als Bauland freigegeben, sondern als Parkanlage einer „grünen, gepflegten Fläche" gemeinschaftlich zugänglich gemacht. Der Architekt betont wiederholt den langfristigen Nutzungscharakter der Maßnahme, die ein „dauerhaft freies" räumliches Verbindungselement schaffe. Ein politischer Akteur der Veranstaltung „Verbindungen schaffen" bewertet die Chancen auf eine Einigung mit den Anliegern mit „verhaltenem Optimismus". Er bringt an, dass bereits mit der Gemeinde erfolgreich verhandelt wurde und er es somit für wahrscheinlich halte, dass der „historische Postenweg" nachgezeichnet werden könne.

Dieser Wortbeitrag klammert einen zentralen Unterschied hinsichtlich der Verhandlungsposition aus. Gemeinde und Gedenkstätte sind zum Kompromiss gekommen, als die Gemeinde der Stiftung den Geländeabschnitt im Sinne einer dauerhaften Nutzung zur

Abb. 32: Postenweg und Gartentor.

Verfügung stellte. Allerdings umfasst die Nutzung als Gedenkareal nicht den Verlust des Eigentumtitels. Während die Nachbarinnen und Nachbarn ihre Grundstücksanteile an den Liegenschaftsfond abtreten sollen, bleibt der Friedhofsabschnitt das Eigentum der Gemeinde. Während die Gemeinde auf das Totengedenken verwiesen hat und somit die Lücke in der Grenzmauer bewahrte, hätten die Anwohner gegen das „Totschlagargument des übernationalen Interesses" einer erfolgreich durchgeführten Erweiterung laut Plädoyer eines Diskussionsteilnehmers wenig Chancen. Sie vertreten Individualinteressen, die mit dem Anspruch der Allgemeinheit auf ein durchgängig verbindendes Raumelement der Erinnerungslandschaft, dem „Rückgrat Postenweg", schlecht in Einklang zu bringen sind.[43]

Doch bleibt die Nachzeichnung des Postenweges von den Gartengrundstücken weiterhin unterbrochen. Eine Eigentümergemeinschaft und zwei Eigentümer weigern sich nachhaltig, ihre Gartengrundstücke zu verkaufen. Laut Direktor der Gedenkstätte

43 Isabell Jürgens: Gedenken in der Sackgasse. In: *Berliner Morgenpost*, 17.06.2012. http://www.morgenpost.de/printarchiv/berlin/article106614210/Gedenken-in-der-Sackgasse.html (Zugriff am 24.02.2014).

Abb. 33: Materialisierung der Eigentumsverhältnisse.

Berliner Mauer wolle man „keine agressive Planung“ durchsetzen, sondern einen „Ort der Diskussion und des Austauschs“ erschaffen. Um den Zeit- und Kostenplan für die pünktliche Eröffnung der Dauerausstellung zum 9. November 2014 einzuhalten, kommt es nicht zum befürchteten Enteignungsszenario. Die Interessensparteien einigen sich. Mit dem November-Datum ist laut Direktor der „letzte Taktschlag“ gegeben, den Erweiterungsprozess abzuschließen, da die finanziellen Mittel Ende des Jahres 2014 auslaufen. Die mit den drei Parteien getroffene Übereinkunft ist keine Einigung im Sinne einer durchgängigen Begehbarkeit. Die Gartenzäune bleiben weiterhin bestehen. Die Eigentümer sichern zu, ihre Grundstücke an drei Tagen jährlich zu öffnen. Am 13. August, am 3. Oktober sowie am 9. November alljährlich ist eine durchgängige Begehung des Postenweges in den Grenzstreifen der Berliner Mauer eingeschrieben.

Dieses Kapitel arbeitet Raumstrategien heraus, mit denen auf Materialität gewirkt wurde. Sowohl die Gemeinde wie auch die Nachbarn können als sozial interagierende Gemeinschaften bezeichnet werden, die gemeinsame Ziele verfolgen. Materialität prägt und strukturiert dabei Gedächtnis. Hinsichtlich der Dauer der Wirkung weisen beide Gemeinschaften verschiedene Merkmale auf. Während die Gemeinde mit der Lücke in der Mauer dauerhaft materielle Konfigurationen prägt, verweigern drei Eigentümerparteien die Durchwegung ihrer Gartengrundstücke. Das Gemeininteresse an einer durchgängig begehbaren Erinnerungslandschaft ist nur für diejenigen Tage im August, Oktober und November gewährleistet, die im kulturellen Gedächtnis mit Ereignissen um die Berliner Mauer verknüpft werden. Eine weitere materielle Anordnung bestätigt die Wechselwirkung von Materialität und Gedächtnis: Die rostbraune Stelenreihe ist an einer weiteren Stelle unterbrochen: ein Eigentümer hatte sein Einverständnis verweigert, den Verlauf der Grenzmauer auf seinem Grundstück nachzuzeichnen.

9. Fazit

Orte sind Referenzpunkte für Identifizierungen. Dass die räumliche Umgebung Gedächtnisprozesse beeinflusst, wurde bereits sozialwissenschaftlich empirisch untermauert.[1] Wie lässt sich das komplexe Verhältnis von Materialität und Gedächtnis beschreiben? Die systematische Betrachtung mehrerer Fallbeispiele um politische Zäsuren sollte darauf eine Antwort geben. Orte von Diktaturen repräsentieren Herrschaftsverhältnisse der Vergangenheit einerseits über ihre architektonische Form, andererseits über Diskurse. Die Analyse gegenwärtiger Bedeutungsräume erfordert es, die Vergangenheit nicht phänomenologisch als ein mentales Produkt[2] zu konzeptionalisieren, sondern gleichzeitig ihre dinglich-räumlichen Aspekte zu betrachten. Die Rekonstruktion von Vergangenheit erfolgt in dieser Arbeit mithin stets in Auseinandersetzung mit den Materialitäten ihrer Orte.

Dieses Abhängigkeitsverhältnis veranschaulicht bereits das erste empirische Beispiel: Materialitäten sind Impulse für Erinnerungen. Die Bemühungen des Dozenten, die Milchbar im Funkhaus für seine Geburtstagsfeier zu mieten und einen zusammenführenden Gedächtnis-Rahmen zu schaffen, zeugt vom Wunsch, soziale Gemeinschaft zu generieren und das Funkhaus hierfür sinnstiftend zu nutzen.[3] Auch der gemeinsame Geländerundgang mit dem

1 Siehe Blokland: Bricks, Mortar, Memories, S. 278.

2 Merleau-Ponty: *Phenomenology of Perception*, S. 22.

3 Vgl. Kap. 5.6: „Materialität als Bedeutungsträger“, S. 105–111.

Techniker bezeugt den Impulscharakter von Materialitäten für Erinnerungen.[4] Das Funkhaus an der Nalepastraße produziert Bruchstücke individueller Erinnerungen. Die vereinzelten Fragmente stehen lose nebeneinander, ohne über einen ortsgebundenen Rahmen in Verbindung zu treten. Der Zusammenschluss einer sozialen Gruppierung ist am Funkhaus Nalepastraße nicht gegeben. Der Wunsch des Objektleiters, den Ort als „nationales Kulturgut" anzuerkennen, bleibt inkompatibel mit der normativen Wirkungskraft eines Täterortes auf der Makroebene im kulturellen Gedächtnis. Die Frage nach einer gegenseitigen Durchdringung von Gedächtnis und Materialität scheitert an der fehlenden Möglichkeit, Gedächtnis am Funkhaus zu konstituieren. Obwohl dem materiellen Verfall ausgesetzt, bleibt das Funkhaus gegenständlich erhalten. Warum kann eine Wechselwirkung von Materialität und Gedächtnis am ersten Fallbeispiel nicht erfolgen? Auf die Frage nach den Bedingungen sind die Eigentumsverhältnisse zu nennen. Zwar erfolgt der Zusammenschluss von Erinnerungen in unmittelbar räumlicher Umgebung, doch verhindern Machtstrukturen gruppenbezogene Identifizierungen am Ort. Die Kollektivierung von Erinnerungen findet nicht innerhalb, sondern außerhalb der materiellen Konfigurationen des Funkhauses Nalepastraße statt.

Das zweite Fallbeispiel zeigt am Skulpturenpark Berlin_Zentrum einen kurzweiligen Rahmen für Gedächtnis auf. Künstlerische Installationen der hier betrachteten Ausstellungsreihen (Februar 2006–Februar 2010) beziehen sich auf die am Ort konzentrierten Überlagerungen verschiedener Bedeutungsschichten. Materialität vermittelt Vergangenheit während einer kurzen zeitlichen Dauer. Die Wechselwirkung tritt als ephemere Interaktion von Gedächtnis und Materialität auf. Es kommt zur kurzzeitigen Prägung räumlicher Konfigurationen; eine Vergegenwärtigung von Vergangenheit erfolgte nicht dauerhaft, sondern ist zeitlich begrenzt.[5] Die am Ort dicht konzentrierten Überlagerungen von historischen Schichten werden in verschiedenen Ausstellungsreihen aufeinander bezogen und neu interpretiert. Arbeiten wie „Turn It One More Time" und „New Borders" betonen die palimpsesthafte Beschaffenheit des Ortes, indem sie Formensprache aus

4 Vgl. Exkurs 2: „Gedächtnisprotokoll eines Rundgangs", S. 113–115.

5 Vgl. Kap. 6.1: „Der Skulpturenpark Berlin_Zentrum", S. 118–133.

der Vergangenheit zitieren und räumliche Bezüge herstellen. Die Künstler haben über das Kollektiv den Ort angeeignet, als sie ein großflächiges Areal zum „Skulpturenpark Berlin_Zentrum" gestalteten. Diese Raumstrategie bleibt auf symbolischer Ebene verhaftet, KUNSTrePUBLIK hat mit den Eigentümern der Parzellen über das Pachten einzelner Raumfragmente kommuniziert. Gedächtnis brauchte einen Ort, um sich bündeln zu können. Diese Bündelung erfolgte am Skulpturenpark Berlin_Zentrum.

Das dritte Fallbeispiel verdeutlicht die Wirkung von Gegenständlichkeit als Stütze für Gedächtnis. Die argentinischen Haftzentren besitzen besondere symbolische Tragkraft, da in ihre Materialität Misshandlungen und Folter eingeschrieben sind. Plurale Gedenkformen an die Verschwundenen der Militärdiktatur, die von der einen Seite als Kombattanten, von der anderen Seite als Opfer bezeichnet werden, prägen die Vergangenheitsdeutung verschiedener sozialer Zusammenschlüsse.[6] Die Suche Miguels nach dem Ort seiner Inhaftierung veranschaulicht die stabilisierende Funktion von Materialität für Gedächtnis.[7] Weitere Überlebende bestätigen seinen Standpunkt, ein verschütteter Folterkeller befände sich unter den betonierten Stützpfeilern der hauptstädtischen Autobahn. Ihre gemeinschaftlich vorgebrachte Forderung, ein geheimes Haftzentrum der Militärdiktatur nicht nur symbolisch an der Oberfläche über eine Gedenkplakette zu markieren, sondern das Haftzentrum archäologisch zu konservieren, verweist auf die Bedeutung einer konkret wahrnehmbaren Dinglichkeit von Gedächtnis.

Personenbezogenes Wissen und gruppenspezifische Modifikationen sind nicht klar zu trennen. Diesen Aspekt verdeutlicht die Zeugenaussage Daniels vor Gericht.[8] Biographische Erfahrung ist immer im Sinne sozial geteilter Erfahrung zu verstehen. Erinnerungen durchdringen sich wechselseitig und schließen an die These Halbwachs' an, das Individuum in dynamischer Beziehung zur Gemeinschaft zu sehen. Gedächtnis ist sozial konstituiert, wie der personenbezogene Strafprozess zur Identifizierung der Wärter in den geheimen Haftzentren El Atlético, El Banco und El Olimpo aufzeigte. Die Überlebenden, Angehörigen, Mütter

6 Vgl. Kap. 7.2: „El Olimpo", S. 154–163.

7 Vgl. Kap. 7.1: „El Atlético", S. 142–154.

8 Vgl. Kap. 7.3: „Der ABO-Strafprozess", S. 163–170.

und Großmütter haben über verschiedene Praktiken Gedächtnis etabliert. Sie sind vereint im Wunsch, die Abwesenden kollektiv aus dem Vergessen herauszuführen. Die geheimen Haftzentren repräsentieren dabei Materialitäten, die bündeln und zusammenbringen. Am Beispiel der argentinischen Haftzentren lässt sich eine wechselseitige Wirkung von Materialität und Gedächtnis bestätigen. Die Kollektivierung im Sinne eines Zusammenschlusses ist ausschlaggebend für die Durchsetzung materieller Veränderungen. Die Vergemeinschaftung von Erinnerungen, die Bildung einer Gedächtnis-Gemeinschaft ermöglichte es, Spuren in Materialität einzuschreiben.

Das vierte Fallbeispiel lenkt das Augenmerk auf zwei Orte, die in den Erweiterungsprozess der Gedenkstätte Berliner Mauer eingebunden waren. Die Auseinandersetzungen um die Nachzeichnung von Mauerlücke und Postenweg verweisen auf eine gegenseitige Beeinflussung von Materialität und Gedächtnis. Der Streit um die Rückplatzierung der Mauersegmente zeigt die lokalen Überlagerungen multipler Vergangenheitsdeutungen auf, die über materielle Konfigurationen ihren Ausdruck finden. In der Bedeutungsebene des Totengedenkens sind verschiedene historische Schichten räumlich eingeschrieben. Die Markierung der Kriegsgräber im Gedenkstättenareal, das Fenster des Gedenkens an die Todesopfer der Berliner Mauer und die mit Stelen aufgefüllte Lücke bezeugen eine wechselseitige Wirkung von Materialität und Gedächtnis. Dieser Abschnitt kristallisierte Raumstrategien heraus, mit denen auf Materialität gewirkt wurde. Räumliche Strukturen können daher als Formen sozialer Strukturen verstanden werden.[9] Sowohl die Gemeinde wie auch die Nachbarinnen und Nachbarn haben gemeinsame Ziele verfolgt. Sie prägten und gestalteten den Raum über soziale Interaktionen. Materialität ist dabei sowohl Werkzeug als auch Rahmen, um Gedächtnis aktiv zu strukturieren.

Der gemeinschaftsgenerierende Aspekt von Orten ist eine erste Bedingung für die Wechselwirkung von Gedächtnis und Materialität. Erst über den sozialen Zusammenschluss können materielle Einschreibungen erfolgen. Diese Gemeinschaften konstituieren sich über soziale Interaktionen und brauchen Orte, um sich bündeln zu können. Die gemeinsamen Ziele dieser

9 Vgl. Löw: *Raumsoziologie*, S. 226.

Handlungsgemeinschaften wirken konstitutiv und sinnstiftend für gruppenbezogene Identifizierungen.
Im Spannungsfeld von Aneignung und Enteignung wird der Einfluss von Eigentums- und Besitzverhältnissen auf eine wechselseitige Beziehung von Gedächtnis und Materialität deutlich. Ein Ort kann symbolisch über Namen angeeignet werden: Benennungen und Umbenennungen dienen entweder der Delegitimierung oder der Aufwertung des Ortes. Der ehemalige DDR-Rundfunk wird in die „Einrichtung gemäß Artikel 36 Einigungsvertrag" umbenannt,[10] eine innerstädtische Brache wandelt sich zur zentrumsnahen Installationsfläche über den Namen „Skulpturenpark Berlin_Zentrum".[11] Die räumliche Aneignung sozialer Akteure erfolgt in steter Auseinandersetzung mit der Materialität des Ortes. Die Akteure rekurrieren auf die hybriden, ortsgebundenen Bedeutungsschichten.[12] Die Künstler haben einzelne Parzellen für ihre Skulpturen gepachtet; dass ein großflächiges Ausstellungsgelände namens Skulpturenpark Berlin_Zentrum existierte, wurde nicht offen kommuniziert.[13] Die Umbenennung des DDR-Rundfunks in „die Einrichtung" zeugte weiterhin vom institutionellen Charakter des Ortes, zeigte aber einen weitgehenden Bedeutungsverlust über die Delegitimierung als „Rundfunk" an. Eigentümer und Besitzer prägen den Raum mit Deutungsmustern. Hinsichtlich eines relativ dauerhaften Wirkens auf Materialität sind Eigentumsverhältnisse von Belang. Die Gemeinde setzt ihre Position in den Verhandlungen durch, die Lücke nicht zu schließen. Sie verkaufte den restituierten Friedhofsabschnitt nicht, sondern stellt ihn der Stiftung Berliner Mauer im Sinne einer langfristigen Gedächtnis-Nutzung zur Verfügung.
Über Enteignung wurde Raum geplant: Teile eines Friedhofs wurden eingeebnet und in den Grenzanlagen der Berliner Mauer einer neuen Funktion zugeführt,[14] ein Logistikgebäude der Bundespolizei mit darunterliegendem Folterkeller wurde abgerissen, um

10 Vgl. Kap. 5.4: „Aneignung", S. 100–102.
11 Vgl. Kap. 6.2: „Aneignung als Raumstrategie", S. 134–138.
12 Vgl. Massey: Places and Their Past, S. 189.
13 Vgl. Abschnitt „Raumnutzer und Raumproduzenten", S. 123–126.
14 Vgl. Kap. 8.1: „Die Lücke in der Mauer", S. 172–181.

die Stadtautobahn zu bauen.[15] Beide Enteignungsstrategien sind im politischen Kontext von Diktaturen zu lesen. In den seinerzeit in Berlin und Buenos Aires herrschenden institutionellen Rahmenbedingungen waren staatliche Maßnahmen der Enteignung leichter durchzusetzen als in den gegenwärtigen demokratischen Gesellschaftsformen. Nachbarschaftliche Initiativen bringen ihre Angst vor Enteignung zur Sprache, um Bereiche ihre Gartengrundstücke nicht für eine Nachzeichnung des Postenweges freigeben zu müssen. Lokale Medien unterstützen ihre Anliegen. Die Diskussion über Enteignung wird vor die Folie ehemaliger Orte von Diktaturen gebracht – „Zweite Enteignung an der Bernauer Straße“[16], so eine Überschrift im *Tagesspiegel*.
Die beschriebenen Orte sind auf je besondere Art und Weise in der Vergangenheit mit politischer Macht verknüpft. Sie waren Repräsentationen des Raumes, von Wissen durchdrungen[17] und demnach nur für privilegierte soziale Gruppen zugänglich. Sie stabilisierten den politischen Status Quo und gewährleisteten ein Fortbestehen des Systems. Sie funktionierten als Orte der Begrenzung, der Kommunikation und der Folter. Die Konzepte Lefebvres bilden in dieser Arbeit ein theoretisches Werkzeug, um den Bedeutungsverlust herauszuarbeiten. Die Orte speichern soziale Konstellationen in ihrer Gegenständlichkeit.
Die Berliner Mauer war ein Ort der Begrenzung, indem sie alltägliche Bewegungsräume einschränkte. Ihre Materialität variierte mit Wandel des politischen Kontextes. Eine zentrale Grenzmauer an touristisch hochfrequentierten Orten wie dem Brandenburger Tor war laut eines Bewohners der Grenzhäuser mit großen Betonblumenschalen bestückt. Dort habe man keine Grenzsoldaten gesehen, sondern Volkspolizisten in ihren grünen Uniformen. Die Abriegelung der sowjetischen Sektorengrenze in der Nacht vom 12. zum 13. August 1961 hatte abgetrennte Bezirke, geteilte Nachbarschaften, begrenzte Lebensräume und eine infrastrukturelle Verdopplung kultureller Institutionen zur Folge. Vor diesem historischen Kontext konzipierte der Architekt Franz Ehrlich das DDR-Funkhaus im Ostteil der Stadt. Es hatte eine zentrale

15 Vgl. Abschnitt „Spuren“, S. 146–151.
16 Vgl. Schönball: Der Postenweg.
17 Vgl. Lefebvre: *La Production de l'Espace*, S. 51.

Rundfunkversorgung für die DDR zu leisten. Während der Ort in den Erinnerungen meiner Gesprächspartner in den Anfangsjahren ständig räumlich erweitert wurde, verfällt das Gebäudeensemble nun zunehmend. Um die sozialistische Gemeinschaft nach innen zu stärken, wirkten kollektive Mythen über eine vermeintliche Brandstiftung oder den Einsatz von bewaffneten Kampftruppen in ihrer Funktion der sozialen Kontrolle.[18] Das Funkhaus bildete ein Kommunikations-Monopol.[19] Die argentinischen Haftzentren sind Orte der Folter, in denen die physische und psychische Integrität der Entführten bedroht wurde. Meine Gesprächspartner haben auf die instrumentale Rolle von Folter verwiesen und stellen die systematische Methode ihrer Anwendung in den Vordergrund, die ein repressives System stützt. Im politischen Kontext der Militärdiktatur kann die Existenz jener Haftzentren nicht bewiesen werden, so die Schlussfolgerungen der Interamerikanischen Menschenrechtskommission im Jahr 1979.[20] Gegenwärtig existieren verschiedene sprachliche Benennungen der argentinischen Haftzentren. Die Menschenrechtsorganisationen Memoria Abierta führt den Begriff des geheimen Haftzentrums an, auf den auch dieses Buch Bezug nimmt.[21] Die Internierungslager über die dreifache Nennung von Haft, Folter und Vernichtung zu kennzeichnen, stellt eine weitere Perspektive dar.[22]

Welche theoretischen Rückbezüge lassen sich herstellen? Ortsspezifische Auseinandersetzungen sozialer Gruppen um Bedeutung, Lage und Form räumlicher Anordnungen kreisen um die materielle Substanz als Katalysator verschiedener Zuschreibungen. Die Authentizität von Materialität bedeutet eine Übereinstimmung von Lage und Form eines spezifischen Zustandes in der Gegenwart mit

18 Vgl. Kap. 4.3: „Fixpunkte von Gedächtnis", S. 64–69.

19 Die Sonderstellung des Viermächte-Status beeinflusste den Anspruch seitens der SED auf eine zentralistische Lenkung gesellschaftlicher Diskurse. In Berlin waren Funkwellen von sämtlichen Programmen zu empfangen, so beispielsweise die Frequenzen des Rundfunks an der Masurenallee oder des RIAS (Rundfunk im amerikanischen Sektor).

20 Vgl. Kap. 7.2: „El Olimpo", S. 154–163.

21 Centro Clandestino de Detención (CCD), vgl. Memoria Abierta: *Memorias en la Ciudad*, S. II, VII.

22 Vgl. D'Agostino: Club Atlético; Guglielmucci: Das ehemalige geheime Haft-, Folter- und Vernichtungslager El Olimpo; Vezzetti: *Pasado y Presente*.

Lage und Form eines spezifischen Zustandes in der Vergangenheit.[23] Die Beschreibung eines Ortes über das Merkmal von Authentizität lässt die Dynamik sozialer Prozesse außer Acht. Authentizität steht gegen das Prinzip, das Orte grundsätzlich als *werdend* betrachtet,[24] als vielmehr für den Ansatz, dass Orte *sind.* Heritage-Stätten bewahren einen partikularen historischen Moment, indem sie stabile Bedeutungszuschreibungen gewährleisten. Dass diese Stätten häufig mit dem Adjektiv „authentisch" verbunden werden, haben wissenschaftliche Autorinnen betont.[25] Auch der für die Erweiterung zuständige Architekt nutzt das Adjektiv „hochauthentisch", um die vielschichtige Bedeutungsebene der Berliner Mauer zu untermalen. Authentizität erschafft einen Orts- wie einen Zeitbezug, lässt aber dynamisch transformative Prozesse außer Acht. In der Frage nach der wechselseitigen Beeinflussung von Gedächtnis und Materialität soll abschließend ein Rückbezug auf den Titel dieser Arbeit erfolgen: Ist der Ansatz von Stadt als Palimpsest auf alle Fallbeispiele übertragbar?

Es treten verschiedene Prägungen der Wechselwirkung auf. Stadt als Palimpsest zu sehen, bedeutet, die Wahrnehmung hin zum Neben- und Übereinander materieller Schichten zu lenken: Neues steht nicht nur neben Altem, sondern überlagert es gänzlich oder teilweise. Eine Wirkung von Materialität auf individuelle Erinnerungen ist in allen Fallbeispielen gegeben, die wechselseitige Beeinflussung von Materialität und Gedächtnis variiert jedoch. Am Funkhaus Nalepastraße sind die Raumnummerierungen mit Wandfarbe überstrichen.[26] Sie bleiben als Spuren der Vergangenheit erhalten. Dort wurde Materialität nicht im Sinne von Gedächtnis umgeformt. Die Nutzerinnen und Nutzer der gewerblichen Flächen im Funkhaus markieren die räumliche Umgebung. Hier kann nicht von einer Wirkung von Gedächtnis auf Materialitäten gesprochen werden, die pluralen Bedeutungsebenen sind jedoch an der materiellen Oberfläche sichtbar. Während der Ausstellungsreihe

23 Siehe auch Frank: *Der Mauer um die Wette gedenken*, S. 259–274; Sharon Zukin: *Naked City: The Death and Life of Authentic Urban Places.* Oxford: Oxford UP 2009.

24 Massey: Places and Their Past, S. 184.

25 Jennifer A. Jordan: *Structures of Memory. Understanding Urban Chance in Berlin and Beyond.* Stanford: Stanford UP 2006; Binder: Debates de Memoria. El Muro Como Espacio Conflictivo.

26 Vgl. S. 114, Abb. 18.

„Parcella“ (April–September 2007) kommen die Fundamente der abgetragenen Grenzhäuser an die urbane Oberfläche und verdeutlichen die Dynamik materieller Einschreibungen am Skulpturenpark Berlin_Zentrum. Die archäologischen Ausgrabungen des ehemaligen Haftzentrums El Atlético in Buenos Aires zeugen von einer auf Dauer ausgelegten Wirkung von Gedächtnis auf Materialitäten. Konkurrierende Deutungsmuster verschiedener sozialer Gruppen finden Ausdruck in räumlichen Anordnungen. Die Frage nach der Beziehung von Gedächtnis und Materialität kristallisiert heterogene, plurale Gedächtnisformen heraus, die auf verschiedene historische Kontexte rekurrieren oder räumliche Formen der Vielfalt in Wechselwirkung mit der Materialität eines Ortes reproduzieren.

Anhang

Interviewworte

Abb. 34
Interview mit dem Bürgerrechtler im ehemaligen Dietrich-Bonhoeffer-Haus.

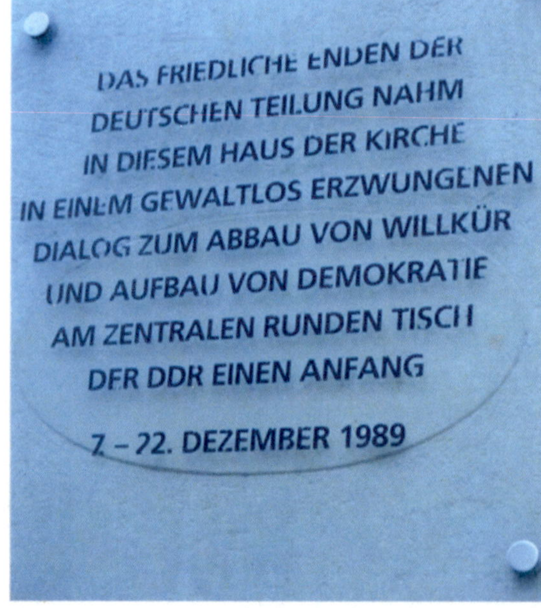

Abb. 35
Gedenkplakette zum Zentralen Runden Tisch an der Häuserfassade des Hotels.

Abb. 36: Interview mit dem Radiomoderatoren im Haus des Rundfunks an der Masurenallee.

Abb. 37: Lichthof des Rundfunks an der Masurenallee.

Abb. 38
Barrio Piedrabuena im Bezirk Villa Lugano.

Abb. 39
Innenhof der hufeisenförmig angeordneten Anlage mit Rampen.

Abb. 40
Eckturm mit Wassertank und Aufzügen.

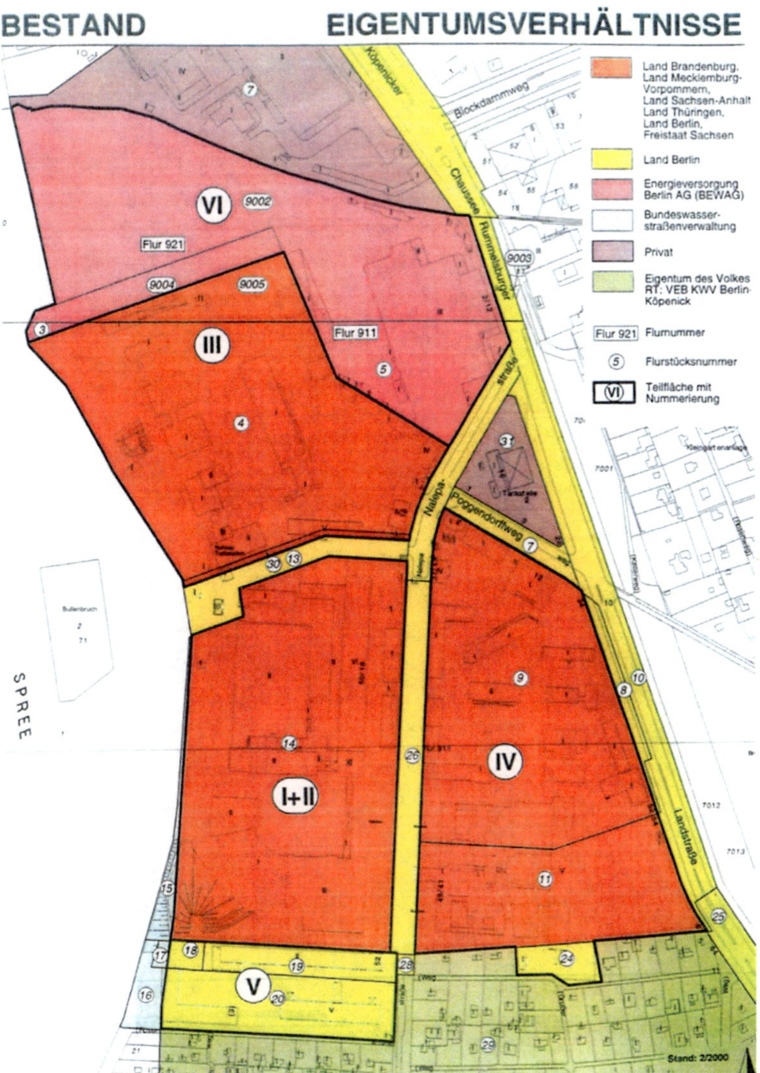

Abb. 41: Bestand der Eigentumsverhältnisse unter Verwaltung der Neuen Länder und des Landes Berlin. Die hellrot grundierten Bereiche der Teilfläche I+II markieren den denkmalgeschützen Bestand des Funkhauses. In Bereich III liegt das bodenkontaminierte Flussgrundstück.

lfd.Nr	R. Datum	Bezug	Betrag	
Vattenfall Wärme				
7	16.01.2006	Abschlag 01.06	40.000,00 €	
9	05.01.2006	Wärmecont. 12/05	4.637,98 €	
32	15.09.2005	Abschlag 03.06	40.000,00 €	
35	21.03.2006	Wärmecont. 02.06	4.623,42 €	
38	24.04.2006	Wärmecont. 03/06	4.679,66 €	
39	02.06.2006	Wärmecont. 04/06 Rest	109,46 €	
40	02.06.2006	Wärmecont. 05/06 Rest	1 702,83 €	
41	27.02.2006	Wärmecont. 01.06	5.046,46 €	
42 u.42 a	09.05./22.06.2006	Jahresrechnung -03.05.06		
		abz.Anteil bis 11.05 u.		
		abz. 2 Abschlagszahlungen	110.792,16 €	
43	03.11.2006	Schlussrechnung bis 23.10.06	72.181,77 €	
		Vattenfall Wärme insg.	283.773,74 €	283.773,74 €
Vattenfall Strom				
11	22.01.2006	Strom 12.05	1.061,28 €	
12	23.01.2006	Strom 12.05	8.838,55 €	
26	08.02.2006	Strom 01.06	10.860,95 €	
27	08.02.2006	Strom 01.06	722,54 €	
33	07.03.2006	Strom 02.06	546,10 €	
34	06.03.2006	Strom 02.06	7.996,24 €	
36	05.04.2006	Strom 03.06	8.140,16 €	
37	06.04.2006	Strom 03.06	577,25 €	
		Vattenfall Strom insg.	38.743,07 €	38.743,07 €
WISAG				
1	30.12.2006	Wartung Gebäude Technik 12.05	38.792,72 €	
2	30.12.2006	Gartenpflege 12.05	928,00 €	
3	30.12.2006	Wartung TK Anlage 12.05	812,00 €	
4	30.12.2006	Wartung Aufzüge 12.05	986,00 €	
5	30.12.2006	Sicherheitsdienste 12.05	11.594,20 €	
13	31.01.2006	Sicherheitsdienste 01.06	11.594,20 €	
14	31.01.2006	Wartung Gebäude Technik 01.06	38.792,72 €	
15	31.01.2006	Gartenpflege 01.06	928,00 €	
16	31.01.2006	Wartung TK Anlage 01.06	812,00 €	
17	31.01.2006	Wartung Aufzüge 01.06	986,00 €	
24	03.02.2006	Material Rohrbrüche	278,63 €	
25	03.02.2006	Reparatur Heizung	551,23 €	
29	28.02.2006	Sicherheitsdienste 02.06	11.362,32 €	
44	31.03.2006	Sicherheitsdienste 03.06	11.594,20 €	
45	28.04.2006	Sicherheitsdienste 04.06	11.594,20 €	
46	31.05.2006	Sicherheitsdienste 05.06	11.594,20 €	
47	30.06.2006	Sicherheitsdienste 06.06	11.594,20 €	
		WISAG insg.	164.794,82 €	164.794,82 €
BSR				
20	27.01.2006	Abschlag 01.06	1.239,35 €	
21	27.01.2006	Abschlag 01.06	473,45 €	
22	27.01.2006	Abschlag 01.06	945,80 €	
23	27.01.2006	Abschlag 01.06	1.315,13	
49	14.06.2006	Abschlag 04.05 anteilig Dez.	438,38 €	
50	14.06.2006	Abschlag 04.05 anteilig Dez.	315,27 €	
51	14.06.2006	Abschlag 04.05 anteilig Dez.	413,12 €	
52	14.06.2006	Abschlag 04.05 anteilig Dez.	157,82 €	
		BSR insg.	5.298,32 €	5.298,32 €

Abb. 42: Auszug der Nebenkostenabrechnung Funkhaus Nalepastraße für 2006.

Bibliographie

Abuelas de Plaza de Mayo. *Las Abuelas y la Genética. El Aporte de la Ciencia en la Búsqueda de los Chicos Desaparecidos.* http://www.abuelas.org.ar/material/libros/LibroGenetica.pdf (Zugriff am 04.03.2014).

—: Abuelas de Plaza de Mayo. www.abuelas.org.ar (Zugriff am 06.08.2015).

Adam, Hubertus: Erinnerungsrituale – Erinnerungsdiskurse – Erinnerungstabus. Politische Denkmäler der DDR zwischen Verhinderung, Veränderung und Realisierung. In: *Kritische Berichte. Zeitschrift für Kunst-und Kulturwissenschaften* 20 (1992), S. 10–35.

Aktives Museum Faschismus und Widerstand / Neue Gesellschaft für Bildende Kunst: *Erhalten – Zerstören – Verändern? Denkmäler der DDR in Ost-Berlin. Eine dokumentarische Ausstellung.* Berlin: NGBK 1990.

Altamirano, Carlos: *Peronismo y Cultura de Izquierda.* Buenos Aires: Siglo Veintiuno 2011.

Åman, Anders: Die osteuropäische Architektur der Stalinzeit als kunsthistorisches Problem. In: Gabi Dolff-Bonekämper / Hiltrud Kier (Hrsg.): *Städtebau und Staatsbau im 20. Jahrhundert.* München, Berlin: Deutscher Kunstverlag 1996, S. 131–150.

Arnold, Sabine: *Stalingrad im sowjetischen Gedächtnis. Kriegserinnerung und Geschichtsbild im totalitären Staat.* Bochum: Projekt-Verlag 1998.

Assmann, Aleida: Zur Metaphorik der Erinnerung. In: Dies. / Dietrich Harth (Hrsg.): *Mnemosyne. Formen und Funktionen der kulturellen Erinnerung.* Frankfurt am Main: Fischer 1991, S. 16–46.

—: Erinnerungsorte und Gedächtnislandschaften. In: Hanno Loewy / Bernhard Moltmann (Hrsg.): *Erlebnis – Gedächtnis – Sinn. Authentische und konstruierte Erinnerung.* Frankfurt am Main: Campus 1996, S. 13–29.

—: *Erinnerungsräume. Formen und Wandlungen des kulturellen Gedächtnisses.* München: Beck 1999.

—: Wie wahr sind Erinnerungen? In: Harald Welzer (Hrsg.): *Das soziale Gedächtnis. Geschichte, Erinnerung, Tradierung.* Hamburg: Hamburger Edition 2001, S. 103–122.

—: *Der lange Schatten der Vergangenheit. Erinnerungskultur und Geschichtspolitik.* München: Beck 2006.

—: Geschichte findet Stadt. In: Moritz Csáky / Christoph Leitgeb (Hrsg.): *Kommunikation – Gedächtnis – Raum: Kulturwissenschaften nach dem „Spatial Turn".* Bielefeld: Transcript 2009, S. 13–27.

Assmann, Aleida / Jan Assmann: Das Gestern im Heute. Medien und soziales Gedächtnis. In: Klaus Merten / Siegfried Schmidt / Siegfried Weischenberg (Hrsg.): *Die Wirklichkeit der Medien. Eine Einführung in die Kommunikationswissenschaft.* Opladen: WDV 1994, S. 114–140.

Assmann, Jan: *Das kulturelle Gedächtnis. Schrift, Erinnerung und politische Identität in frühen Hochkulturen.* München: Beck 1992.

Baberowski, Jörg / David Feest / Sheila Fitzpatrick / Jens Hacke / Daniel Hedinger: *Dem Anderen begegnen. Eigene und fremde Repräsentationen in sozialen Gemeinschaften.* Frankfurt am Main: Campus 2009.

Baker, Frederick: The Berlin Wall: Production, Preservation and Consumption of a 20th Century Monument. In: *Antiquity* 67 (1993), S. 709–733.

Bauernfeind, Wolfgang: *Tonspuren. Das Haus des Rundfunks in Berlin.* Berlin: Links 2010.

Bauhaus Dessau (Hrsg.): *Franz Ehrlich 1907–1984. Kunst und Gestaltung.* Katalog der Ausstellung zum 80. Geburtstag. Dessau: Bauhaus Dessau 1987.

Benjamin, Walter: *Das Kunstwerk im Zeitalter seiner technischen Reproduzierbarkeit.* Frankfurt am Main: Suhrkamp 1977.

—: *Berliner Kindheit um 1900.* Frankfurt am Main: Suhrkamp 1987.

—: *Berliner Chronik.* Frankfurt am Main: Suhrkamp 1988.

—: From the Arcades Project. In: Gary Bridge / Sophie Watson (Hrsg.): *The Blackwell City Reader.* Malden: Blackwell Publication 2002, S. 393–400.

Bergson, Henri: *Materie und Gedächtnis: Eine Abhandlung über die Beziehung zwischen Körper und Geist.* Hamburg: Meiner 1991.

Berking, Hartmut / Martina Löw: *Die Eigenlogik der Städte.* Frankfurt am Main / New York: Campus 2008.

Beyme, Klaus von: *Kulturpolitik und nationale Identität. Studien zur Kulturpolitik zwischen staatlicher Steuerung und gesellschaftlicher Autonomie.* Opladen / Wiesbaden: WDV 1998.

Binder, Beate: Mauer-Denkmale. Zum widersprüchlichen Umgang mit einem Identifikationsort. In: Dies. / Silke Göttsch / Wolfgang Kaschuba (Hrsg.): *Ethnographie europäischer Modernen. Ort – Arbeit – Körper. 34. Kongress der deutschen Gesellschaft für Volkskunde.* Münster / New York / München: Waxmann 2005, S. 193–202.

—: *Streitfall Stadtmitte: Der Berliner Schlossplatz.* Köln: Böhlau 2009.

Binder, Julia: Debates de Memoria. El Muro de Berlín Como Espacio Conflictivo. In: Anne Huffschmid / Valeria Durán (Hrsg.): *Topografías Conflictivas. Memorias, Espacios y Ciudades en Disputa.* Buenos Aires: Trilce 2012, S. 107–124.

—: Rezension zu Jordan, Jennifer: Structures of Memory. Understanding Urban Change in Berlin and Beyond. In: *International Journal of Urban and Regional Research* 36 (2012), S. 639–641.

—: Place Matters. In: Arbeitsgemeinschaft „Städte mit historischen Stadtkernen" des Landes Brandenburg (Hrsg.): *Tür an Tür. Haus an Haus. Nachbarschaften in der historischen Stadt.* Potsdam: Arnold 2014, S. 60–63.

Birle, Peter / Vera Carnovale / Elke Gryglewski / Estela Schindel (Hrsg.): *Memorias Urbanas en Diálogo: Berlín y Buenos Aires.* Buenos Aires: Buenos Libros 2010.

Birle, Peter / Elke Gryglewski / Estela Schindel: *Urbane Erinnerungskulturen im Dialog: Berlin und Buenos Aires.* Berlin: Metropol 2009.

Blokland, Talja: Bricks, Mortar, Memories: Neighbourhood and Networks in Collective Acts of Remembering. In: *International Journal of Urban and Regional Research* 25 (2001), S. 268–283.

Bodenschatz, Harald / Johannes Geisenhof / Dorothea Tscheschner: *Gutachten zur bau-, stadtbau- und nutzungsgeschichtlichen Bedeutung des „Hauses der Parlamentarier" (ehem. Reichsbankgebäude bzw. ZK-Gebäude der SED), des Treuhandgebäudes („Detlev-Rohwedder-Haus", ehem. Gebäude des Reichsluftfahrtministeriums bzw. Haus der Ministerien) und des ehemaligen Staatsratsgebäudes*, 1993.

Boyer, Christine: *The City of Collective Memory. Its Historical Imagery and Architectural Entertainments*. Cambridge / London: MIT 1998.

Boyer, Dominic: *Spirit and System. Media, Intellectuals, and the Dialectic in Modern German Culture*. Chicago / London: University of Chicago Press 2005.

Brodsky, Marcelo: Génesis y Evolución de una Idea. In: *Ramona. Revista de Artes Visuales* 9/10 (2000/2001), S. 6–7.

Bullion, Constanze von: Mut zur Lücke. Entscheidung im Streit um die Rekonstruktion eines Teilstücks der Berliner Mauer. In: *Süddeutsche Zeitung*, 04.03.2009, S. 6.

—: Berlin verpasst eine Chance. In: *Süddeutsche Zeitung*, 04.03.2009, S. 4.

—: Todeszone ohne Schrecken. In: *Süddeutsche Zeitung*, 20.05.2010, S. 5.

—: Der Fall der Mauer, Teil 2. In: *Süddeutsche Zeitung*, 07.03.2013, S. 8.

Burke, Peter: Geschichte als soziales Gedächtnis. In: Kai-Uwe Hemken (Hrsg.): *Gedächtnisbilder. Vergessen und Erinnern in der Gegenwartskunst*. Leipzig: Reclam 1996, S. 92–112.

Burkert, Olga: 'Todos Somos Hijos de una Misma Historia'. H.I.J.O.S. en Argentina y México. In: Anne Huffschmid / Valeria Durán (Hrsg.): *Topografías Conflictivas. Memorias, Espacios y Ciudades en Disputa*. Buenos Aires: Trilce 2012, S. 407–424.

Butler, Judith: *Raster des Krieges. Warum wir nicht jedes Leid beklagen*. Frankfurt am Main / New York: Campus 2010.

Calveiro, Pilar: *Poder y Desaparación. Los Campos de Concentración en Argentina*. Buenos Aires: Colihue 1998.

Caparrós, Martín / Eduardo Anguita: *La Voluntad. Una Historia de la Militancia Revolucionaria en la Argentina*. Buenos Aires: Norma 1998.

Certeau, Michel de: *Kunst des Handelns*. Berlin: Merve 1988.

Chartier, Roger: Le Monde Comme Représentation. In: *Annales. Économies, Sociétés, Civilisations* 44 (1989), S. 1505–1520.

Ciesla, Burghard: Im Osten ‚Rückgrat', im Westen ‚Geisterbahn'. In: Gerd Sälter / Tina Schaller (Hrsg.): *Grenz-und Geisterbahnhöfe im geteilten Berlin*. Berlin: Links 2013, S. 55–63.

Coleman, James: *Grundlagen der Sozialtheorie*, Bd. 1: Handlungen und Handlungssysteme. München: Oldenbourg 1991.

Comisión Nacional sobre la Desaparación de Personas (CONADEP): *Nunca Más. Informe de la Comisión Nacional sobre la Desaparación de Personas*. Buenos Aires: Eudeba 1984.

Coser, Lewis: *The Functions of Social Conflict*. New York: Free Press 1956.

Cramer, Johannes / Tobias Rütenik / Peter Böger / Gabri van Tussenbroek / Philipp Speiser: *Die Baugeschichte der Berliner Mauer*. Petersberg: Imhof 2011.

Crenzel, Emilio: *La Historia Política del Nunca Más. La Memoria de las Desaparaciones en Argentina*. Buenos Aires: Siglo Veintiuno 2008.

Cucchi, Laura: Reconstruir la Esfera Pública. La Justicia Reparatoria como Deliberación. In: Cecilia Macón (Hrsg.): *Pensar la Democracia, Imaginar la Transición (1976–2006)*. Buenos Aires: Ladosur 2006, S. 63–82.

D'Agostino, Miguel: Club Atlético: Überleben und Gedenken. In: Peter Birle / Elke Gryglewski / Estela Schindel (Hrsg.): *Urbane Erinnerungskulturen im Dialog: Berlin und Buenos Aires*. Berlin: Metropol 2009, S. 244–250.

—: Ex Centro Clandestino de Detención Tortura y Exterminio 'Club Atlético': Supervivencia y Memoria. In: Peter Birle / Vera Carnovale / Elke Gryglewski / Estela Schindel (Hrsg.): *Memorias Urbanas en Diálogo: Berlín y Buenos Aires*. Buenos Aires: Buenos Libros 2010, S. 339–345.

Dangschat, Jens: Symbolische Macht und Habitus des Ortes. Die Architektur der Gesellschaft aus Sicht der Theorie(n) sozialer Ungleichheit von Pierre Bourdieu. In: Heike Delitz / Joachim Fischer (Hrsg.): *Die Architektur der Gesellschaft. Theorien für die Architektursoziologie*. Bielefeld: Transcript 2009, S. 311–341.

Dear, Michael: Understanding the NIMBY and LULU Phenomena: Reassessing our Knowledge Base and Informing Future Research. In: *Journal of Planning Literature* 21 (2007), S. 255–266.

Deutsches Nationalkomitee für Denkmalschutz (Hrsg.): *Die Berliner Mauer. Vom Sperrwall zum Denkmal*. Bonn: Konkordia 2009.

Dillon, Sarah: *The Palimpsest. Literature, Criticism, Theory*. London / New York: Continuum 2007.

Dirks, Christian: *Wo sich historische Schichten überlagern. Jüdische Gräber im Gedenkstättenareal auf dem Sophienfriedhof*. Berlin: Stiftung Berliner Mauer 2011.

Draeger, Volkmar: Ein Wahrzeichen ragt aus dem Grün. In: *Neues Deutschland*, 19.09.2005. https://www.neues-deutschland.de/artikel/78220.ein-wahrzeichen-ragt-aus-dem-gruen.html (Zugriff am 05.08.2015).

Durán, Valeria: La Vecindad del Horror. Pasado y Presente en el Entorno de los (Ex)Centros Clandestinos de Detención. In: Anne Huffschmid / Valeria Durán (Hrsg.): *Topografías Conflictivas. Memorias, Espacios y Ciudades en Disputa*. Buenos Aires: Trilce 2012, S. 293–304.

Durán, Valeria / Anne Huffschmid: *Topografías Conflictivas. Memorias, Espacios y Ciudades en Disputa*. Buenos Aires: Trilce 2012.

Dürr, Christian: Operación Masacre. In: *Konkret* 9 (2013), S. 25–27.

Eckert, Rainer: Gegen die Wende-Demagogie – für den Revolutionsbegriff. In: *Deutschland Archiv* 40 (2007), S. 1084–1086.

Effner, Bettina / Helge Heidemeyer (Hrsg.): *Flucht im geteilten Deutschland. Erinnerungsstätte Notaufnahmelager Marienfelde*. Berlin: be.bra 2005.

Eichhorn, Alfred: Abschlusskommentar. *Radio Aktuell*, 31.12.1991.

Eik, Jan: *Besondere Vorkommnisse. Politische Affären und Attentate in der DDR*. Berlin: Das Neue Berlin 2006.

Eppelmann, Rainer / Robert Grünbaum: Sind wir die Fans von Egon Krenz? Die Revolution war keine „Wende". In: *Deutschland Archiv* 5 (2004), S. 864–869.

Erikson, Erik: *Identität und Lebenszyklus*. Frankfurt am Main: Suhrkamp 1973.

Erler, Peter: *Folter im MGB-Gefängnis Berlin-Hohenschönhausen*. Gedenkstätte Hohenschönhausen. http://www.stiftung-hsh.de/curriculum_old/folter_im_mgb_gefaengnis_berlin_hsh.htm (Zugriff am 04.03.2014).

Erll, Astrid: Literatur und kulturelles Gedächtnis: Zur Begriffs- und Forschungsgeschichte, zum Leistungsvermögen und zur literaturwissenschaftlichen Relevanz eines neuen Paradigmas in der Kulturwissenschaft. In: *Literaturwissenschaftliches Jahrbuch* 43 (2002), S. 249–276.

—: *Kollektives Gedächtnis und Erinnerungskulturen. Eine Einführung.* Stuttgart / Weimar: Metzler 2011.

Feitlowitz, Marguerite: *A Lexicon of Terror: Argentina and the Legacies of Torture.* Oxford: Oxford UP 2011.

Feld, Claudia: Las Capas Memoriales del Testimonio. Un Anális Sobre los Vínculos Entre Espacio y Relatos Testimoniales en el Casino de Oficiales de la ESMA. In: Anne Huffschmid / Valeria Durán (Hrsg.): *Topografías Conflictivas. Memorias, Espacios y Ciudades en Disputa.* Buenos Aires: Trilce 2012, S. 335–365.

Feldbaek, Ole (Hrsg.): *Dans Identiteshistorie.* Kopenhagen: Reitzel 1992.

Flatau, Sabine: Rundfunkgelände an der Nalepastraße ist verkauft. In: *Die Welt*, 07.04.2005. http://www.welt.de/print-welt/article591650/Rundfunkgelaende-an-der-Nalepastrasse-ist-verkauft.html (Zugriff am 26.01.2015).

Flierl, Bruno: *Gebaute DDR. Über Stadtplaner, Architekten und die Macht.* Berlin: Verlag für Bauwesen 1998.

Foran, John (Hrsg.): *Theorizing Revolutions.* London / New York: Routledge 1997.

Foucault, Michel: *Vom Licht des Krieges zur Geburt der Geschichte.* Berlin: Merve 1986.

François, Étienne / Hagen Schulze (Hrsg.): *Deutsche Erinnerungsorte. Eine Auswahl.* München: Beck 2005.

Frank, Sybille: *Der Mauer um die Wetter gedenken. Die Formation einer Heritage-Industrie am Berliner Checkpoint Charlie.* Frankfurt am Main: Campus 2009.

Frenkel, Rainer: Demokratie per Dienstanweisung. In: *Die Zeit*, 07.06.1991, S. 44.

Freud, Sigmund: Das Unheimliche. In: *Imago. Zeitschrift für Anwendung der Psychoanalyse auf die Geisteswissenschaften* 5 (1919), S. 297–324.

—: Notiz über den Wunderblock. In: *Internationale Zeitschrift für Psychoanalyse* 10 (1924), S. 1–5.

Frontalini, Daniel / Maria Cristina Caiati: *El Mito de la Guerra Sucia.* Buenos Aires: CELS 1984.

Fuchs, Florian: Der Grenzschützer. In: *Süddeutsche Zeitung*, 13./14./15.08.2011, S. 6–7.

Galerie am Sachsenplatz Leipzig (Hrsg.): *Bauhaus 4. Franz Ehrlich. Die frühen Jahre. Arbeiten der Jahre 1927–38.* Katalog 17. Leipzig 1980

Gasparini, Juan: *Montoneros. Final de Cuenta.* Buenos Aires: De la Campana 1999.

Geckle, Gerhard / Horst Lehmann: *DDR-Eigentum zurück – was tun?* München: WRS 1991.

Gerring, John: *Social Science Methodology. A Unified Framework.* Überarb. Aufl. New York: Cambridge UP 2012.

Gieryn, Thomas: A Space for Place in Sociology. In: *Annual Review of Sociology* 26 (2000), S. 463–496.

Gillespie, Richard: *Soldados de Perón. Los Montoneros.* Buenos Aires: Grijalbo 1987.

Göhler, Gerhard: *Macht der Öffentlichkeit – Öffentlichkeit der Macht.* Baden-Baden: Nomos 1995.

—: *Der Zusammenhang von Institution, Macht und Repräsentation.* Baden-Baden: Nomos 1997.

Gordon, Avery: *Ghostly Matters. Haunting and the Sociological Imagination.* Minneapolis / London: University of Minnesota Press 2008.

Gorelik, Adrián: *La Grilla y el Parque. Espacio Público y Cultura Urbana en Buenos Aires.* Bernal: Universidad Nacional de Quilmes 2010.

Guglielmucci, Ana: Das ehemalige geheime Haft-, Folter-und Vernichtungslager El Olimpo. In: Peter Birle / Elke Gryglewski / Estela Schindel (Hrsg.): *Urbane Erinnerungskulturen im Dialog: Berlin und Buenos Aires.* Berlin: Metropol 2009, S. 154–159.

Halbrock, Christian: Weggesprengt. Die Versöhnungskirche im Todesstreifen der Berliner Mauer 1961–1985. In: *Horch und Guck. Zeitschrift zur kritischen Aufarbeitung der SED-Diktatur* 17 (2008), Sonderheft, S. 1–79.

Halbwachs, Maurice: *The Collective Memory.* New York: Harper & Row Colophon 1950.

—: *Das Gedächtnis und seine sozialen Bedingungen.* Berlin: Luchterhand 1966.

—: *Das kollektive Gedächtnis.* Frankfurt am Main: Fischer 1985.

Harrison, Rodney: *Understanding the Politics of Heritage.* Manchester / Milton Keynes: Manchester UP / Open University 2010.

—: *Heritage. Critical Approaches.* Abingdon / New York: Routledge 2013.

Hasselmann, Jörn: Keine Beweise für Massengräber unter der alten Grenzmauer. In: *Der Tagesspiegel*, 24.04.1997. http://www.tagesspiegel.de/berlin/keine-beweise-fuer-massengraeber-unter-der-alten-grenzmauer/10132.html (Zugriff am 13.02.2015).

Hayden, Dolores: *The Power of Place. Urban Landscapes as Public History.* Cambridge / London: MIT 1995.

Heinrich, Horst-Alfred: Kulturelles Gedächtnis und kollektive Erinnerungen als Mikro-Makro-Modell. In: Ulrich Druwe / Volker Kunz (Hrsg.): *Kontext, Akteur und strategische Interaktion.* Opladen: Leske & Budrich 2000, S. 75–102.

Hemme, Dorothee / Markus Tauschek / Regina Bendix (Hrsg.): *Prädikat Heritage. Wertschöpfungen aus kulturellen Ressourcen.* Berlin: Lit 2007.

Hepperle, Susanne: Durchsetzung des westdeutschen Ordnungsmodells: Rundfunk und Fernsehen. In: Roland Czada / Gerhard Lehmbruch (Hrsg.): *Transformationspfade in Ostdeutschland: Beiträge zur sektoralen Vereinigungspolitik.* Frankfurt am Main / New York: Campus 1998, S. 191–238.

Hertle, Hans-Hermann: *Die Berliner Mauer.* Bonn: bpb 2007.

Hertle, Hans-Hermann / Maria Nooke: *Die Todesopfer an der Berliner Mauer 1961–1989.* Berlin: Links 2009.

Hewison, Robert: *The Heritage Industry. Britain in a Climate of Decline.* London: Methuen 1987.

Hildebrandt, Jörg: Eine Lektion in Demokratie. Vom Ab-und Aufbau der ostdeutschen Rundfunkanstalten. In: Heinz Ludwig Arnold / Frauke Meyer-Gosau (Hrsg.): *Die Abwicklung der DDR. Göttinger Sudelblätter.* Göttingen: Wallstein 1992, S. 64–70.

Hilger, Christina: *Vernetzte Räume. Plädoyer für den Spatial Turn in der Architektur.* Bielefeld: Transcript 2010.

Hobsbawn, Eric / Terence Ranger (Hrsg.): *The Invention of Tradition.* Cambridge: Cambridge UP 1983.

Hockerts, Hans Günter: Zugänge zur Zeitgeschichte: Primärerfahrung, Erinnerungskultur, Geschichtswissenschaft. In: *Aus Politik und Zeitgeschichte* B28 (2001), S. 15–30.

Hodder, Ian: *Entangled. An Archaeology of the Relationship between Humans and Things.* Malden / Oxford: Wiley-Blackwell 2012.

Hodder, Ian / Scott Hutson: *Reading the Past. Current Approaches to Interpretation in Archaeology.* Cambridge: Cambridge UP 2003.

Hoffmann-Axthelm, Dieter: Drei Berliner Bauten von Franz Ehrlich. Eine Entdeckungsreise. In: *Bauwelt* 87 (1996), S. 1518–1539.

Hubbard, Phil / Rob Kitchin / Gill Valentine (Hrsg.): *Key Thinkers on Space and Place.* London: Sage 2004.

Huyssen, Andreas: El Parque de la Memoria. Una Glosa Desde Lejos. In: *Punto de Vista* 68 (2000), S. 25–28.

—: *Urban Palimpsests and the Politics of Memory.* Stanford: Stanford UP 2003.

Ibero-Amerikanisches Institut (Hrsg.): *Berlin – Buenos Aires. Buenos Aires – Berlin.* Berlin: Schiler 2004.

Instituto Espacio para la Memoria (Hrsg.): Atlético–Banco–Olimpo. La Hora de la Justicia. In: *Diario de la Memoria* 12 (2010) http://www.institutomemoria.org.ar/media/publi/diario/diarioABO2010.pdf (Zugriff am 23.05.2013).

Isnenghi, Mario (Hrsg.): *I Luoghi della Memoria.* Rom, Bari: Laterza 1996/1997.

Jacobs, Jane: Urban Geographies I: Still Thinking Cities Relationally. In: *Progress in Human Geography* 35 (2011), S. 1–11.

Janzen, Ignacio González: *La Triple-A.* Buenos Aires: Contrapunto 1986.

Jelin, Elisabeth / Victoria Langland (Hrsg.): *Monumentos, Memoriales y Marcas Territoriales.* Madrid: Siglo Veintiuno de España Editores / Siglo Veintiuno de Argentina Editores 2003.

Jenkins, Richard: *Social Identity.* London: Routledge 2004.

Jordan, Jennifer: *Structures of Memory. Understanding Urban Change in Berlin and Beyond.* Stanford: Stanford UP 2006.

Jürgens, Isabell: Gedenken in der Sackgasse. In: *Berliner Morgenpost,* 17.06.2012. http://www.morgenpost.de/printarchiv/berlin/article106614210/Gedenken-in-der-Sackgasse.html (Zugriff am 24.02.2014).

Jureit, Ulrike: Opferidentifikation und Erlösungshoffnung. Beobachtungen im erinnerungspolitischen Rampenlicht. In: Dies. / Christian Schneider (Hrsg.): *Gefühlte Opfer. Illusionen der Vergangenheitsbewältigung.* Stuttgart: Klett-Cotta 2010, S. 17–103.

Käßner, Frank / Uwe Müller: Vergessen, verschleppt, verramscht. In: *Berliner Morgenpost,* 24.07.2006, http://www.morgenpost.de/printarchiv/brandenburg/article280837/Vergessen-verschleppt-verramscht.html (Zugriff am 23.01.2015).

Kaleck, Wolfgang: Die ‚Koalition gegen die Straflosigkeit'. In: Peter Birle / Elke Gryglewski / Estela Schindel (Hrsg.): *Urbane Erinnerungskulturen im Dialog: Berlin und Buenos Aires.* Berlin: Metropol 2009, S. 261–270.

Kaminsky, Annette: *Orte des Erinnerns. Gedenkzeichen, Gedenkstätten und Museen zur Diktatur in SBZ und DDR.* Leipzig: Forum 2004.

Klausmeier, Axel: Ein Memorialort neuer Prägung. Die Erweiterung der Gedenkstätte Berliner Mauer an der Bernauer Straße. In: *Deutschland Archiv* 42 (2009), S. 892–900.

Klausmeier, Axel / Leo Schmidt: *Mauerreste – Mauerspuren.* Berlin / Bonn: Westkreuz 2004.

Knischewski, Gerd / Ulla Spittler: Remembering the Berlin Wall: The Wall Memorial Ensemble Bernauer Straße. In: *German Life and Letters* 59 (2006), S. 280–293.

Köhler, Otto: Fort-Bildung. Wie Rudolf Mühlfenzl den Vize-Intendanten Jörg Hildebrandt aus dem Funkhaus Ostberlin feuerte. In: *Die Zeit*, 31.05.1991. http://www.zeit.de/1991/23/fort-bildung (Zugriff am 28.01.2015).

Koselleck, Reinhart: Glühende Lava zur Erinnerung geronnen. Vielerlei Abschied vom Krieg. Erfahrungen, die nicht austauschbar sind. In: *Frankfurter Allgemeine Zeitung*, 06.05.1995.

Kümmel, Friedrich: *Über den Begriff der Zeit.* Tübingen: Niemeyer 1962.

KUNSTrePUBLIK: *Skulpturenpark Berlin_Zentrum.* Köln: König 2010.

Lachmann, Richard: Elite Conflicts and Mass Mobilization. In: John Foran (Hrsg.): *Theorizing Revolutions.* London / New York: Routledge 1997, S. 71–98.

Ladd, Brian: *The Ghosts of Berlin.* Chicago / London: University of Chicago Press 1997.

Lake, Robert: Rethinking NIMBY. In: *Journal of the American Planning Association* 59 (1993), S. 87–93.

Lamont, Michèle / Virag Molnar: The Study of Boundaries in the Social Sciences. In: *Annual Review of Sociology* 28 (2002), S. 167–195.

Läpple, Dieter: Gesellschaftszentriertes Raumkonzept. Zur Überwindung von physikalisch-mathematischen Raumauffassungen in der Gesellschaftsanalyse. In: Martin Wentz (Hrsg.): *Stadt-Räume. Die Zukunft des Städtischen.* Frankfurt am Main / New York: Campus 1991, S. 35–46.

—: Essay über den Raum – für ein gesellschaftswissenschaftliches Raumkonzept. In: Hartmut Häußermann / Detlev Ipsen / Thomas Krämer-Badoni / Marianne Rodenstein / Walter Siebel (Hrsg.): *Stadt und Raum. Soziologische Analysen.* Pfaffenweiler: Centaurus 1993, S. 157–207.

Lautenschläger, Rolf: Anwohner mauern gegen Gedenkstätte. In: *taz*, 14.09.2010, S. 21.

Lave, Jean / Etienne Wenger: Situated Learning. *Legitimate Peripheral Participation.* Cambridge: Cambridge UP 1991.

Lefebvre, Henri: *La Production de l'Espace.* Paris: Anthropos 2000.

—: *Toward an Architecture of Enjoyment*, hrsg. v. Lukasz Stanek. Minneapolis: Minnesota UP 2014.

Lehmann, Hans Georg: *Deutschland-Chronik. 1945 bis 2000.* Bonn: bpb 2002.

Lehmbruch, Gerhard: Zwischen Institutionentransfer und Eigendynamik: Sektorale Transformationspfade und ihre Bestimmungsgründe. In: Ders. / Roland Czada (Hrsg.): *Transformationspfade in Ostdeutschland: Beiträge zur sektoralen Vereingungspolitik.* Frankfurt am Main / New York: Campus 1998, S. 17–57.

Levi, Primo: *Ist das ein Mensch?* Überarb. 3. Aufl. München: dtv 2012.

Leydesdorff, Selma: *We Lived with Dignity: The Jewish Proletariat of Amsterdam, 1900–1940.* Detroit: Wayne State UP 1994.

Light, Duncan: Gazing on Communism: Heritage Tourism and Post-Communist Identities in Germany, Hungary and Romania. In: *Tourism Geographies: An International Journal of Tourism Space, Place and Environment* 2 (2000), S. 157–176.

Litschko, Konrad: Schauspielschule heimatlos. Eine echte Tragödie. In: *taz*, 07.07.2008. http://www.taz.de/!19819/ (Zugriff am 26.01.2015).

Löw, Martina: *Raumsoziologie*. Frankfurt am Main: Suhrkamp 2001.

—: Materialität und Bild. Die ‚Architektur der Gesellschaft' aus strukturierungstheoretischer Perspektive. In: Joachim Fischer / Heike Delitz (Hrsg.): *Die Architektur der Gesellschaft. Theorien für die Architektursoziologie*. Bielefeld: Transcript 2009, S. 343–364.

Lowenthal, David: ‚History' und ‚Heritage': Widerstreitende und konvergente Formen der Vergangenheitsbetrachtung. In: Rosemarie Beier (Hrsg.): *Geschichtskultur in der Zweiten Moderne*. Frankfurt am Main: Campus 2000, S. 71–94.

Lynch, Kevin: *The Image of the City*. Cambridge / London: MIT 1960.

Macón, Cecilia (Hrsg.): *Pensar la Democracia, Imaginar la Transición 1976–2006*. Buenos Aires: Ladosur 2006.

—: *Trabajos de la Memoria: Arte y Ciudad en la Postdictadura Argentina*. Buenos Aires: Ladosur 2006.

Maroni, Enriqueta: Die Erinnerungsarbeit der Madres de Plaza de Mayo. In: Peter Birle / Elke Gryglewski / Estela Schindel (Hrsg.): *Urbane Erinnerungskulturen im Dialog: Berlin und Buenos Aires*. Berlin: Metropol 2009, S. 303–308.

Marten Hahn: Anwohner sollen Teil ihres Gartens für die Erinnerungslandschaft auf dem Mauerstreifen hergeben: Streit um den Postenweg. In: *Berliner Zeitung*, 02.09.2010. http://www.berliner-zeitung.de/archiv/anwohner-sollen-teile-ihres-gartens-fuer-die-erinnerungslandschaft-auf-dem-mauerstreifen-hergeben-streit-um-den-postenweg,10810590,10740000.html (Zugriff am 24.02.2014).

Marxen, Klaus / Gerhard Werle: *Die strafrechtliche Aufarbeitung von DDR-Unrecht. Eine Bilanz*. Berlin: de Gruyter 1999.

Massey, Doreen: *Space, Place, Gender*. Minneapolis: University of Minnesota Press 1994.

—: Places and Their Past. In: *History Workshop Journal* 39 (1995), S. 182–192.

Mauergrundstücksgesetz (MauerG), 15.07.1996. http://www.buzer.de/gesetz/1156/a16440.htm (Zugriff am 05.08.2015).

Maurer, Jochen: Die „Mauer" und ihre Grenztruppen oder die Grenztruppen und ihre „Mauer"? In: Deutsches Nationalkomitee für Denkmalschutz (Hrsg.): *Die Berliner Mauer. Vom Sperrwall zum Denkmal*. Bonn: Konkordia 2009, S. 71–86.

Mayring, Philipp: *Einführung in die Qualitative Sozialforschung*. Weinheim / Basel: Beltz 2002.

McDonagh, Josephine: Writings on the Mind: Thomas de Quincey and the Importance of the Palimpsest in Nineteenth-Century Writing. In: *Prose Studies* 10 (1987), S. 207–224.

McDonnell, Terence / Wendy Griswold / Gemma Mangione: Objects, Words, and Bodies in Space: Bringing Materiality into Cultural Analysis. In: *Qualitative Sociology* 36 (2013), S. 343–364.

McFarlane, Colin: The Comparative City: Knowledge, Learning, Urbanism. In: *International Journal of Urban and Regional Research* 34 (2010), S. 725–742.

Memoria Abierta: *Memorias en la Ciudad. Señales del Terrorismo de Estado en Buenos Aires*. Buenos Aires: Memoria Abierta, Eudeba 2009.

Mendizábal, María / María Méndez / Joan Portos / Ariel Korzin / Isabel Cerruti / Marcelo López: El Afuera de un Centro Clandestino de Detención: Las Memorias de los Vecinos del 'Olimpo'. In: Peter Birle / Elke Gryglewski / Estela Schindel (Hrsg.): *Urbane Erinnerungskulturen im Dialog: Berlin und Buenos Aires*. Berlin: Metropol 2012, S. 305–318.

Merleau-Ponty, Maurice: *Phenomenology of Perception*. London / New York: Routledge 1962.

Meyen, Michael / Anke Fiedler: *Die Grenze im Kopf. Journalisten in der DDR*. Berlin: Panama 2011.

Middleton, David / Derek Edwards (Hrsg.): *Collective Remembering*. London: Sage 1990.

Moreno Ocampo, Luis: *Cuando el Poder Perdió el Juicio*. Buenos Aires: Planeta 1996.

Mossberger, Karen / Gerry Stoker. The Evolution of Urban Regime Theory: The Challenge of Conceptualization. In: *Journal of Urban Affairs* 36 (2001), S. 819–835.

Münkler, Herfried: Die Visibilität der Macht und die Strategien der Machtvisualisierung. In: Gerhard Göhler (Hrsg.): *Macht der Öffentlichkeit – Öffentlichkeit der Macht*. Baden-Baden: Nomos 1995, S. 213–230.

Nietzsche, Friedrich: Vom Nutzen und Nachteil der Historie. In: *Unzeitgemäße Betrachtungen, Stück 2*, hrsg. v. Karl Schlechta. München: Hanser 1954, S. 209–287.

Nijman, Jan: Introduction – Comparative Urbanism. In: *Urban Geography* 28 (2007), S. 1–6.

Nippe, Christine: *Kunst baut Stadt. Künstler und ihre Metropolenbilder in Berlin und New York*. Bielefeld: Transcript 2011.

Nippe, Christine / Daniel Seiple: The Void. Die Faszination der Leerstelle in der zeitgenössischen Kunst. In: KUNSTrePUBLIK (Hrsg.): *Skulpturenpark Berlin_Zentrum*. Köln: König 2010, S. 260–269.

Nohlen, Dieter: Phänomenologie/phänomenologische Methode. In: *Lexikon der Politikwissenschaft. Theorien, Methoden, Begriffe*, hrsg. v. ders. / Rainer-Olaf Schultze. München: Beck 2005, S. 685–687.

Nora, Pierre: *Zwischen Geschichte und Gedächtnis*. Berlin: Wagenbach 1990.

—: *Les Lieux de Mémoire*. Paris: Gallimard 1992.

Oger, Erik: Einleitung. In: Henri Bergson: *Materie und Gedächtnis. Eine Abhandlung über die Beziehung zwischen Körper und Geist*. Hamburg: Meiner 1991, S. IV–LVII.

Olick, Jeffrey / Joyce Robbins: Social Memory Studies: From "Collective Memory" to the Historical Sociology of Mnemonic Practices. In: *Annual Review of Sociology* 24 (1998), S. 105–140.

Olick, Jeffrey: Collective Memory. The Two Cultures. In: *Sociological Theory* 17 (1999), S. 333–348.

Paolantonio, Mario di: Tracking the Transitional Demand for Legal Recall: The Foreclosing and Promise of Law in Argentina. In: *Social Legal Studies* 13 (2004), S. 351–375.

Park, Robert Ezra/ Ernest Watson Burgess: *Introduction to the Science of Society*. Chicago: University of Chicago Press 1921.

Paul, Ulrich: Der frühere Grenzstreifen wird mit System zerlöchert. Wie die Sophiengemeinde das Land Berlin austrickst. In: *Berliner Zeitung*, 28.04.1997. http://www.berliner-zeitung.de/archiv/wie-die-sophiengemeinde-das-land-berlin-austrickst-der-fruehere-grenzstreifen-wird-mit-system-zerloechert,10810590,9268848.html (Zugriff am 13.02.2015).

Peters, Christian: Politische Architektur und die Sichtbarkeit der Macht. In: *Sociologia Internationalis. Internationale Zeitschrift für Soziologie, Kommunikations und Kulturforschung* 41 (2003), S. 181–207.

Pietrzynski, Ingrid: *Radio im Umbruch. Oktober 1989 bis Oktober 1990 im Rundfunk der DDR.* Berlin: Funkhaus Berlin 1990.

Pile, Steven: *The Body and the City. Psychoanalysis, Space and Subjectivity.* London / New York: Routledge 1996.

Pitkin, Hanna: *The Concept of Representation.* Berkeley / Los Angeles: University of California Press 1967.

Qassim, Ali: Broken Bonds. Interview Buscarita Roa and Claudia Poblete. In: *The Guardian*, 03.08.2007. http://www.theguardian.com/lifeandstyle/2007/aug/04/familyandrelationships.family2 (Zugriff am 18.06.2015).

Richter, Michael: Die Wende. Plädoyer für eine umgangssprachliche Benutzung des Begriffs. In: *Deutschland Archiv* 40 (2007), S. 961–968.

Robert-Havemann-Gesellschaft (Hrsg.): *Orte der SED-Herrschaft Berlin.* Berlin: Stadtwandel 2007.

—: *Orte der Friedlichen Revolution Berlin.* Berlin: Stadtwandel 2009.

Robinson, Jennifer: Cities in a World of Cities: The Comparative Gesture. In: *International Journal of Urban and Regional Research* 35 (2011), S. 1–23.

Roll, Evelyn: Neunzehn Meter Erinnerung. In: *Süddeutsche Zeitung*, 02.03.2009, S. 3.

Rose, Mathew: Die Bestatter. In: *Die Zeit*, 31.05.2007. http://www.zeit.de/2007/22/Bestatter (Zugriff am 23.01.2015).

Rummler, Toralf: *Die Gewalttaten an der deutsch-deutschen Grenze vor Gericht.* Berlin / Baden-Baden: Berlin Verlag 2000.

Rundfunkbeauftragte, Der: *Rundfunk im Aufbruch. Die Gestaltung einer neuen Medienlandschaft. Eine Information des Rundfunkbeauftragten.* Bonn: Der Rundfunkbeauftragte 1991.

Sabrow, Martin: *Erinnerungsorte der DDR.* München: Beck 2009.

Said, Edward: Invention, Memory, and Place. In: *Critical Inquiry* 26 (2000), S. 175–192.

Sälter, Gerhard: Zum Schießbefehl und dem Einsatz von Schusswaffen an der Berliner Mauer und innerdeutschen Grenze. http://www.berliner-mauer-gedenkstaette.de/de/uploads/berliner_mauer_dokumente/schiessbefehl.pdf (Zugriff am 08.03.2014).

—: Die Prozesse gegen die Mauerschützen und ihre Befehlsgeber. In: *Horch und Guck* 71 (2011), S. 46–51.

Sälter, Gerhard / Tina Schaller (Hrsg.): *Grenz- und Geisterbahnhöfe im geteilten Berlin.* Berlin: Links 2013.

Samuel, Raphael: *Theatres of Memory.* London / New York: Verso 1994.

Sartori, Giovanni: Comparing and Miscomparing. In: *Journal of Theoretical Politics* 3 (1991), S. 243–257.

Schindel, Estela: Steine, Plätze und Performance. Aktive Erinnerungen in Buenos Aires. In: Dies. / Peter Birle / Elke Gryglewski (Hrsg.): *Urbane Erinnerungskulturen im Dialog: Berlin und Buenos Aires.* Berlin: Metropol 2009, S. 291–302.

—: Erinnerungsorte in Buenos Aires. In: Dies. / Peter Birle / Elke Gryglewski (Hrsg.): *Urbane Erinnerungskulturen im Dialog: Berlin und Buenos Aires.* Berlin: Metropol 2009, S. 73–88.

—: Las Aguas y el Olvido: Los Ríos Como Topografías en Conflicto. In: Anne Huffschmid / Valeria Durán (Hrsg.): *Topografías Conflictivas. Memorias, Espacios y Ciudades en Disputa.* Buenos Aires: Trilce 2012, S. 389–406.

—: Verschwindenlassen. In: *Gewalt. Ein interdisziplinäres Handbuch*, hrsg. v. Christian Gudehus / Michaela Christ. Stuttgart: Metzler 2013, S. 170–176.

Schlusche, Günter: *Gedenkstätte Berliner Mauer.* Regensburg: Schnell & Steiner 2008.

Schmid, Christian: *Stadt, Raum und Gesellschaft. Henri Lefebvre und die Theorie der Produktion des Raumes.* Stuttgart: Steiner 2005.

Schmidt, Leo: Architektur und Botschaft der ‚Mauer' 1961–89. In: Deutsches Nationalkomitee für Denkmalschutz (Hrsg.): *Die Berliner Mauer. Vom Sperrwall zum Denkmal.* Bonn: Konkordia 2009, S. 5469.

Schönball, Ralf: Der Postenweg. Zweite Enteignung an der Bernauer Straße. In: *Der Tagesspiegel*, 01.09.2010, http://www.tagesspiegel.de/berlin/zweite-enteignung-an-der-bernauer-strasse/1916840.html (Zugriff am 24.02.2014).

Schönfeld, Martin: Erhalten – Zerstören – Verändern. Diskussionsprozesse um die politischen Denkmäler der DDR in Berlin. In: *Kritische Berichte. Zeitschrift für Kunst- und Kulturwissenschaften* 19 (1991), S. 39–43.

Schröder, Susanne: Was ist ein Skulpturenpark? In: KUNSTrePUBLIK (Hrsg.): *Skulpturenpark Berlin_Zentrum.* Köln: König 2010, S. 214–219.

Schroeder, Friedrich-Christian: *Der Politbüro-Prozess. Eine Dokumentation.* Baden-Baden: Nomos 2001.

Schroer, Markus: „Bringing Space Back In" – zur Relevanz des Raums als soziologischer Kategorie. In: Jörg Döring / Tristan Tiehlmann (Hrsg.): *Spatial Turn. Das Raumparadigma in den Kultur und Sozialwissenschaften.* Bielefeld: Transcript 2008, S. 125–148.

Schulte am Hülse, Jessica: Krach um DDR-Rundfunkgelände. In: *Die Welt*, 22.01.2006. http://www.welt.de/print-wams/article137524/Krach-um-DDR-Rundfunkgelaende.html (Zugriff am 26.01.2015).

—: Krach um DDR-Rundfunkgelände; Das Gelände des ehemaligen DDR-Rundfunks an der Nalepastraße. In: *Berliner Morgenpost*, 08.08.2006, http://www.morgenpost.de/printarchiv/berlin/article282554/Das-Gelaende-des-ehemaligen-DDR-Rundfunks-an-der-Nalepastrasse.html (Zugriff am 23.01.2015).

Schulz, Uta: DDR Geschichte. Was die Stasi in ihrem Folter-U-Boot trieb. In: *Die Welt*, 11.03.2011, http://www.welt.de/kultur/history/article12732533/Was-die-Stasi-in-ihrem-Folter-U-Boot-trieb.html (Zugriff am 04.03.2014).

Schulz zur Wiesch, Lena: Zum Umgang mit baulich-symbolischen Relikten der DDR in Ostberlin. In: Rudolf Jaworski / Peter Stachel (Hrsg.): *Die Besetzung des öffentlichen Raumes. Politische Plätze, Denkmäler und Straßennamen im Vergleich.* Berlin: Frank & Timme 2007, S. 231–257.

Senatsverwaltung für Stadtentwicklung und Umwelt: Denkmale in Berlin. Rundfunkzentrum Nalepastraße. http://www.stadtentwicklung.berlin.de/cgi-bin/hidaweb/getdoc.pl?DOK_TPL=lda_doc.tpl;KEY=obj%2009020102 (Zugriff am 23.01.2015).

—: Planwerk Innenstadt 1999. http://www.stadtentwicklung.berlin.de/planen/planwerke/de/planwerk_innenstadt/ (Zugriff am 03.08.2015).

Silvestri, Graciela: Memoria y Monumento. In: *Punto de Vista* 64 (1999), S. 42–44.

Simmel, Georg: Der Streit. In: Ders.: *Soziologie. Untersuchungen über die Formen der Vergesellschaftung*, hrsg. v. Otthein Rammstedt. Frankfurt am Main: Suhrkamp 1992, S.186–255.

Skulpturenpark Berlin_Zentrum. http://www.skulpturenpark.org (Zugriff am 27.02.2013).

Smith, Laurajane: *Uses of Heritage.* London / New York: Routledge 2006.

Soja, Edward: *Postmodern Geographies. The Reassertion of Space in Critical Social Theory.* London / New York: Verso 1989.

Sontag, Susan: *On Photography.* New York: Picador 1977.

Strauss, Anselm Leonard: *Grundlagen qualitativer Sozialforschung: Datenanalyse und Theoriebildung in der empirischen soziologischen Forschung.* München: Fink 1998.

Suttles, Gerald: The Cumulative Texture of Local Urban Culture. In: *The American Journal of Sociology* 90 (1984), S. 283–304.

Tauschek, Markus: *Kulturerbe. Eine Einführung.* Berlin: Reimer 2013.

Till, Karen: Artistic and Activist Memory-Work: Approaching Place-Based Practice. In: *Memory Studies* 1 (2008), S. 99–113.

—: Interim Use at a Former Death Strip? Art, Politics, and Urbanism at Skulpturenpark Berlin_Zentrum. In: Marc Silberman (Hrsg.): *After the Wall: Berlin in Germany and Europe.* Basingstoke / New York: Palgrave Macmillan 2011, S. 99–122.

Tilly, Charles: *Big Structures, Large Processes, Huge Comparisons.* New York: Russell Sage Foundation 1984.

—: *Die europäischen Revolutionen.* München: Beck 1999.

—: *Stories, Identities and Political Change.* Lanham: Rowman & Littlefield 2002.

Tonkiss, Fran: *Space, the City, and Social Theory.* Cambridge / Malden: Polity 2005.

Tunbridge, John / Gregory Ashworth: *Dissonant Heritage. The Management of the Past as a Resource in Conflict.* New York / Brisbane: Chichester 1996.

Vasquez, Inés: ¿Parque Justicia? In: *Ramona. Revista de Artes Visuales* 9/10 (2000/2001), S. 8.

Verbitsky, Horacio: El Fallo Que Anuló la Obediencia Debida y el Punto Final. In: *Página/12*, 12.03.2001. http://www.pagina12.com.ar/2001/01-03/01-03-12/fallo.htm (Zugriff am 08.05.2013).

—: *El Silencio.* Buenos Aires: Sudamericana 2005.

Vezzetti, Hugo: *Pasado y Presente. Guerra, Dictadura y Sociedad en Argentina.* Buenos Aires: Siglo Veintiuno 2002.

—: Mahnmale des Staatsterrorismus in Buenos Aires. Politik und Repräsentation. In: Peter Birle / Elke Gryglewski / Estela Schindel (Hrsg.): *Urbane Erinnerungskulturen im Dialog: Berlin und Buenos Aires.* Berlin: Metropol 2009, S. 89–101.

Walde, Gabriela: Sozialistische Tristesse. In: *Berliner Morgenpost,* 04.04.2008, http://www.morgenpost.de/printarchiv/kultur/article171650/Sozialistische-Tristesse.html (Zugriff am 08.02.2015).

Wanderer, Hannes / Andreas Göx: *Die rote Burg. Das Rundfunkgelände an der Nalepastraße.* Berlin: Peperoni 2007.

Ward, Kevin: Towards a Relational Comparative Approach to the Study of Cities. In: *Progress in Human Geography* 34 (2010), S. 471–487.

Wertsch, James: *Voices of Collective Remembering.* Cambridge: Cambridge UP 2002.

Wesel, Uwe: *Der Honecker-Prozess. Ein Staat vor Gericht.* Frankfurt am Main: Eichborn 1994.

Wexler, Marc: A Sociological Framing of the Nimby (Not-In-My-Backyard) Syndrome. In: *International Review of Modern Sociology* 26 (1996), S. 91–110.

Wirth, Louis: Urbanism as a Way of Life. In: *The American Journal of Sociology* 40 (1938), S. 1–24.

Wolfrum, Edgar: Die Mauer. In: Étienne François / Hagen Schulze (Hrsg.): *Deutsche Erinnerungsorte.* München: Beck 2001, S. 552–568.

Wright, Patrick: *On Living in an Old Country. The National Past in Contemporary Britain.* London: Verso 1985.

Zukin, Sharon: *Naked City: The Death and Life of Authentic Urban Places.* Oxford: Oxford UP 2009.

Abbildungsverzeichnis

Sämtliche Fotografien wurden im Zeitraum von 2009–2014 aufgenommen oder entstammen dem Kontextmaterial, mit Ausnahme der folgenden Abbildungen:

Abb. 8 © Frank Michelmann
Abb. 12 © Udo Müller
Abb. 26–27 © Valeria Durán
Abb. 38–40 © Martín Marimón